Europäische Fernwanderwege

Zu Fuß unterwegs durch Europa

Frank Auerbach (Hrsg.)

Europäische Fernwanderwege
Zu Fuß unterwegs durch Europa

**Mit allen 11 Europäischen Fernwanderwegen,
80 Karten und 100 Farbabbildungen**

STEIGER
VERLAG

Das Team

Herausgeber/Konzeption: Frank Auerbach, Verlagslektorat, München
Gesamtredaktion/Recherche: Evelyn Köhler, Wortwerkstatt, München
Beratung: Frank Schlinzig, Europäische Wandervereinigung, Glinde/Kassel
Autoren: Karin Baseda-Maass, Hamburg (E1, E8, E11); Roland Körner, Hamburg (E6);
Dr. Gertrud Marotz, Salzburg (E4, E5, E7, E9, E10); Andrea Ruhlig, Altenbeken (E2, E3)
Kartographie: Theiss Heidolph, Computerkartographie, Eching/Ammersee
Herstellung: Verlagsservice Rau, München
Layout/Satz: Gertraud Gläßer, München
Bildquellen: Titelfoto: Dominique Gengembre, Montpellier; kleines Umschlagbild: Tony
Stone Bilderwelten (Haute Savoie, Art Wolfe); Umschlagrückseite: Dänisches Fremden-
verkehrsamt/Henrik Stenberg; Seite 1: British Tourist Authority (Wanderer bei Hawick
Borders); Seiten 2/3: Frank Schlinzig (Insel Alsen, Dänemark); weitere Bildautoren und
-quellen: siehe Nachweis Seite 186

Die Deutsche Bibliothek – CIP-Einheitsaufnahme
Europäische Fernwanderwege : zu Fuß unterwegs durch Europa : mit
allen 11 Europäischen Fernwanderwegen / Frank Auerbach (Hrsg.). –
Augsburg : Steiger, 1999
  ISBN 3-89652-177-2

Alle Informationen und Hinweise ohne jede Gewähr und Haftung.

Gedruckt auf chlorfrei gebleichtem Papier.

© 1999 **Steiger Verlag**
Weltbild Ratgeber Verlage GmbH & Co. KG, Augsburg
Alle Rechte vorbehalten

Printed in Germany

ISBN 3-89652-177-2

Inhalt

E1 Schweden – Dänemark – Deutschland – Schweiz – Italien

E2 Schottland – England – Niederlande – Belgien – Luxemburg – Frankreich

E3 Spanien – Frankreich – Belgien – Luxemburg – Deutschland – Tschechische Republik – Polen – Slowakei – Ungarn – Rumänien – Bulgarien

E4 Spanien – Frankreich – Schweiz – Deutschland – Österreich – Ungarn – Bulgarien – Griechenland

E5 Frankreich – Schweiz – Deutschland – Österreich – Italien

E6 Finnland – Schweden – Dänemark – Deutschland – Österreich – Slowenien – Griechenland

E7 Spanien – Andorra – Frankreich – Italien – Slowenien – Ungarn

E8 Irland – England – Niederlande – Deutschland – Österreich – Slowakei – Polen – Bulgarien

E9 Frankreich – Belgien – Niederlande – Deutschland – Polen

E10 Deutschland – Tschechische Republik – Österreich – Italien – Frankreich – Spanien

E11 Niederlande – Deutschland – Polen

Vorwort

des Vorsitzenden der Wegekommisssion
der Europäischen Wandervereinigung e.V.

Wanderwege in Europa – die gibt es, und zwar als speziell ausgewiesene Wanderwege, schon seit über hundert Jahren. Da wären zum Beispiel die Sankt-Gotthard-
Route in der Schweiz zu nennen, der Westweg im Schwarzwald und der Rennsteig
in Thüringen. In reizvollen Landschaften wurden sie von Gebirgs- und Wanderver-
einen angelegt und mit Orientierungshilfen ausgestattet, um der in die Natur drän-
genden städtischen Bevölkerung Erholung und Erbauung zu bieten. Zudem sah
man eine Aufgabe darin, auf diese Weise den Fremdenverkehr in den früher teilweise recht armen ländlichen Gebirgsregionen zu fördern. Von der »Sommerfri-
sche« sprach man damals. Auch heute – wenn auch hinter modernen Ausdrücken
wie etwa »Trekking« verborgen – gehören die Begegnung mit der Natur und das
Erkunden der Umgebung zu Fuß oder ebenso mit dem Rad immer noch zu den
beliebtesten Freizeitbeschäftigungen.

Europäische Fernwanderwege zu schaffen, das war dann Zielsetzung und
Beschluß der »Europäischen Wandervereinigung« bei ihrer Gründung im Jahre
1969. Die sogleich geschaffene Internationale Wegekommission, zunächst unter
dem Vorsitz des Schweizers Walter Zeugin, später viele Jahre lang unter Dr. Robert
Wurst aus Wien, projektierte die ersten Routen und bezog dabei bereits bestehende
überregionale Wanderwege mit ein. So konnte man gerade auch in Deutschland auf
Wanderwegrouten aufbauen, deren Anlage bis auf das Jahr 1929 zurückgeht. Das
erste »Rückgrat« des E1 war beispielsweise der Nordsee-Bodensee-Weg und in den
Alpen die Schweizer Sankt-Gotthard-Route mit dem Paßübergang zum Tessin.
Freunde des Bergwanderns entwickelten Vorschläge für Wege durch die Alpen. Es
war auch eine wichtige Aufgabe, viele Wandermöglichkeiten von Ost nach West,
von Nord nach Süd miteinander zu verbinden, und all das konnte man natürlich
nicht kurzfristig realisieren. Hinzu kam, daß bis 1989 eine Grenze, die mitten durch
Europa verlief, viele angedachte Wege abrupt am Stacheldraht enden ließ. Doch
immerhin – bereits 1972 wurden die ersten beiden Fernwanderwege der Öffentlichkeit vorgestellt und übergeben, und eine Tafel im Stadtgarten von Konstanz
erinnert noch heute daran.

30 Jahre nach dem Beschluß der Europäischen Wandervereinigung bestehen nun
insgesamt elf Fernwanderwege, die von den Mitgliedsorganisationen initiiert, kon-
zipiert und nach Planung und Markierung in überwiegend ehrenamtlicher Tätigkeit
der Öffentlichkeit übergeben wurden. Jetzt geht es vorrangig um die Bestandser-
haltung sowie um das Verbessern der Wegteile in den einzelnen Ländern. Ehrli-
cherweise muß man hinzufügen, daß noch nicht alle Wegstrecken den wünschens-

werten Standard erreicht haben und daß noch so manche gedanklich, ja sogar in der Planung entworfene Teil- oder Extremstrecke vorwiegend in den Köpfen und auf dem Papier, nicht aber greifbar in Gestalt von Wegen und Markierungen vorhanden ist.

Wandern hat in Europa eben viele Gesichter, und wer unterwegs ist, merkt die Unterschiede sowohl bei der Auswahl der Wegrouten als auch an der Markierung und anderen Orientierungshilfen, und diese Unterschiede können sehr erheblich sein. Gerade deswegen ist es zu begrüßen, wenn sich in diesem Buch ein Autorenteam der Beschreibung der Europäischen Fernwanderwege annimmt und eine Publikation schafft, die der Übersicht dient. Ein Wandererpaar, welches durchaus geübt sein mag durch Wanderungen in heimatlicher Flur, doch nun in die Ferne drängt und sehen will, was »hinter den Bergen haust«, ist gut beraten, sich vertraut zu machen mit den fremden Landschaften. Eigentlich sollte man nicht darauf hinweisen müssen, daß Wandern in Skandinavien sich sehr von einer Pilgerfahrt auf dem Camino, dem St.-Jakobs-Weg in Nordspanien, unterscheidet und daß

eine Tour durch Bulgarien sich anders gestaltet als die Wanderung auf dem Hermannsweg im Teutoburger Wald. Hier kann man nichts standardisieren, und die Wanderer werden oft genug feststellen, daß sie nichts »geschenkt« bekommen: Wetter und Landschaft, die Sorge für Übernachtungsmöglichkeiten und das tägliche Brot bescheren nicht nur Angenehmes, sondern fordern häufig auch Opfer und Verzicht. Und wie Johann Gottfried Seume es schon vor fast 200 Jahren bei seinem »Spaziergang nach Syrakus« (1803) erfuhr: *»Wenn man nicht mit der Extrapost fährt, sondern zu Fuß trotzig vor sich hinstapelt, muß man sich sehr oft sehr huronisch behelfen!«* Überhaupt Seume! Es ist schade, daß man sich seiner so wenig erinnert, hat er doch mit der Moti-

Auf der weiten Wanderung vom Olymp nach Delphi: Wegmarkierung des E4 in Griechenland bei Karpenissi

vation zu seinem »Spaziergang« von Leipzig bis Sizilien aufgezeigt, was zum Inhalt einer rechten Wanderung gehört. Sicherlich hat man in erster Linie das Ziel vor Augen, aber auch das Unterwegssein ist wichtig, das Schauen und Erleben. Dort ist der Sinn verfehlt, wo es nur ums Vorwärts- und Ankommen geht, vielleicht sogar nur um Rekorde.

Zu einer großen Wanderung gehört auch Muße. Mitunter sollte man dankbar sein, wenn es eine ungewollte Unterbrechung gibt, die eine Entscheidung fordert, vielleicht sogar das Aufgeben des Vorhabens. Natur läßt sich nicht zwingen, Wetterunbilden muß man Rechnung tragen. Und auch die eigenen Kräfte zeigen Grenzen. Oder die Partnerin oder der Partner hat einen schlechten Tag. Das gibt Zeit, sich mit der Umgebung vertraut zu machen. Wie man überhaupt bei einer Wanderung die Stimmungen in der Natur genießen und auch die kulturellen Dinge rechts und links des Weges beachten sollte.

Auch darauf sei hingewiesen, daß gerade beim Überwinden großer Entfernungen nicht immer der gleichmäßig ideale, verlockende Wanderweg anzutreffen ist und daß man so manchen Wegabschnitt nicht gerne ein zweites Mal gehen möchte. Die Umwelt, in der wir leben, zeigt neben den Schönheiten in den Landschaften auch die Wunden, die wir Menschen geschlagen haben. Hier ist es auch den Wanderern überlassen, vorher zu sortieren, was sie sich bei den verschiedenen Wanderstrecken »antun« möchten. So wird man auch in diesem Handbuch Hinweise finden für eine sinnvolle Auswahl, denn es ist ja kein »Muß«, einen vollständigen Europäischen Fernwanderweg von der Extremstrecke am einen zu der am anderen Ende »durchzugehen«. Vielmehr kann man Teilstrecken wählen oder von einem Weg auf den anderen wechseln oder in Gegenrichtung wandern. Das alles sind Möglichkeiten. Wichtig aber ist – neben der richtigen Einschätzung der eigenen Kondition – die Bereitschaft zum Verzicht auf einige liebgewonnene zivilisatorische Annehmlichkeiten und vor allem die intensive Vorbereitung. Eine Mehrtagewanderung zaubert man nicht aus dem Hut, und die Hinweise in dem Buch, man möge weitere Informationen über die jeweiligen Wandergebiete einholen, sollte man sehr ernst nehmen. Nützlich ist die Literatur über Land und Leute, sind die Hinweise der jeweiligen Betreuungsorganisationen; machen Sie sich zudem vertraut mit dem Kartenmaterial, und lesen Sie, was andere vor Ihnen erlebten. Das Angebot der Wanderliteratur ist reichlich!

Das mitunter sehr ungewohnte lange Unterwegssein, also der Weg schlechthin, fordert vieles, bis hin zu Entbehrungen; vielleicht verläßt uns auch einmal der Mut (so etwa, wenn es gar nicht aufhören will zu regnen). Aber der Gewinn – da sind sich alle Wanderer einig, denen man auf den großen Wegen begegnet – ist groß. Man kommt nicht mehr als der Mensch zurück nach Hause, als der man aufbrach. Da besteht eine Parallele zu den Wallfahrten, und vielleicht ist es von daher auch verständlich, daß der Pilgerweg nach Santiago de Compostela mit seinem großen

In Polen führt der E9 im Nationalpark Słowinski durch die großen Wanderdünen, die das alte Dorf Łeba unter sich begruben; am Pfosten rechts die weiß-rot-weiße Markierung

Zulauf ein Teil der Europäischen Routen geworden ist. Er gehört zum E3 »Atlantik – Ardennen – Böhmerwald – Westkarpaten – Schwarzes Meer«, der insbesondere einer derjenigen Wege ist, die den Zugang zu vielen europäischen Kulturgütern erschließen und die Mitte Europas durchqueren. Und hier wird deutlich, daß Wandern und Wallfahren Gemeinsamkeiten haben.

Ich wünsche den Wanderern, die schon auf den Europäischen Fernwanderwegen unterwegs waren und nun neugierig in dieses Buch schauen, um zu sehen, was sich zusätzlich in letzter Zeit getan hat, Freude beim Erinnern an ihre erlebnisreichen Tage. Vielleicht regt es auch an, eine neue Route zu wagen.

Und ich wünsche denen, die sich zunächst lesend fragen, ob es sinnvoll ist, eine Wanderung von über 2000 km anzugehen, etwas Mut. Man kann es ja einmal ausprobieren, sich einige Tage lang aus dem Alltag zu lösen, sich auf Wanderschaft zu begeben, nur mit dem Nötigsten auf dem Rücken. Und man muß nicht das gesteckte Ziel erreichen, denn wie ich es schon sagte: Das Unterwegssein ist wichtig!

Einen Dank möchte ich an dieser Stelle noch abstatten, und zwar an die vielen ehrenamtlichen und unerkannten Helfer, welche immer wieder die Wege durchgehen, nach dem Rechten sehen und die Markierung instand halten. Dieses Geschenk von Wanderern an die Wanderer und die vielen Erholungsuchenden bedürfte eigentlich keiner besonderen Erwähnung. Doch wird diese mühevolle Tätigkeit allzuleicht als selbstverständlich hingenommen. Denken Sie also unterwegs an diese Ihre stillen Helfer, die Sie begleiten, ohne daß Sie sie je persönlich zu Gesicht bekommen!

FRANK SCHLINZIG
Vorsitzender der Wegekommission
der Europäischen Wandervereinigung e.V.

Europäischer Fernwanderweg 1

Vom hohen Norden in den tiefen Süden

Gesamtlänge Gut 6000 km
Durchwanderte Regionen
Finn- und Nordmark – Lappland –
schwedische Naturparks – Jütland –
Nord- und Südwestdeutschland –
Bodensee – Alpen – Oberitalien
Besonderheiten
Die Extremstrecken sowohl im Norden
als auch Süden sind nicht durchgehend
angelegt und markiert. Auch mit gutem
Kartenmaterial und entsprechender Vor-
bereitung sind sie eine Herausforderung
für erfahrene Wanderer
Wichtige Städte am Weg
Örebro – Varberg – Grenå – Viborg –
Flensburg – Kiel – Hamburg – Celle –
Detmold – Frankfurt – Pforzheim – Kon-
stanz – Schwyz – Lugano – Genua – La
Spezia – Florenz

Zur Einführung

Der Europäische Fernwanderweg E1
soll dereinst in seiner Gesamtausdeh-
nung vom Nordkap bis nach Sizilien
verlaufen. Die Streckenführung im
hohen Norden befindet sich derzeit
noch im Aufbau. In der norwegischen
Finnmark vom Nordkap über Hammerfest bis zur schwedischen Grenze
müssen Wanderer sich ihren eigenen
Weg suchen, eine durchgehende Markierung gibt es nicht. In Schweden
aber weist der Königsweg von Abisko
ganz im Norden des Landes, wo
die Mitternachtssonne nördlich des
Polarkreises nächtelang nicht unter-
geht, über Kvikkjokk, Ammarnäs
und Hemavan bereits abschnittsweise
in Richtung Süden. Diese Wege im
schwedischen Bergland erfordern beste
Vorbereitung, was Kondition, Ausrü-

stung, Proviant und Übernachtungen
betrifft. Ab Grövelsjön an der norwegischen Grenze in Mittelschweden
führen die zum E1 verknüpften Weitwanderwege am traumhaften Siljansee
vorbei über Örebro, den Vätternsee
und Borås nach Varberg südlich von
Göteborg.
Mit der Fähre geht es über das Kattegat
zum dänischen Hafenort Grenå. Auf
dem alten, zuverlässig markierten
Heerweg wandert man ab Viborg an
Grabhügeln aus der Bronzezeit vorbei
durch Feuchtgebiete und Agrarflächen
mit kleinen Orten und einsamen
Gehöften, durchstreift auf Kieswegen,

Asphaltsträßchen und Trampelpfaden ebene oder leicht hügelige Wald- und Heidelandschaften, bis man – über die Orte Nørre Snede, Jelling, Vejen und Vojens – nach insgesamt 550 km längs durch Jütland den süddänischen Grenzort Kruså erreicht.

Wir wenden uns weiter nach Süden, denn hier an der dänisch-deutschen Grenze beginnt nun die Stammstrecke des E1, deren Verlauf bereits vor 70 Jahren, 1929, geplant wurde. Sie führt auf durchgehend gesichertem Wege längs durch Deutschland bis zum Bodensee, insgesamt fast 1900 km. Die ebene, leicht hügelige Landschaft Schleswig-Holsteins wird in ausgedehnten Schleifen durchwandert, 400 km sind zu bewältigen, wobei der Weg zwischen Eckernförde und Kiel reizvoll an der Steilküste und am Strand der Ostsee entlangführt. Man durchquert die Seenlandschaft der Holsteinischen Schweiz, dann den Naturpark Lauenburger Seen und kommt in die Eulenspiegelstadt Mölln, bevor man die Hansestadt Hamburg erreicht. Dort geht es an Alster und Elbe entlang, wo Segelboote und große Containerschiffe den besonderen Reiz der Hafenstadt ausmachen und wo einen das viele Grün vergessen läßt, daß man durch eine Großstadt wandert.

In sanften Steigungen führt der E1 mal als schmaler Pfad, dann wieder als breiter Weg, auf dem auch Pferdekutschen rollen, durch Niedersachsen in die verträumten Heideorte Undeloh, Wilsede und Bispingen, die zur Heideblüte im August wahre Besucherschwärme anlocken. Doch außerhalb der Saison und fern der Hauptanziehungspunkte für Touristen sind Fernwanderer schnell wieder mutterseelenallein auf ihrem Weg, der sie in langsam stärker werdenden Steigungen ins nächste deutsche Bundesland, Nordrhein-Westfalen, führt. Teutoburger Wald, Eggegebirge: Die Anforderungen werden härter, es geht oft steil bergan. Seit Flensburg sind bereits über 900 km geschafft. Der Kahle Asten (841 m) im Sauerland muß als erster »Achthunderter« bezwungen werden. Anschließend geht es über die Höhen des Westerwaldes bis hinunter nach Nassau an der Lahn, deren Lauf den Wanderweg, an malerischen Burgruinen vorbei, eine Zeitlang bestimmt.

Gut zu Fuß – unterwegs in Dänemark

In Hessen müht man sich hinauf zum Großen Feldberg (878 m) im Taunus, doch dann ist es nur noch ein Katzensprung bis Frankfurt, aber immer noch sind es 629 km bis zum Bodensee! Also, auf in die Messestadt und weiter durch den Odenwald! Ein paar Tagesetappen lang können sich die strapazierten Gelenke auf breiten Wegen durch Laubwald, Obstgärten und Weinberge erholen; Baden-Württemberg, als letztes deutsches Bundesland dieser Strecke, wird erreicht.

Ab Pforzheim, der Goldstadt an der Schwarzwaldpforte, kommen wir auf steilen Pfaden ins Schwitzen: Gute 200 km lang bis zum Feldberggipfel (1493 m) ist der E1 identisch mit dem sogenannten Westweg, dem längsten der drei Höhenwege durch den Schwarzwald. Hier bieten fast alle Unterkünfte einen zuverlässigen Gepäcktransport zum nächsten Quartier.

Selbst wenn das Thermometer Temperaturen bis 30 °C zeigt: Die oft schattigen Höhenwege verwöhnen die Lungen mit kühler, würziger Luft; oft zeugen Loipenmarkierungen und Liftanlagen von Winterfreuden.

Nach der Besteigung des Feldberges zweigt der E1 vom Westweg ab. Durch die Wutachschlucht – ein einmaliges Naturschutzgebiet mit artenreicher Flora und Fauna – führt der Weg in ebeneres Gelände, das den nahen Bodensee ankündigt. Am Stadtrand von Konstanz endet die deutsche Strecke des E1.

Ab jetzt heißt es auf gut schwyzerdytsch »Grüezi mitenand«, und bezahlt wird mit Schweizer Franken. Bis zur italienischen Grenze im südlichen Tessin sind 375 km zu wandern, die zunächst durch hügeliges Obstbaugebiet im Kanton Thurgau führen. Anschließend geht es über das mittelgebirgige Toggenburger Land zum Zürichsee und von dort in die alpine Zentralschweiz. Im Mythengebiet, unmittelbar unter der steil aufragenden Felswand des Großen Mythen (1899 m), ist der Weg weiß-rot-weiß als Bergweg gekennzeichnet. Gute Kondition und Umsicht sind erforderlich. Kurz hinter der Grenze zwischen den Kantonen Uri und Tessin wird die Paßhöhe des St. Gotthard erreicht und

In der blühenden Lüneburger Heide

Am Luganer See bei Morcote

damit das erhabene Gefühl, am höchsten Punkt des E1 (2091 m) angelangt zu sein.

Weiter geht es durch die Südschweiz von Airolo über die beliebte Wanderstrecke der Strada Alta. Am Luganer See, ab Porto Ceresio, beginnt der italienische Abschnitt des E1, etwa 750 km bis nach Umbrien.

Die weitere Wanderung auf italienischer Strecke bedarf guter Vorbereitung. Die Markierung ist mitunter lückenhaft; reizvolle Wanderwege, die oft strapaziös über steile Geröllpfade führen, wechseln mit vielbefahrenen Landstraßen, so daß es sich anbietet, die Strecke von Bereguardo bis Arquata Scrivia mit Verkehrsmitteln zu überbrücken. Der E1 verläuft durch die lombardische Poebene, den Naturpark Ticino und das Apenninen-Vorland. Durch lichte Pinienwälder sieht man dann endlich in der Ferne das Mittelmeer. Nach etwa 2500 km ist das Ziel Genua erreicht.

Doch der E1 wächst weiter. Er schlängelt sich nach Süden über den Apenninen-Hauptkamm durch die obere Toskana nach Umbrien, 550 km über den Ligurischen Höhenweg nahe der Hafenstadt La Spezia, nach Florenz und an Perugia noch knapp vorbei bis Norcia. Immerhin, wenn auch mit Schwierigkeiten verbunden, aber bereits angedacht für die mittlere oder ferne Zukunft: der Weiterweg durch die Abruzzen und Kalabrien bis Sizilien!

INFO

Weglänge pro Land (ca.)

Nordnorwegen/-schweden	1400 km
Mittel- und Westschweden	1200 km
Dänemark	400 km
Deutschland	1900 km
Schweiz	375 km
Italien (bis Umbrien)	750 km

Ausrüstung Wanderstiefel, Sonnen-, Kälte-, Regenschutz, ausreichend Getränk und Verpflegung, Erste-Hilfe-Ausstattung; im Norden Schlafsack und Zelt

Vorbereitung Rechtzeitig Übersichts- und Detailkarten besorgen, sowie Infomaterial, Unterkunftsverzeichnis und genaue Streckenbeschreibungen

Wichtige übergreifende Adressen
Europäische Wandervereinigung (EWV), Wilhelmshöher Allee 157–159, D-34121 Kassel, Tel. 0049/561/938730, Fax 0049/561/9387310, E-Mail dt.wanderverband@t-online.de

Karten, Literatur Homepage »Walking in Europe« http://www.gorp.com/gorp/activity/europe/Epaths.htm; Gorges, Hans-Jürgen, »Auf Tour in Europa« (1999), Dt. Wanderverlag; weiteres Material: siehe Teilstrecken

E1 Schweden: Königsweg – Grövelsjön – Varberg

Tourenlänge 2600 km

Durchschnittlicher Zeitbedarf
Die Strecke erfordert wetter- und konditionsbedingt kürzere Etappen, Nässe erschwert oft das Vorankommen

Wegmarkierungen Querbalken weiß-rot, nicht durchgehend markiert, oft geht es weglos durch die Landschaft

Landschaftscharakter Nordnorwegische Finn- und Nordmark, hochalpine Fjällnatur; nahezu unbewohntes Hochland, riesige Wälder, Heide, Seen

Günstige Wanderzeit In den Bergregionen: Anfang Juli bis Mitte September; südschwedisches Tiefland: Frühjahr bis Spätherbst

Steigungen Leicht bis mittelschwer, Geschick erfordern Flußdurchwatungen

Mögliche Ausgangs- bzw. Zielorte (Bahnanschluß) Abisko, Kvikkjokk, Östersund, Mora, Jönköping, Varberg

Vom Nordkap aus nach Süden wandern: ein Traum, der in Schweden mit dem E1 erst in Teilen verwirklicht ist und viel Planung erfordert, eine sehr gute Ausrüstung und eine Portion Abenteuergeist. In Lappland, nordwestlich von Kiruna, beginnt in Abisko der berühmte, etwa 440 km lange Kungsleden, der Königsweg, der an Schwedens höchstem Berg, Kebnekaise (2111 m), vorbei durch den Sarek-Nationalpark in Richtung Süden führt, aber noch nicht mit dem E1 (in Grövelsjön beginnend) verknüpft ist (siehe Übersichtskarten S. 8/9 und 14). Schnelle Wetterumschwünge, Regen und auch im Sommer Frost und Schnee müssen eingeplant werden, wenn es auf Trampelpfaden steil bergan oder durch sumpfiges Gelände auf dem gebirgigen Kungsleden geht. Die Strecke **Abisko – Kvikkjokk** durch das Hoch-Fjäll ist etwa 200 km lang und wird von den meisten Wanderern bevorzugt. Die anschließende Etappe über **Ammarnäs** nach **Hemavan**, etwa 150 km, weist eine schlechtere Infrastruktur auf: Man muß mit weiten Abständen zwischen den Hütten (ohne Hüttenwart) rechnen, mit langen Bootsüberfahrten; Proviant nur in Ortschaften.
Über Gebirgswanderwege durch das Kittel- und Borgafjäll könnte man sich in südwestlicher Richtung nach Öster-

INFO

Ergänzende Verkehrsmittel Taxiflüge nach Hemavan und Ammarnäs; Bahn- und Busverbindungen (Fahrplanänderungen); Auskunft: FIE Verlag, Postfach 106104, D-20042 Hamburg
Übernachtungshinweise STF-Fjällstation Abisko: Tel. 0046/980/40205-212; STF-Fjällstation Grövelsjön: Tel. 0046/253/23090; Übersichtskarte mit Fjällstationen vom STF
Informationsstellen Svenska Turist- föreningen (STF), Box 25, S-10120 Stockholm, Tel. 0046/8/84632100, Fax 0046/8/86781958; Schweden-Touristik, Lilienstraße 19, D-20019 Hamburg, Tel. 0049/40/32551355

Wichtigste Karten Fjällkartor (Karten über das schwedische Gebirge), Vandra i Sverige – Laglandsleder, Wanderwege im schwedischen Tiefland mit Kartenskizzen; STF Fjällhandbok (Wanderführer, schwedisch, mit Informationen über Gebirgsstationen, Berghütten, Karte)
Sehenswürdigkeiten am Weg Hammerfest, nördlichste Stadt Europas; Naturpark Abisko; Fjäll- und Samenmuseum Jokkmokk; Fjällstation Grövelsjön
Besonders zu beachten Die nördlichen Etappen des Weges bedürfen sorgfältiger Planung. Hüttenübernachtungen im voraus buchen!
Praktische Tips An den Fjällstationen kann man Wanderausrüstungen mieten, Mückenmittel gibt's an Tankstellen

sund und weiter bis **Grövelsjön** »vorarbeiten«, wo nun der von Schweden offiziell übergebene Teil des E1 beginnt. Er setzt sich ab hier aus verschiedenen regionalen Weitwanderwegen lückenlos zusammen. Der erste nennt sich Södra Kungsleden und führt zunächst nach **Mora** am Siljansee. Bei **Örebro** sind wir schon etwa auf der geographischen Höhe von Stockholm. Neben anderen Gewässern passieren wir auch den Vätternsee, den zweitgrößten See Schwedens. Durch alte Kulturlandschaften mit schönen Herrensitzen verlaufen die weiteren regionalen gut markierten Wanderwege. Es gibt keinen kompletten Wanderführer für diese Gebiete, nur Skizzen und deutschsprachige Kurzinformationen der STF; Karte und Kompaß sind also unerläßlich.

Über **Borås** und an **Göteborg** vorbei führt der E1 bis nach **Varberg** am Kattegat, wo Schiffe uns zum dänischen Grenå übersetzen können.

Seenlandschaft in Dalarna

E1 Dänemark: Grenå – Viborg – Kruså

Wer mit der Fähre vom schwedischen
Varberg in **Grenå** ankommt, hat die
Wahl: Entweder man sucht sich mit
Karte und Kompaß westlich durchs
hügelige Land über Randers nach
Viborg seinen eigenen, gut 150 km langen Weg – oder man nimmt den Bus
dorthin. Denn erst ab dem Bahnhof in
Viborg geht es auf dem alten Heerweg
nach Süden. Der Erik Glipping Vej bis
zum Hügel Finderup Hoj bietet uns
Einblick in die Geschichte Dänemarks,
bevor wir durch Hohlwege mit dichter
Vegetation, verwachsenen Bäumen und
bemoostem Waldboden zum Heerweg-
stein gelangen. Mehr als tausend Jahre
haben sich Krämer, Krieger, Karren,
Reiter, Ochsen und Wanderer mitten
durch Jütland vorwärts bewegt, wie der
Stein berichtet. Nach dem Pilgerstrom

folgten am Ende des Mittelalters Ochsentreiber, die auf die Märkte nach
Deutschland zogen und mit ihren Ochsenkarren wahrscheinlich die Hohlwege geschaffen haben. An diese Zeit
erinnert der Name des südlichen Teils
des Heerweges, der auch Ochsenweg
genannt wird. Durch das markante Tal
Stendal über gepflasterte Hohlwege,
breite Gras- und Sandwege durch
hügeliges Endmoränengebiet gelangt
man nach etwa 80 km nach **Nørre
Snede**, einem der Hauptorte des Heerweges. Hier können Wanderer im
Heimatmuseum mehr über ihren Weg
erfahren und außerdem das Doppel-
taufbecken aus dem 12. Jahrhundert in
der romanischen Kirche besichtigen.
Weiter geht es durch wacholderbe-
wachsenes Heidegebiet, an Dänemarks
größten Eichenkratts vorbei, deren
mehrstämmige Eichen in Niederwald-
bewirtschaftung regelmäßig bis auf den
Stock abgeholzt werden. Die Øster

Nykirke ist nicht zu übersehen, mit ihrer Geländehöhe von 127 m ist sie die höchstgelegene Kirche Dänemarks. Immer weiter zieht sich der Weg nach Süden durch Fichten- und Kiefernwäldchen, mal an einem Golfplatz, mal an einem Campingplatz vorbei, bis als besonderer Leckerbissen Harresø Kro auftaucht, seit 1609 Herberge für Ochsentreiber und damit eine der ältesten Gaststätten, die am Heerweg noch in Betrieb sind. Über **Jelling** kommen wir durch Wald, Feuchtgebiete und weite Agrarflächen nach insgesamt 150 km nach **Bække**, wo man am Straßenrand einen Findling von 50 t bestaunen kann, der die Kraft des Eises zeigt, das ihn von den Alandsinseln hierher schob. Durch ein geschütztes Heidegebiet mit vielen alten Wagenspuren aus der Zeit des Ochsenkarren wandern wir weiter nach **Vejen** und von dort nach **Jels**, wo man die restaurierte

holländische Mühle von 1859 besichtigen kann. An Grabhügeln aus der Bronzezeit vorbei, gelangen wir über Kieswege, Asphaltsträßchen und Trampelpfade nach **Rødekro**. Noch 40 km, dann ist die dänisch-deutsche Grenze in **Kruså** bei **Padborg** erreicht, und man hat auf reizvollen Wegen mit Hilfe vieler Schautafeln eine Menge über die dänische Geschichte erfahren.

Landschaft in Südjütland

INFO

Ergänzende Verkehrsmittel Zug- und Busverbindungen, DSB Køreplan gibt Auskunft
Übernachtungshinweise Hotels, historische Gasthäuser, Privatzimmer, Hütten auf Campingplätzen
Informationsstellen Dansk Vandrelaug (DVL, Dänischer Wanderverein), Kulturvet 7, DK-1175 København, Tel. 0045/33121165, Fax 0045/33131165; Dänisches Fremdenverkehrsamt, Glockengießerwall 2, D-20095 Hamburg, Tel. 0049/40/320210, Fax 0049/40/32021111

Wichtigste Karten Heerweg-Führer (beim DVL erhältlich): Der Heerweg zu Fuß und per Fahrrad in drei Broschüren, mit Wanderkartenausschnitten im Maßstab 1:100 000 und ausführlichen Hinweisen auf Sehenswürdigkeiten, Verkehrsverbindungen, Übernachtungsmöglichkeiten
Sehenswürdigkeiten am Weg Viborg, Klosterlund, Nørre Snede, alter Bahnhof und Kaufladen in Bindeballe, Herrenhof Sönderskov, Mühle in Jels, Kiplev-Kirche
Besonders zu beachten Die Strecke Grenå – Viborg (etwa 150 km) ist nicht als Wanderweg markiert!
Praktische Tips Der Heerweg ist auch als Fahrradweg angelegt

E1 Deutschland: Flensburg – Lüneburger Heide

Tourenlänge Etwa 530 km

Durchschnittlicher Zeitbedarf
Drei Wochen

Wegmarkierung Weißes Andreaskreuz

Landschaftscharakter Flaches bis leicht
hügeliges Endmoränenland, Agrargebiet,
Ostseestrand, Seenlandschaft, Heide

Günstige Wanderzeit Frühjahr bis Herbst

Steigungen Unerheblich

**Mögliche Ausgangs- bzw. Zielort (Bahn-
anschluß)** Flensburg, Schleswig, Eckernförde, Kiel, Hamburg, Soltau

Vom dänischen Grenzort **Kruså** geht es
in südlicher Richtung direkt hinein in
die Ostseehafenstadt **Flensburg**. Von
dort windet sich der E1 querfeldein
durch Wälder, über Wiesen, Weiden
und Felder nach **Schleswig**, wo das
Wikingermuseum Haithabu zu besichtigen ist. Als Wegmarkierung leuchtet
das weiße Andreaskreuz von Bäumen
und Pfählen. Auf kilometerlanger
Strecke am Ostseestrand entlang von
Eckernförde nach **Kiel** stellt sich spätestens jetzt heraus, daß auch ebenes
Gelände Anstrengungen bereiten kann:
Tiefer Sand, Muscheln und viele Steine
erschweren das Fortkommen. Doch die
reizvolle Steilküste macht die Strapa-
zen wieder wett. Über **Preetz**, **Plön**
und **Eutin** gelangen wir in ausgedehnten Schleifen durch die Holsteinische
Schweiz, mit der höchsten Erhebung,
dem Bungsberg (168 m). Wunderbare
Ausblicke über die ausgedehnte Seenlandschaft, romantische Flecken zum
Rasten und ab und zu reife Beeren zum

Naschen am Wegesrand belohnen die
Ausdauer. Tagesetappen von 25 bis 30
Kilometern sind angesagt, was einer
Marschzeit von sechs bis acht Stunden
entspricht. Je nachdem, wie gut es das
Wetter meint. Gerade in Schleswig-
Holstein, wo man zu jeder Tageszeit
mit »Moin, Moin« begrüßt wird, kann
der Wind im Nu dicke schwarze Wol-
ken zusammentreiben, die sich in
wahren Sturzbächen über das Land
ergießen. Wenn dann nach einigen
weiteren Tagesetappen **Ratzeburg** und
Mölln erreicht sind, trennen uns nur
noch wenige Kilometer von der Hansestadt **Hamburg**; der kurvenreiche Lauf
der Bille weist den Weg. Direkt an der
Elbe bei den Landungsbrücken geht
es los. Rechts am Weg erblicken wir
Kapitäns- und Lotsenhäuser, links auf
der Elbe große Containerschiffe, Bar-
kassen und flache Schuten. In Blanke-
nese geht es mit einer kleinen Fähre

INFO

Ergänzende Verkehrsmittel Bus und Bahn, Verbindungen vorher erkunden
Übernachtungshinweise Möglichkeiten jeder Preiskategorie in allen größeren Orten, außerdem Jugendherbergen; Verkehrsvereine geben Auskunft
Informationsstelle Wanderverband Norddeutschland e.V., Spaldingstraße 160 B, D-20097 Hamburg, Tel. 0049/40/230086, Fax 0049/40/230148
Wichtigste Karten und Bücher Topographische Karten 1:25 000 und 1:50 000 mit eingezeichnetem E1-Verlauf erhält-

lich; Kompaß-Wanderführer E1 mit Streckenbeschreibung
Sehenswürdigkeiten am Weg Wikingermuseum Haithabu in Schleswig, Lübeck, Mölln mit Eulenspiegelbrunnen, Hamburg
Besonders zu beachten Während der Heideblüte (August) Massentourismus in der Lüneburger Heide; unbedingt vorher Unterkunft buchen!
Praktische Tips Wenn nicht durchgehend gewandert wird, Verkehrsverbindungen einplanen; hilfreich dabei ist die Übersichtskarte für den Personenverkehr der Deutschen Bahn

hinüber auf die andere Elbseite, wo mit dem Alten Land das nördlichste bedeutende Obstanbaugebiet Europas durchstreift wird. Im Frühling leuchtet hier ein Meer von Kirsch- und Apfelblüten, im Sommer und Herbst werden die reifen Früchte am Straßenrand zum Verkauf angeboten. Der E1 führt durch

viele kleine und klitzekleine Orte, die Gestalt annehmen, sobald sie erreicht sind. **Undeloh**, **Wilsede**, **Bispingen**: Nach gut 500 km ist die Lüneburger Heide erreicht. Was bei der Ankunft zählt, sind zuerst einmal Dusche und Bett. Wohl dem, der vorgebucht hat, besonders zur Zeit der Heideblüte!

Schafherde in der Lüneburger Heide

E1 Deutschland: Steinhuder Meer – Teutoburger Wald

Tourenlänge Etwa 630 km

Durchschnittlicher Zeitbedarf
Vier Wochen

Wegmarkierung Weißes Andreaskreuz

Landschaftscharakter Heide, Moor-
gebiete, Mittelgebirge, hügelige Hochebene, Seenlandschaft

Günstige Wanderzeit Frühjahr bis Herbst

Steigungen Ab Deister und Teutoburger
Wald bis zu 700 m Steigung per Tagesetappe

**Mögliche Ausgangs- bzw. Zielorte (Bahn-
anschluß)** Soltau, Celle, Hameln, Detmold, Siegen, Nassau

Von **Soltau** führt der Weg durch die Südheide in die alte Herzogstadt **Celle** und von dort durchs Otternhagener Moor ans Steinhuder Meer, Niedersachsens größten Binnensee. Gestärkt mit frisch geräuchertem Aal, den man an der Promenade verspeisen kann, wandern wir über den Mittellandkanal nach **Bad Nenndorf**, wo es nach all den Flachlandkilometern bergauf und bergab über den Deister geht. Der E1 führt durch die Rattenfänger-Stadt **Hameln**, steil bergauf zum Hamelner Stadtforst. Dort bietet sich eine prächtige Aussicht auf das Wesertal, den Süntel und vor allem auf das im Tal liegende Hameln. Weiter geht es in schon ganz beträchtlichen Steigungen durch das Lippische Bergland und den Teutoburger Wald mit den Städten **Lemgo** und **Detmold**. Nun sind wir bereits in Nordrhein-Westfalen. Schon von weitem grüßt das Hermannsdenkmal und

erinnert an die Varusschlacht, die im Jahre 9 n. Chr. im Umkreis des Teutoburger Waldes siegreich von Hermann dem Cherusker, eigentlich Arminius, gegen die Römer geführt wurde. An der markanten Felsformation der Externsteine vorbei, suchen die Füße bald mühsam Tritt, wenn sich der E1 als romantischer Pfad durch das Silberbachtal schlängelt. Unzählige Baumwurzeln und spitze Felsbrocken erschweren das Fortkommen. Wenn nach insgesamt 300 km **Altenbeken** erreicht ist, wandern wir durch das Eggegebirge bis nach Marsberg im Sauerland und hinauf zum Kahlen Asten (841 m) mit Aussichtsturm, Restaurant und Wetterstation. Über den Kamm des Rothaargebirges gelangen wir in den Kurort **Bad Berleburg**

Ergänzende Verkehrsmittel Bus und
Bahn, Verbindungen vorher erkunden
Übernachtungshinweise Möglichkeiten
jeder Preiskategorie in allen größeren
Orten (Verkehrsvereine versenden Nach-
weise); außerdem Jugendherbergen,
Naturfreundehäuser
Informationsstellen Verband Deutscher
Gebirgs- und Wandervereine e.V.,
Wilhelmshöher Allee 157–159,
D-34121 Kassel, Tel. 0049/561/93873-0,
Fax 0049/561/93873-10
Wichtigste Karten und Bücher Topogra-
phische Karten 1:25 000 und 1:50 000

mit eingezeichnetem E1-Verlauf erhält-
lich; Kompaß-Wanderführer E1 mit
Streckenbeschreibung
Sehenswürdigkeiten am Weg Celle,
Hameln, Hermannsdenkmal, Extern-
steine, Montabaur
Besonders zu beachten Auch ebene
Strecken können anstrengend sein, es
kommt auf die Wegbeschaffenheit an
(Matsch, tiefgründiger Sand)
Praktische Tips Bei sehr langen Tages-
etappen Ruhetage der Einkehrlokale
erkunden bzw. genügend Proviant und
Getränk mitführen; evtl. Übersichtskarte
der Deutschen Bahn für den Personen-
verkehr besorgen

und nach einer weiteren Tagesetappe
durch das Wittgensteiner Land in den
Kneipp-Kurort **Bad Laasphe**. Aufwärts
zur Lahnquelle und weiter nach
Siegen. Knapp 500 km liegen hinter
uns, der Westerwald vor uns. Über eine
flache, weite Hochebene mit Feldern
und blühenden Wiesen wandern wir
zur Fuchskaute (657 m), dem höchsten
Punkt des Westerwaldes, wo Einkehr
und Übernachtung möglich sind.

Wandern im Deister

Durch **Bad Marienberg**, an stillgeleg-
ten Basaltbrüchen und Braunkohle-
gruben vorbei, verlassen wir den Hohen Westerwald und kommen in das
Gebiet der Westerwälder Seenplatte,
deren Landschaftsbild durch mehrere
Fischweiher geprägt wird. Im späten
Mittelalter wurden sie von Mönchen
auf nassen Wiesen angelegt, und noch
heute werden sie in jedem Herbst ab-
gelassen und einige hundert Zentner
Fisch an Land gebracht. Von
Selters führt der Weg nach Montabaur durchs Kannenbäckerland,
von wo aus der Ton für feine
Keramikarbeiten in viele Länder
Europas versandt wird. **Montabaur** mit seinen malerischen Gassen lädt ein zur Rast, bevor die
letzte Etappe nach **Nassau** an der
Lahn mit einem Glas Wein dieser
Region begossen werden kann.
620 km sind geschafft.

E1 Deutschland: Taunus – Odenwald – Schwarzwald

Tourenlänge Etwa 700 km

Durchschnittlicher Zeitbedarf
Sechs Wochen

Wegmarkierungen Weißes Andreaskreuz, ab Pforzheim rote Raute, ab Hochfirst weiß-rote Raute auf gelbem Grund

Landschaftscharakter Mittelgebirge, Wein- und Obstbaugebiet, Hohlwege, Hochheide, Hochwald

Günstige Wanderzeit Frühjahr bis Herbst

Steigungen Unterschiedlich, im Schwarzwald beträchtlich

Mögliche Ausgangs- bzw. Zielorte (Bahnanschluß) Nassau, Frankfurt, Heidelberg, Pforzheim, Hausach, Konstanz

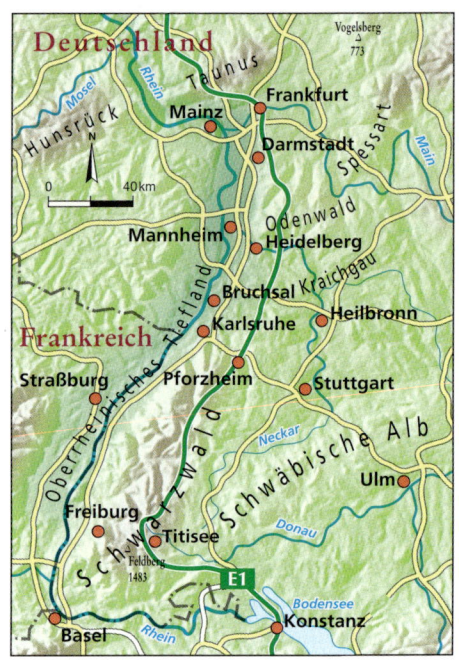

Die letzte Etappe in Deutschland, etwa 740 km lang, beginnt mit dem Lahnhöhenweg ab **Nassau** steigt bergauf und bergab immer dem Flußtal folgend zur Schaumburg bei **Balduinstein**. Von der Höhe hat man oft einen wunderschönen Blick auf die Lahn. Weiter geht es nach Süden an der eindrucksvollen Ruine Hohlenfels vorbei über sanfte Höhenrücken zur Michelbacher Hütte. Auf einsamen, stillen Waldwegen gelangen wir über **Oberauroff** ins malerische Städtchen **Idstein** mit seinem mächtigen Hexenturm und bunten Fachwerkhäusern. Von dort beginnt eine anstrengende Etappe über den Hochtaunus. Gemeinsam mit dem Fernwanderweg E3 (Atlantik – Ardennen – Böhmerwald) besteigen wir den Großen Feldberg (878 m) und gelangen zum Fuchstanz, wo eine Tafel den Fernwanderer begrüßt und ihm seine

bisherige und zukünftige Kilometerleistung mit hohen Zahlen präsentiert: 1218 km seit Flensburg, 1204 km bis Genua! Aber nur 25 km bis **Frankfurt**. Der Weg ist durch die Stadt hindurch markiert, wer aber die City meiden will, setzt die Wanderung am Südrand der vitalen Messestadt in Sachsenhausen fort und zieht weiter durch das mittelalterliche Dreieichenhain zur weltberühmten Fossiliengrube **Messel** im Odenwald. In **Ziegelhausen** überschreiten wir den Neckar – wer möchte, kann einen Abstecher ins nahe **Heidelberg** machen. Der E1 schlängelt sich bergauf und führt alsbald durch die gewaltigen Hohlwege des Kraichgaus, über Weinberge und Obstgärten

Uriges Brückchen im Schwarzwald

nach **Bruchsal**, dem Spargelparadies. Ab **Pforzheim** nehmen wir Abschied vom liebgewonnenen Andreaskreuz und halten auf dem Westweg im Schwarzwald nach der roten Raute als Wegmarkierung Ausschau. Steile, steinige Wege, aber auch würzige, kühle Schwarzwaldluft erwarten uns auf den nächsten Etappen. Von **Dobel** nach

Forbach steigert sich die Anforderung an die Wanderleistung, um über die Badener Höhe (1003 m) bis zum sagenumwobenen Mummelsee die letzten Reserven hervorzulocken. **Kniebis**, **Hausach**, **Schonach**: Immer weiter folgt der E1 dem Westweg, wobei man sich im Schwarzwald das schwere Gepäck befördern lassen kann. Ab **Titisee** geht es zum Feldberger Hof und anschließend auf den Feldberggipfel (1493 m), den höchsten Punkt des Schwarzwalds. Und vom Gipfel in die Tiefe: Über **Lenzkirch** gelangen wir in die Wutachschlucht, einzigartig in Mitteleuropa in geologischer, botanischer und zoologischer Hinsicht. Wieviele Fernwanderer diese Schlucht passiert haben und schließlich in **Konstanz** am Bodensee die Längsdurchquerung Deutschlands gefeiert haben, ist leider unbekannt.

INFO

Ergänzende Verkehrsmittel Bus und Bahn, vorher erkunden
Übernachtungshinweise Möglichkeiten jeder Preiskategorie in allen größeren Orten, Verkehrsvereine versenden Nachweise
Informationsstellen Odenwaldklub e.V., Postfach 1270, D-64734 Höchst, Tel. 0049/6163 4785, Fax 0049/6163/6657; Schwarzwaldverein, Schloßberg 15, D-79098 Freiburg, Tel. 0049/761/38053-0, Fax 0049/761/38053-20; Verkehrsverein Pforzheim, Postfach 1630, D-75116 Pforzheim, Tel. 0049/7231/3990-0, Fax 0049/7231/3990-30

Wichtigste Karten Topographische Karten 1:25 000 und 1:50 000 mit eingezeichnetem E1-Verlauf erhältlich; Kompaß-Wanderführer E1 mit Streckenbeschreibung; Beschreibung des Westwegs, Verkehrsverein Pforzheim s.o.
Sehenswürdigkeiten am Weg Idstein, prähistorische Fossiliengrube Messel, Heidelberg, Pforzheim, Wutachschlucht, Konstanz
Besonders zu beachten Preise für den Gepäcktransportservice sehr unterschiedlich, vorher erfragen
Praktische Tips Die Westweg-Broschüre des Verkehrsvereins Pforzheim bietet gute Informationen über Unterkünfte, Preise, Etappenlänge

E1 Schweiz: Bodensee – St. Gotthard – Tessin

Tourenlänge Etwa 375 km

Durchschnittlicher Zeitbedarf 18 Tage

Wegmarkierungen Gelbe Raute, gelbe Wegweiserarme, kleine weiße Zusatztafeln; Bergwege mit weiß-rot-weißer Spitze

Landschaftscharakter Hügeliges Obstbaugebiet, Mittelgebirge, alpine Paßhöhen

Günstige Wanderzeit In den niedrigeren Regionen: Frühjahr bis Herbst, in den höheren Lagen (besonders Gotthardpaß): Juni bis Oktober, maßgebend ist die Schneelage

Steigungen Häufig steile Auf- und Abstiege in der Zentralschweiz zwischen Rapperswil und Schwyz, in der Südschweiz zwischen Amsteg und Biasca

Mögliche Ausgangs- bzw. Zielorte (Bahnanschluß) Konstanz, Rapperswil, Andermatt, Bellinzona, Lugano

Im Stadtgarten von **Konstanz** beginnt die Wanderung an der Gedenktafel von 1972, die an die Einweihung der Europäischen Wanderwege E1 und E5 erinnert. Ab jetzt markieren gelbe Wegweiser die Strecke. Bergwege, die eine besondere Ausrüstung und höhere Konzentration erfordern, sind durch einen weiß-rot-weißen Querbalken gekennzeichnet. **Wil**, **Wattwil**, **Rapperswil**: Noch ist die Höhendifferenz unerheblich. Vom Zürichsee nach **Einsiedeln** heißt es den ganzen Tag lang: Aufsteigen – absteigen! So ist man gut vorbereitet für die erste Bergstrecke am Massiv der Mythen vorbei nach **Schwyz**. Weiter geht es zur Axenstraße, mit wundervollen Ausblicken auf den Vierwaldstättersee. Die Wilhelm-Tell-Kapelle erinnert an den Schweizer Nationalhelden, der der Sage zufolge einen Apfel vom Kopf seines Sohnes schießen mußte.

Auf schmalem Bergpfad über steinige, steil abfallende Hänge erreichen wir nach etwa 200 km **Andermatt** am Nordfuß des St. Gotthard. Der Weg steigt von dort zur Paßstraße auf, die an der Grenze zwischen den Kantonen Uri und Tessin gequert wird. Über Steinplatten, feuchte Stellen und glattgeschliffene, eiszeitliche Rundfelsen erreichen wir an kleinen Bergseen vorbei die Paßhöhe des St. Gotthard. Wir sind am höchsten Punkt (2091 m) des Fernwanderwegs angelangt und stehen auf der Wasserscheide Europas, dem Quellgebiet von Rhone, Aare, Reuß, Rhein und Ticino! Die alte Paßstraße leitet uns in vielen Kehren steil ins Val Tremola, das Tal des Zitterns, nach

Airolo hinunter, dem Ausgangspunkt des Höhenweges »Strada alta«. Dieser einzigartige Bergwanderweg führt auf der linken Talseite der Leventina, 400 bis 700 m über der Talsohle, durch malerische Terrassendörfer und an wildromantischen Schluchten der Quertäler vorbei. **Bellinzona**, **Isone**, **Tesserete**: Die Ortsnamen zeigen, daß wir in der

Blick über Rapperswil am Zürichsee auf das Glärnischmassiv

italienischsprachigen Schweiz sind. In der Ferne taucht der Luganer See auf, den wir, durch Weinberge und ein Wäldchen hinab, in Lugano erreicht haben. Wer den mühevollen Aufstieg zum San Salvatore (912 m) nicht scheut, wird vom Anblick Tausender von Bergcyclamen – der Urform der Alpenveilchen – in allen rosa Schattierungen überwältigt. Und erst der Fern-

blick: der windungsreiche Luganer See tief unten, im Westen die leuchtenden Gletscherfelder des Simplonmassivs und, als Höhepunkt, der Gipfel des Matterhorns! Der supersteile Abstieg auf steinigem Pfad und über ungezählte Steintreppen läßt sich nur in Erwartung einer gemütlichen Lagerstätte in **Morcote** ertragen. Rund 370 km sind geschafft.

INFO

Ergänzende Verkehrsmittel Bahn, Bergbahn und Busverbindungen
Übernachtungshinweise Möglichkeiten unterschiedlicher Preiskategorien in allen größeren Orten, Unterkünfte in Ferienorten im Tessin zeitig vorbuchen!
Informationsstellen Schweizer Wanderwege, Im Hirshalm 49, CH-4125 Riehen, Tel. 0041/61/6011535, Fax 0041/60/6069345
Wichtigste Karten Wanderkarten 1:50 000, Kanton Thurgau, Rapperswil,

Lachen; 1:60 000 Kanton Uri, Sottoceneri; 1:50 000 Leventina
Sehenswürdigkeiten am Weg Wallfahrtsort Einsiedeln mit Kloster St. Benedikt; Schwyz, Kernzelle der Urschweiz; Bellinzona mit seinen drei Burgen
Besonders zu beachten Die Bergstrecken sind für ausdauernde Wanderer geeignet. Gute, feste Wanderschuhe sind absolut erforderlich
Praktische Tips Zwischen Lugano und Morcote kann der steile Aufstieg zum San Salvatore bequem mit der Seilbahn überbrückt werden

E1 Italien: Porto Ceresio – Genua – Toskana – Umbrien

Tourenlänge Etwa 750 km

Durchschnittlicher Zeitbedarf
Sechs Wochen

Wegmarkierungen Schwarze E1 auf
weißem Grund, mit senkrechten roten
Balken, in Umbrien: rot-weiß-rote
Schildchen

Landschaftscharakter Alpin bis mediterran, fruchtbare Poebene, zentraler Liguri-
scher Apennin, Mittelmeerküste, Apenninen-Hauptkamm, wellige Sandsteinhügel,
ausgedehnte Buchenhaine

Günstige Wanderzeit Frühjahr und
Herbst, in höheren Lagen Schnee-
schmelze beachten

Steigungen Große Höhendifferenzen
stellen Anforderungen an Kraft und Ausdauer

**Mögliche Ausgangs- bzw. Zielorte (Bahn-
anschluß)** Porto Ceresio, Genua (Génova), La Spezia, Florenz (Firenze)

Schon am Schiffsanleger von **Porto
Ceresio** werden die Wanderer vom E1-
Wegzeichen begrüßt. Der Weg führt
durch die Lombardei mit anstrengen-
dem Auf und Ab über **Brinzio** nach
Sesto Calende an der Südspitze des
Lago Maggiore. In weiteren drei bis
vier Etappen, immer der Via del Ticino
folgend, geht es auf Schotterwegen mit
viel Geröll in Flußnähe und teilweise
auch auf Straßen, schweißgebadet
auf oft schattenlosem Weg, nach **Bereguardo**. Hier gelangt man über eine
originelle Pontonbrücke aus nebenein-
ander liegenden Kähnen ans andere
Ufer des Ticino nach **Zerbolo**. Wegen

beschränkter Einkehr- und Übernachtungsmöglichkeiten und einer
Streckenführung teilweise über asphal-
tierte, viel befahrene Landstraßen kann
man empfehlen, die Etappen bis
Arquata Scrivia mit Verkehrsmitteln
zu überbrücken. Unentwegte, die dennoch die Strecke wanderten, berichten
vom abenteuerlichen Aufspüren des
Weges, der oft lückenhaft markiert ist.
Große Richtschnur für die Orientierung ist der Ticino in seiner schlängelnden Richtung zur Poebene. Über
Castelnuovo führt der Weg durch Pie-
monts Apenninen-Vorland in den Zen-
tralligurischen Apennin nach **Arquata
Scrivia**. Die letzten drei Etappen
über **Castagnola**, **Piani di Praglia** bis
Genua (Génova) am Mittelmeer erfordern Ausdauer und sorgfältige Vorbereitung, da Einkehr- und Übernach-

Castelluccio in den Monti Sibillini/Umbrien

Stammstrecke Flensburg – Genua ist geschafft.

Als weitere Herausforderung führt die Verlängerung des E1 von Genua auf dem Ligurischen Höhenweg über Passo di due Santi nahe **La Spezia** durch die waldreichste Region Mittelitaliens, die Toskana mit ihren gewellten Hügeln. Über **Pellegrino** in Alpe nach **Bocca Trabaria** südöstlich von Florenz zieht sich der Weg nach Umbrien. Buchenwälder mit jahrhundertealten Bäumen stehen im Kontrast zu trockenen, öden Landstrichen. Die Trinkwasserversorgung aus Brunnen und Quellen ist meist gewährleistet. Den Schlußteil des gekennzeichneten E1 bildet die Kette der Monti Sibillini und **Castelluccio** (1452 m), einer der höchstgelegenen Orte dieser Region.

tungsmöglichkeiten beschränkt sind. Während der Wanderer auf steinigen Pfaden sich ohne Schatten bergauf und bergab müht und den Knien einiges zumutet, taucht weit entfernt im leichten Dunst das Mittelmeer auf. Spätestens, wenn in **Pegli** der Strand erreicht ist, darf man mächtig stolz sein: Die

INFO

Ergänzende Verkehrsmittel Bahn- und Busverbindungen (vor Ort erkunden)
Übernachtungshinweise Möglichkeiten unterschiedlicher Preiskategorien, teilweise beschränkt, vorher buchen
Informationsstellen Federazione Italiana Escursionismo, Via La Spezia, 58 r, I-16149 Génova, Tel. und Fax 0039/010/463261, E-Mail fienazit@tin.it; Associazione Alta Via dei Monte Ligure, c/o Unioncamere Ligure, via San Lorenzo 15/1, I-16123 Génova; FIE Delegazione Regionale Umbra, Gruppo Valle Umbra Trekking, Via dei Giardini, 1, S. Eraclio di Foligno (PG), Tel. 0039/0742/60281

Wichtigste Karten Zum Überblick: Michelin Straßenkarte Nr. 428, »Italien Nord-Orest« 1:400 000; detaillierter: Kompaß-Wanderkarte »Lago Maggiore – Lago di Varese«, 1:50 000; Provincia di Génova (Studio Cartografico Italiano) 1:100 000; Kompaß-Wanderkarte Nr. 675, »E1 Umbrien« mit Kurzführer, 1:50 000
Sehenswürdigkeiten am Weg Genua mit Porto Vecchio, La Spezia, Florenz
Besonders zu beachten Keine durchgehende Wegbeschreibung erhältlich, Kartenmaterial zum Teil unzulänglich, Kompromisse (z. B. Bahnfahrten) sind sinnvoll
Praktische Tips Unterkünfte unbedingt vorbuchen, am besten bestätigen lassen!

Europäischer Fernwanderweg 2

Von der Irischen See ans Mittelmeer

Gesamtlänge Etwa 3750 km
Durchwanderte Regionen Southern Uplands, auf der Kentroute: Pennines, englische Mittelgebirge, North Downs, belgisches Marschland; auf der Harwichroute: North York Moors, Fen-District, East Anglia, niederländisches Marschland; mittelbelgisches Plateau, Ardennen, Vogesen, Jura, französische Westalpen, Riviera
Besonderheiten Der Pennine Way und die Route durch die französischen Alpen sind sehr anspruchsvoll, einige Erfahrungen sollten bereits gemacht sein. Bei sehr feuchten oder kalten Witterungsverhältnissen sind einige Wanderwege kaum begehbar
Wichtige Städte am Weg Oxford, Dover, Ostende, Antwerpen auf der Kentroute; Cambridge, Harwich, Hoek van Holland, Rotterdam auf der Harwichroute; Liège, Chamonix, Nizza

Zur Einführung

Der E2 führt in nordsüdlicher Richtung durch Großbritannien, die Beneluxstaaten und Frankreich ans Mittelmeer. Die durchwanderten Regionen sind sehr abwechslungsreich. Es geht durch einige waldreiche Mittelgebirge: die Southern Uplands in Schottland, die sich über Nordengland erstreckenden Pennines mit ihren ausgedehnten Hochmooren, die Ardennen mit ihren gewundenen Flußtälern, die Vogesen und den Jura. Dabei wechselt der Charakter der Landschaften von herber Schroffheit zu sanftem Grün.
Von Wiesen und Marschland geprägt sind die Küstengebiete an Nordsee und Ärmelkanal, doch außer den fast auf oder sogar unter Meeresniveau liegenden Marschen werden in England auch Abschnitte mit Steilklippen durchwandert. Besonders spektakulär ist die südliche französische Teilstrecke: Mit den Savoyer Alpen hat Frankreich Anteil an den höchsten Regionen dieses Gebirgszuges. Schneebedeckte Granitgipfel, Gletscherzungen, saftige Almen und etliche Panoramablicke bestimmen den Wegabschnitt vom Genfer See zur Côte d'Azur über schroffe Gebirgskämme und Paßwege. Der größte Teil der Wege ist seit langem fest etabliert. Schon seit Beginn weist der E2 zwei Führungen auf, die bei

INFO

Weglänge pro Land (ca.)

Schottland und England	bis 1400 km
Belgien	bis 550 km
Niederlande	120 km
Luxemburg	200 km
Frankreich (mit Schweiz)	1600 km

Ausrüstung Neben der üblichen bequemen und bewährten Kleidung sollte besonderer Wert auf Regenschutz gelegt werden. Für die Kentroute wird wegen der Vielzahl der Pfade die Benutzung eines Kompasses empfohlen, für die Westalpenregion ist eine Gebirgsausrüstung angebracht

Vorbereitung Rechtzeitig Übersichts- und Detailkarten, Wegbeschreibungen und Unterkunftsverzeichnisse besorgen, eventuell reservieren. Mindestwortschatz in den Landessprachen erlernen

Wichtige übergreifende Adressen

Europäische Wandervereinigung e.V., Wilhelmshöher Allee 157-159, D-34121 Kassel, Tel. 0049/561/938730, Fax 0049/561/9387310, E-Mail dt.wanderverband@t-online.de

Literatur, Karten

Homepage »Walking in Europe« http://www.gorp.com/gorp/activity/europe/Epaths.htm; Gorges, Hans-Jürgen, »Auf Tour in Europa« (1999), Deutscher Wanderverlag; zu Detailkarten siehe die Angaben bei den jeweiligen Teilstrecken. Sämtliche Titel sind auch in Deutschland über den Buchhandel bestellbar

Antwerpen zusammentreffen: die Hollandvariante ab Hoek van Holland sowie die Belgienroute ab Ostende. Einbezogen ist nun auch der Abschnitt nördlich des Ärmelkanals durch England – offiziell soll er im Herbst 1999 eingeweiht werden. Auch dieser stellt nach einem gemeinsamen Verlauf durch Schottland zwei Möglichkeiten zur Wahl: Die Kentroute führt durch Mittelengland nach Dover, die Harwichroute bleibt in Ostküstennähe und endet im Fährhafen Harwich. Beide Führungen nutzen bereits bestehende Weitwanderwege, die miteinander verknüpft und deren Markierungen mit den E2-Zeichen ergänzt werden. Die Harwichroute bietet sich an, um eines der hartnäckigsten Vorurteile gegenüber England zu relativieren: Die östlichen Landesteile liegen im Windschatten der Gebirge, die als Klimascheide wirken, so daß dort nur 500 mm Niederschläge im Mittel fallen.

Die schottische Fortführung in den Norden nach Glasgow und weiter über den bereits bestehenden West Highland Way nach Fort William am Loch Linnhe ist bereits in Arbeit, eine Verlängerung nach Irland wird diskutiert.

Blick über die Schelde auf Antwerpen

E2 Großbritannien: Kent-Route – Antwerpen

Tourenlänge 1650 km

Durchschnittlicher Zeitbedarf
Elf Wochen

Wegmarkierungen Distelsymbol in
Schottland, Eichensymbol für die englischen National Trails, kleinere bestehende Wege mit ihrer jeweils eigenen Kennzeichnung, dazu Pfeile in Gelb, Blau und
Rot; in Belgien Querbalken in Rot-Weiß
mit Zusatz GR5A

Landschaftscharakter Hügelland und
Hochmoore, Mittelgebirge aus Kalk- und
Sandstein, flaches Küstengebiet

Günstige Wanderzeit April bis Anfang
Oktober

Steigungen In Schottland und den englischen Pennines, sonst leicht hügelig bis
völlig flach

**Mögliche Ausgangs- bzw. Zielorte (Bahn-
anschluß)** Stranraer, Oxford, Guildford,
Dover, Ostende, Antwerpen

Der E2 startet in **Portpatrick** bei
Stranraer im Südwesten Schottlands
und benutzt bis **Melrose** den Southern
Uplands Way Richtung Ostküste. Eini-
ge Abschnitte durch das rauhe Hoch-
land sind recht anspruchsvoll. Bei Kirk
Yetholm geht es nach Süden auf den
Pennine Way, der zunächst durch den
Northumberland Nationalpark und die
North Pennines führt.

Ab **Middleton-in-Teesdale** teilen sich
zwei Routen: Die östliche Variante ist
als eigene Teilstrecke beschrieben; die
westliche Kent-Route folgt weiter dem
Pennine Way auf dem höchstgelegenen
und anspruchsvollsten Wegeteil durch

die Yorkshire Dales und den Nationalpark Peak. Hochmoore überziehen
die weiten Bergrücken, übergehend in
üppiges Wiesenland. Ab **Standedge**
führen Regionalwanderwege nach **Dis-
ley**, wo man den Staffordshire Way
erreicht. Dieser führt durch das Chur-
net-Tal bis nach **Uttoxeter** und weiter
nach **Cannock Chase**.

Von hier zieht sich der Heart of England Way in südliche Richtung durch
die Mitte Englands und über die Hänge
und Flußtäler der Cotswold Hills. Ab
Bourton on the Water wendet sich
der E2 nach **Oxford** und gelangt hier
auf den Thames Path, der entlang
der Themse durch die Chilterns führt.
Nach einem letzten kurzen Verbin-
dungsstück von **Weybridge** nach
Guildford folgt der Weg dem North
Downs Way – mit weiten Blicken über
die Surrey Hills. Einige Abschnitte

INFO

Ergänzende Verkehrsmittel Örtliche Busse und Postbusse der Royal Mail bedienen auch entlegene Ecken, Fahrpläne bei den Tourist Information Centres (TICs)

Übernachtungshinweise Vermittlung und Reservierung von Unterkünften über die zahlreichen TICs, Bed and Breakfast läßt sich in jedem Ort finden.

Informationsstellen

Long Distance Walkers Association (LDWA) Secretary, 21 Upcroft, Windsor, GB-Berkshire SL4 3NH,
Tel. 0044/1753/866685,
Internet http://www.ldwa.org.uk;
The Ramblers' Association (RA),
1/5 Wandsworth Road,
GB-London SW8 2XX,
Tel. 0044/171/3398500,
Fax 0044/171/3398501,
Internet http://www.ramblers.org.uk;
zu Belgien siehe Seite 39

Wichtigste Karten und Führer

Topographische Karten von Ordnance Survey im Maßstab 1:25 000 und 1:50 000, das »Long Distance Walkers Handbook«, Verlag A&C Black mit den wichtigsten Informationen; zu Belgien siehe Seite 39

Sehenswürdigkeiten am Weg Hadrian's Wall, Oxford, Canterbury, Antwerpen

Besonders zu beachten Die Nationalparks befinden sich meist in Privatbesitz; Besucher sollten sich an den Ehrenkodex 'Country Code' zum Schutz der Natur halten

Praktische Tips Ein Kompaß erleichtert die Orientierung in dem Pfadegewirr der Moore

benutzen eine alte Pilgerstrecke von Winchester nach **Canterbury**, die auch durch Windsor führt. Nach Durchquerung der Kent Downs erreichen wir die Kreidefelsen von **Dover** und eine Fähre, die uns über den Ärmelkanal bringt. Ab **Ostende** führt der Weg - bis De Panne im Gleichlauf mit dem E9 - auf dem GR5A an der belgischen Küste Richtung Westen: Ein Seebad reiht sich hier an das andere. Bei **De Panne** wendet er sich nach Westflandern. Das flache Land ist von Kanälen durchzogen, windschiefe Bäume säumen die schmalen Straßen und Wege. Hier wird überwiegend Flachs angebaut, rund um **Poperinge** auch Hopfen, die Grundlage für das belgische Nationalgetränk. In einem weiten Bogen geht es um Gent herum – das Land bleibt grün und gelb, der Himmel hoffentlich blau. Bei Dendermonde trifft der E2 auf die Schelde, deren Schleifen ihn bis nach **Antwerpen** führen (siehe belgische Karte Seite 38).

Die Kathedrale von Canterbury in Kent

E2 England, Niederlande: Harwich-Route – Albertkanal

Tourenlänge 1050 km

Durchschnittlicher Zeitbedarf
Sieben Wochen

Wegmarkierungen Eichensymbol für die englischen National Trails, kleinere bestehende Wege mit ihrer jeweils eigenen Kennzeichnung, dazu Pfeile in Gelb, Blau und Rot; in den Niederlanden und in Belgien Querbalken in Rot-Weiß mit Zusatz GR5

Landschaftscharakter Hügelland, Küstenabschnitte mit Steilküsten sowie Marschgebiete, flaches Grünland

Günstige Wanderzeit April bis Anfang Oktober

Steigungen Mittlere Steigungen nur in den North York Moors, sonst leicht hügelig bis flach

Mögliche Ausgangs- bzw. Zielorte (Bahnanschluß) Lincoln, Peterborough, Harwich, Hoek van Holland, Antwerpen

Bei **Middleton-in-Teesdale** in den Pennines trennt sich die vermutlich im Herbst 1999 fertiggestellte Harwich-Route von der westlich verlaufenden Kent-Route (siehe zuvor). Sie läuft durch den Osten Englands und durch die Niederlande; erst bei Antwerpen treffen beide Führungen des E2 wieder zusammen.

Diese Harwich-Route führt von Middleton über den Teesdale Way und den Tees Link in östliche Richtung nach **Guisborough** und weiter auf dem Cleveland Way nach Süden durch die North York Moors. Dieses Hochmoor erstreckt sich bis zur Ostküste. Hier durchwandert man einen der abwechslungsreichsten Abschnitte dieser Teilstrecke. Nahe der Küste pendelt der Weg zwischen Heidelandschaft und Küstendörfern, Hochmoor und Steilklippen, von deren Oberkante sich die Aussicht auf die Nordsee bietet. Ab **Filey** geht es auf dem Wolds Way durch die Kreidefelsen der Yorkshire Wolds und auf dem Viking Way durch die Lincolnshire Wolds.

Der sich anschließende Abschnitt führt von **Peterborough** nach **Ely**; beide Städte entwickelten sich aus im siebten Jahrhundert angelegten Abteien und besitzen mächtige Kathedralen. Der Weg zwischen diesen Städten durch den Fen-District gehört zur flachsten Wanderstrecke Englands. Er bietet einen weiten Blick über durch Hecken und Trockensteinmauern begrenzte Äcker und Grasland.

Am Fluß Cam führt der E2 weiter zur Universitätsstadt **Cambridge**. Über die Ausläufer der East Angelian Heights, die einzigen nennenswerten Erhebungen in Süd-Suffolk, erreicht man **Dedham Vale**. Dort beginnt der Essex Way, der durch Constable Country führt. Die weite Landschaft war Heimat und Inspirationsquelle des Landschaftsma-

Der Hadrianswall in Northumberland

lers John Constable. Am Ende dieses Ways liegt der Fährhafen **Harwich** mit Anschluß nach **Hoek van Holland**. In den Niederlanden führt der E2 etwa 200 km auf dem Deltapad durch die flache, wasserreiche Küstenlandschaft. Südlich von Rotterdam erreicht er das Mündungsgebiet des Rheins, so daß immer wieder breite Flußarme und kleinere Kanäle zu überqueren sind. Parallel zum Schelde-Rijn-Kanal geht es nach **Bergen op Zoom**, der letzten Stadt vor der belgischen Grenze. Die nationale Bezeichnung des Weges wechselt von Deltapad in GR5, und wir wandern weiterhin durch flaches Weideland in südöstlicher Richtung landeinwärts, bis man östlich von **Antwerpen** etwa 12 km vor dem Albertkanal auf die von Oostende kommende Kent-Route trifft (siehe belgische Karte Seite 38).

INFO

Ergänzende Verkehrsmittel Örtliche Busse und Postbusse der Royal Mail bedienen auch entlegene Ecken, Fahrpläne bei den Tourist Information Centres (TICs)
Übernachtungshinweise Vermittlung und Reservierung von Unterkünften über die zahlreichen TICs, »Bed and Breakfast« findet sich in jedem Ort.
Informationsstellen Zu England siehe 1. Teilstrecke, Stichting Wandelplatform Lange-Afstand-Wandelpaden, Postbus 846, NL-3800 Av Amersfoort, Tel. 0031/33/4653660, Fax 0031/33/4654377, E-Mail slaw@wandelnet.nl; zu Belgien siehe Seite 39

Wichtigste Karten und Führer Für England topographische Karten von Ordnance Survey und das »Long Distance Walkers Handbook«; für die Niederlande »topogidsen« mit Zusatzinformationen, zu Belgien siehe Seite 39
Sehenswürdigkeiten am Weg Scarborough, Ely, Cambridge, Rotterdam
Besonders zu beachten Mit blauem Pfeil gekennzeichnete Wege sind auch für Radler und Reiter, mit rotem Pfeil gekennzeichnete auch für Motorfahrzeuge zugelassen
Praktische Tips Die Ramblers' Association bringt jedes Jahr ein Handbuch mit detailliertem Übernachtungsverzeichnis heraus

E2 Belgien, Luxemburg: Antwerpen – Mosel

Tourenlänge 500 km

Durchschnittlicher Zeitbedarf
Drei bis vier Wochen

Wegmarkierungen Querbalken in Weiß-Rot mit Zusatz GR5 und GRAE = Ardennen-Eiffel-Route (sind die Querbalken gekreuzt, bedeuten sie: falsche Richtung), in Luxemburg auch gelber Punkt, gelbes Rechteck, grünes Dreieck auf weißem Grund

Landschaftscharakter Flaches Wiesenland, Mittelgebirge mit Laubwald, gewundene Flußtäler

Günstige Wanderzeit Mai bis Oktober

Steigungen Überwiegend flach oder sanft hügelig

Mögliche Ausgangs- bzw. Zielorte (Bahnanschluß) Antwerpen, Maastricht, Liège, Rumelange

Nachdem die beiden aus England kommenden Routen des E2 bei **Antwerpen** zusammengetroffen sind, bleibt der Weg in einem Verlauf. Er führt in südöstliche Richtung über den Albertkanal durch die belgischen Provinzen Antwerpen, Brabant und Limburg und erreicht bei **Maastricht** die niederländische Grenze. Das weite, von Flüssen und Kanälen durchzogene Wiesenland wird auf den typischen schmalen Baumalleen durchwandert, in Limburg trifft man auch auf Heideflächen. Mit der Wendung nach Süden erreicht man den französischsprachigen Teil Belgiens und bald die ersten Höhen der Ardennen. Die scheinbar reizlose Industriestadt **Liège** am Zusammenfluß

von Maas und Ourthe wird großzügig umwandert, obwohl sie durch ihr reiches kulturelles Leben einen genaueren zweiten Blick wert ist.

Nach einem langgezogenen Anstieg gelangt man einige Kilometer weiter in das Heilbad **Spa**, berühmt für eines der besten Mineralwasser der Welt. Die über 300 Brunnen und Quellen sind zum größten Teil in den umgebenden Buchenwäldern des Hohen Venn versteckt. Diese liegen bereits auf etwa 500 m. In ihnen findet man auch Moore, Ausläufer des streng geschützten und in seiner Vegetation einmaligen Gebietes um die Botrange. Doch auch an Früchten sind die Wälder reich: Im Juli wird in Vielsalm das Waldbeerenfest gefeiert.

Auf dem Weg an die Our passiert der E2 noch die sehenswerte Burg Reuland, die einst bis ins Tal hinunterreichte, mehrfach zerstört und seit 1989 wieder aufgebaut wurde. Dann gelangt

INFO

Ergänzende Verkehrsmittel Nach Busverkehr vor Ort erkundigen
Übernachtungshinweise Ausreichend kleinere Hotels und viele Campingplätze
Informationsstellen Grote Routepaden, Van Stralenstraat 40, B-2060 Antwerpen, Tel. 0032/3/2327218, Fax 0032/3/2318126; http://users.skynet.be/bs174943; Ministère du Tourisme, 6 Avenue Emilie Reuter, L-2937 Luxembourg, Tel. 0035/2/4781, Fax 0035/2/474011
Wichtigste Karten Karten für Belgien im Maßstab 1:20 000 hg. v. Nationaal Geografisch Instituut, ebenso eine Übersichtskarte (inkl. Luxemburg) 1:250 000 mit Wanderwegen; für Luxemburg 1:50 000 herausgegeben von der Administration du Cadastre et de la Topographie mit touristischen Hinweisen und allen Wanderwegen
Sehenswürdigkeiten am Weg Liège, Spa, Vianden, Echternach, Beaufort
Besonders zu beachten Die Ardennen sind ein bei Mountainbikern sehr beliebtes Gebiet
Praktische Tips Der Verein Grote Routepaden gibt einen Wanderführer mit detaillierten Informationen heraus

man bei Ouren in das Tal der Our, das die Grenze zwischen Luxemburg und Deutschland bildet. Der Wasserlauf hat sich windungsreich in das Gebirge geschnitten; der Weg folgt diesem Verlauf, wobei er sich mal auf die Höhen, mal ins Tal hinab zieht. Bei **Untereisenbach** gesellt sich die Ardennen-Eiffel-Route als Teilstück des E3 hinzu. Auf dem Nikolausberg erreicht man das Pumpspeicherwerk von **Vianden**, mit dessen Technik Wasser der Our in den höherliegenden Stausee gepumpt wird, um beim Rücksturz durch Turbinen Strom zu erzeugen. Die Stadt selbst und deren Burg überblickt man besser vom Belvedère, das mit einem Sessellift zu erreichen ist. Eine weitere Burg ist in **Bettendorf** zu besichtigen, wenn man die Our verlassen hat und ihren Zufluß Sauer (La Sûre) überquert; dann kann man noch die beiden Schlösser von **Beaufort** sehen, die dem Städtchen zu seinem Beinamen »Luxemburgisches Heidelberg« verhalfen. Bis **Echternach** mit seiner ehemaligen Benediktinerabtei bleibt der Weg fern der Flußtäler, dann trifft er wieder auf die Sûre, die bald in die Mosel fließt. Hier bleibt der Weg meist in den Weinbergen am westlichen Moselufer. Bei Remerschen verläßt er den E3, wendet sich nach Westen und durchzieht das Wiesengebiet entlang der französischen Grenze, die schließlich bei **Rumelange** überquert wird.

An der Nordseeküste bei Oostende

E2 Frankreich: Lothringen – Vogesen – Jura

Tourenlänge 850 km

Durchschnittlicher Zeitbedarf
Sechs Wochen

Wegmarkierungen Querbalken in Weiß-Rot mit der GR-Numerierung 5

Landschaftscharakter Sanft hügelig in Lothringen, mittelgebirgig in den Vogesen und im Jura, überwiegend bewaldet

Günstige Wanderzeit Frühjahr bis Herbst

Steigungen Sehr steile Streckenabschnitte im Jura, sonst mäßig

Mögliche Ausgangs- bzw. Zielorte (Bahnanschluß) Metz, Belfort, Pontarlier, Nyon

Die erste Teilstrecke des E2 auf französischem Gebiet führt zunächst etwa 600 km über die Lothringische Hochfläche und die Vogesen. Bald hinter dem Grenzort **Ottange** erreicht der Weg das dichtbesiedelte Moselgebiet und sucht dabei weitgehend Strecken durch kleine Waldstücke westlich des Flusses. Dennoch ist ein Abstecher nach **Metz**, der Hauptstadt Lothringens, mit ihrer gotischen Kathedrale und den Buntglasfenstern von Marc Chagall, lohnenswert.

Bei **Pompey** nördlich von Nancy überquert der E2 die Mosel und wendet sich nach Osten, um durch den Parc de Lorraine zu führen. Auf dem schönen Wegestück durch den Forêt de St. Quirin oberhalb der Roten Saar erreicht man den Donon, mit 1009 m der erste Gipfel des Elsaß, dem sich bald darauf der Mont Ste.-Odile anschließt. Dieser ist von einer aus Sandsteinquadern gebauten Trockenmauer von über zehn

km Länge und drei Meter Höhe umgeben, vermutlich der 3000 Jahre alte Befestigungsring einer keltischen Fliehburg. Auf dem Berggipfel steht das Kloster Hohenburg, ein beliebter Wallfahrtsort.

Weiter geht es durch den Parc des Ballons des Vosges auf dem Hauptkamm mit relativ geringen Höhenunterschieden. In den Lagen über 1000 m herrscht ein Buchen-Fichten-Bergahorn-Mischwald vor, unterbrochen von ausgedehnten Bergwiesen und Heideland, den Hautes Chaumes. Der Weg erreicht in kurzer Folge die Hauptmas-

INFO

Ergänzende Verkehrsmittel Nach Busverkehr vor Ort erkundigen

Übernachtungshinweise Hotels, Landgasthöfe, Privatzimmer und Gîtes d'Etappe mit Selbstverpflegung (Verzeichnis von Gîtes de France, Sachsenhäuser Landwehrweg 108, D-60599 Frankfurt/M., Tel. 0049/69/684314, Fax 0049/69/686236)

Informationsstellen Centre d'information de la FFRP (Fédération Française de la Randonnée Pédestre), 14, rue Riquet, F-75019 Paris, Tel. 0033/1/44899393, Fax 0033/1/40358567; Club Vosgien, Comité Central, 16, rue Ste. Hélène, F-67000 Strasbourg; Mouvement Européen Jeunes et Montagnes, 5, rue d'Obersoultzbach, F-67340 Ingwiller, Tel. 0033/388/894347

Wichtigste Karten »Topo-guides« (Führer in französischer Sprache mit Kartenausschnitten) der FFRP; topographische Karten des IGN 1:25 000 mit eingetragenen Wanderwegen

Sehenswürdigkeiten am Weg Gotische Kathedrale in Metz, Grand Ballon, Echelles de la Mort, Nyon

Besonders zu beachten Einige Abschnitte im Jura erfordern große Aufmerksamkeit und gute Ausrüstung

Praktische Tips Sonnenschutz samt Brille nicht vergessen – man wandert fast immer Richtung Süden!

sive in den südlichen Vogesen: den Hohneck mit 1362 m, den Grand Ballon (1423 m) mit Fernsicht bis zu den Alpen, den Ballon d'Alsace (1247 m). Dazwischen liegen Pässe, etwa der Col du Bonhomme mit 949 m und der Col de la Schlucht mit 1258 m. Atemberaubend ist der Blick in den tief nach Osten abfallenden Bergeinschnitt, der diesem Paß seinen Namen gab. Nach Süden senkt sich das Gebiet rasch zur Burgundischen Pforte ab, einer breiten Senke zwischen den Vogesen und dem Jura. Das nur etwa 12 km vom Ballon d'Alsace entfernte **Giromagny** liegt bereits auf 476 m Höhe.

Nun führt der E2 250 km durch den Französischen und den Waadtländer Jura zum Genfer See (Lac Léman). Langgezogene, bewaldete Kalkbänke und weite Täler bilden die Landschaft des Jura. Nach der Überquerung des Corniche de Goumois trifft der Weg auf das tiefe Kerbtal des Doubs, die Grenze zur Schweiz. Eindrucksvoll ist die Steilwand der Echelles de la Mort. Bis Les Brenets folgt der Weg den Gorges du Doubs flußaufwärts und orientiert sich auch danach am Grenzverlauf.

Über den Montagne du Larmont gelangt man nach **Pontarlier**. Der Weg zieht sich am Lac de St. Point vorbei, klettert in einem steilen Abschnitt den Morond (1419 m) und den Mont d'Or (1463 m) hinauf und erreicht bei **Mouthe** die Quelle des Doubs. Durch den Forêt du Risol überquert er den langgestreckten Mont Risoux. In La Cure geht es in die Schweiz und nach einem letzten Aufstieg – teilweise auf Nebenstraßen – steil bergab in das Weinbaugebiet La Côte. Zu Füßen der Rebenhänge am Ufer des Genfer Sees erreicht man **Nyon**.

E2 Frankreich: Savoyen – Dauphiné – Côte d'Azur

Tourenlänge 750 km

Durchschnittlicher Zeitbedarf
Sieben Wochen

Wegmarkierungen Querbalken in Weiß-
Rot mit der GR-Numerierung 5

Landschaftscharakter Alpin mit schroffen
Gebirgskämmen, Gletschern und grünen
Almen, in tieferen Lagen bewaldet

Günstige Wanderzeit Juni bis September

Steigungen Durchgängig sehr steil

**Mögliche Ausgangs- bzw. Zielorte (Bahn-
anschluß)** Thonon-les-Bains, Chamonix,
Modane, Briançon, Nizza

Die letzte Teilstrecke des E2 führt nahe
der italienischen Grenze über die Gipfel der Westalpen an die Côte d'Azur.
Zunächst steuert man das Südufer des
Lac Léman (Genfer See) an. Während
der Fährfahrt erreicht man wieder fran-
zösisches Gebiet und betritt es in **Thonon-les-Bains**. Von dort geht es in
einem östlichen Bogen durch das Vor-
alpengebiet Chablais an die Schweizer
Grenze und weiter gen Süden nach
Hochsavoyen. Bereits nach kurzer Zeit
erreichen die durchwanderten Bergzüge Höhen über 2000 m. Einer der
vielen spektakulären Rundblicke
öffnet sich etwa am Col de la Golèse
(1659 m), bevor es nach **Samoëns** ins
enge Tal und weiter durch die Gorges
de Tines nach **Sixt** geht. An dem nun
folgenden Weg durch die Aiguilles Rou-
ges rauschen etliche Wasserfälle die
Felsen hinab und speisen die kleinen
Bergseen. Der Brévent (2524 m) bietet
als südlichster der unbewaldeten

Hänge einen hervorragenden Blick auf
die Gletscher der anderen Talseite. Den
Gipfel des Aiguille du Midi (3842 m)
überragt der Mont Blanc, mit 4807 m
der höchste Berg Europas.
Steil ist der Abstieg ins Hochtal der
Arve, in dem das langgestreckte Bergdorf **Chamonix** liegt. Dieser Ort ist tra-
ditioneller Ausgangspunkt der Mont-
Blanc-Besteigungen; Nichtalpinisten
können auf die zahlreichen Bergbah-
nen zurückgreifen, die in das Glet-
schergebiet führen. Der E2 selbst bleibt
westlich des Mer de Glace und führt
durch das Val Montjoie zum Col du
Bonhomme (2329 m), zur oberen Isère
und weiter durch das stark vergletscherte Vanoise nach **Val d'Isère**.

In Hochsavoyen

Hier beginnt der Aufstieg zum Col de l'Iseran, dem höchstgelegenen befahrbaren Alpenpaß auf 2770 m. Bis **Modane** bleibt der Weg im Parc National de la Vanoise, im Tal der Arc wechselt er in das Gebiet der Dauphiner Alpen. Nun überwiegen kahle Erosionslandschaften mit bizarren Felsen und tiefen Schluchten. Ab **Montgenève** begleitet der E2 die noch junge Durance ein Stück, führt dann aber in den Parc Regional du Queyras.

Der Parc National du Mercantour schließt sich an, er wird begrenzt durch das Tal des Flusses Ubayette, dessen Querung einen weiteren Ab- und erneuten Aufstieg erfordert. Der Weg erreicht nun am Col de Larche die Seealpen der Haute Provence. Ihre Gipfel sind noch kahl und karstig, das Gebiet ist jedoch bereits vom Mittelmeerklima beeinflußt. Das Land fällt nach Süden merklich ab, auch die Täler der in diese Richtung strebenden Flüsse liegen auf Höhen um 500 m.

Da sich der E2 knapp unterhalb des Gipfels Mont Mounier nach Südosten wendet, hat er einige dieser Täler zu queren, um auf der anderen Seite wieder die Höhenkämme zu ersteigen. So sind nach der Durchquerung der Gorges de Valabres bei Saint Sauveur-sur-Tinée knappe 1600 Höhenmeter auf 15 km zu bewältigen, um den Mont Tournairet mit 2085 m zu erreichen. Die Gorges de la Vésubie ist die letzte passierte Schlucht, denn südlich von Levens bleibt der E2 auf dem Kamm des Mont Chauve, bis er in den Trubel von **Nizza** (Nice) eintaucht, der Metropole der Côte d'Azur.

INFO

Ergänzende Verkehrsmittel In den Alpen Busverkehr nur auf den Hauptstraßen, Seilbahnen ermöglichen alternative Routen und Abstecher

Übernachtungshinweise Auch hier gibt es ausreichend Hotels, Landgasthöfe, Privatzimmer und Gîtes d'Etappe (siehe vorige Teilstrecke)

Informationsstellen Centre d'information de la FFRP, 14, rue Riquet, F-75019 Paris, Tel. 0033/1/44899393, Fax 0033/1/40358567

Wichtigste Karten »Topo-guides« der FFRP; Wanderkarten des IGN (im Buchhandel erhältlich)

Sehenswürdigkeiten am Weg Thonon-les-Bains, Brévent, Chamonix, Col d'Izoard, Nizza

Besonders zu beachten Hochgebirgsausrüstung ist zu empfehlen

Praktische Tips Da die Alpen durch Straßen gut erschlossen sind, sollte man in den beliebten Gebieten Unterkünfte reservieren

Europäischer Fernwanderweg 3

Vom Atlantik an die Schwarzmeerküste

Zur Einführung

Der Fernwanderweg E3 zieht sich in
west-östlicher Richtung vom Atlantik
zum Schwarzen Meer durch Süd- und
Mitteleuropa. In seinem Verlauf orientiert er sich vielfach an großen Ge-
birgszügen. Er verläuft parallel des
Kantabrischen Gebirges und erreicht
in Burgos seinen südlichsten Punkt,
durchquert die Pyrenäen und das Zentralmassiv in Frankreich, zieht sich
durch die Ardennen und die deutschen
Mittelgebirge. Weiter geht es durch
Erz- und Riesengebirge, die Beskiden
und einen Teil der Karpaten, um über
das Balkangebirge ans Schwarze Meer
zu gelangen. Flachere Abschnitte finden sich nur in der spanischen Meseta,
dem Garonne-Becken, der Île de France, der hessischen Wetterau und dem
ungarischen Alföld.

Dabei werden Weitwanderwege benutzt, die bereits seit längerem fest
etabliert sind, andere bestehende Wanderrouten – wie der Internationale
Bergwanderweg von Eisenach nach
Budapest (EB) und die Balkantraverse
– sind erst nach der Öffnung der Ost-
grenzen hinzugekommen und durch
Verbindungswege miteinander verknüpft worden. Daher bestehen nun-
mehr einige Wegealternativen: Neben
der Route von Fulda durch die Rhön,
das Coburger Land und das Fichtelgebirge ist auch der Stichweg EB ab
Eisenach über den Rennsteig im

Thüringer Wald möglich. In Sachsen treffen beide Wege immer häufiger aufeinander, um sich schließlich zu vereinen. Eine Variante bietet sich noch im östlichen Fichtelgebirge: Von Schirnding geht es auf tschechischem Gebiet durch das Böhmische Erzgebirge, um an der Elbe südöstlich von Dresden wieder mit der nördlichen Route zusammenzutreffen.

Durch die gute Betreuung der ehrenamtlich arbeitenden Vereine ist die Wegeführung in weiten Teilen gesichert und die Markierung gewährleistet. Proble-

Typischer Getreidespeicher in Galicien

matisch ist bislang noch die Verbindung in Rumänien. Dennoch muß nicht grundsätzlich von einem Besuch dieses Landes abgeraten werden. Wer bereits gute Wandererfahrung besitzt und sich – zumindest tageweise – auf Selbstversorgung einstellt, kann hier herrliche Natur erleben.

Wohl eher zufällig, aber dennoch schätzenswert weist der E3 einen roten Faden auf, der gerade dem Wanderer zugute kommt: Der Weg berührt etliche Gebiete, die für ihren Weinanbau oder die Bierbrauerkunst berühmt sind. Während in Belgien, Deutschland und Tschechien die vielzähligen regionalen Biere den Durst am Abend stillen können, lockt der Wein der gerade durchwanderten Regionen unter anderem in Navarra, Rioja, Bordeaux, Burgund, in der Champagne, an Mosel und Rhein und um Tokaj.

Aus anderen Gründen besonders beliebte Teilstrecken des E3 sind der spanische Camino de Santiago, der vor allem in den Heiligen Jahren Pilgerscharen anzieht, und der Rennsteig über den Höhenkamm des Thüringer Waldes als Teil des EB. Hier sollte man frühzeitig mit der Planung und Reservierung von Unterkünften beginnen.

Da sich das Netz der Europäischen Fernwanderwege ständig erweitert, ist davon auszugehen, daß bald auch Verlängerungen durch Portugal und durch die Türkei erwogen werden. In Arbeit ist ein Weg von Sagres entlang der portugiesischen Küste. Er ist markiert als GR11 mit Querbalken in Weiß-Rot. Beginnend am Cabo de Sao Vicente als

südwestlichstem Punkt Europas führt
er durch Santiago do Cacém und Grân-
dola nach Sesimbra auf der Halbinsel
von Setúbal. Diese liegt zwischen den
Mündungen des Tejo und Sado südlich
von Lissabon. Weiter geht es durch die
Provinz Estremadura – den Vorort Lis-
sabons Almada, Batalha mit seinem
eindrucksvollen Kloster und die alte
Hauptstadt Coimbra. Die Douro-Mün-
dung wird bei Porto überquert. Bei Túy
am Minho erreicht der Weg wieder spanisches Gebiet und folgt dem Portugiesischen Pilgerweg nach Santiago. Dieser Weg durchquert landschaftlich wie

Auf der Elbfähre zur Festung Königstein

INFO

Weglänge pro Land (ca.)

Spanien	750 km
Frankreich	1900 km
Belgien	200 km
Luxemburg	200 km
Deutschland	1300 km
Tschechien	750 km
Polen	800 km
Slowakei	400 km
Ungarn	250 km
Rumänien	750 km
Bulgarien	750 km

Ausrüstung Neben der üblichen bequemen und eingetragenen Kleidung ist in
Spanien und den östlichen Abschnitten
die Mitnahme von Schlafsack, Isomatte
und Ausrüstung zur Selbstversorgung
empfehlenswert, im Osten sollte dazu
ausreichend Proviant transportiert werden
können. Grundsätzlich gilt: Nehmen Sie
nichts mit, was Ihnen lieb und teuer ist –
das erleichtert das Reisen enorm

Vorbereitung Rechtzeitig Übersichts- und
Detailkarten, Wegbeschreibungen und
Unterkunftsverzeichnisse besorgen, even-
tuell vorbuchen. Mindestwortschatz in
den Landessprachen erlernen, für Bulga-
rien auch kyrillische Schriftzeichen.
Visa beantragen
Wichtige übergreifende Adressen
Europäische Wandervereinigung (EWV),
Wilhelmshöher Allee 157-159,
D-34121 Kassel, Tel. 0049/561/938730,
Fax 0049/561/9387310,
E-Mail dt.wanderverband@t-online.de
Karten, Literatur Homepage »Walking in
Europe« http://www.gorp.com/gorp/
activity/europe/Epaths.htm; Gorges,
Hans-Jürgen, »Auf Tour in Europa«
(1999), Dt. Wanderverlag; weitere Detail-
karten: siehe Teilstrecken (bei uns über
den Buchhandel erhältlich)

In den polnischen Beskiden

kulturell sehr reizvolle Gegenden. Doch bereits jetzt sind einige der alten, von Süden kommenden Pilgerwege nach Santiago wieder benutzbar. So kann alternativ etwa ein gelb markierter Weg von Sevilla nach Astorga gewählt werden. Eine weitere Möglichkeit ist der Beginn der Reise am Kap Finisterre. Die Landspitze vermag noch immer einen Eindruck vom (räumlichen) Ende der Welt zu vermitteln und bietet sich als Startpunkt einer Wanderung durch Europa hervorragend an. Im Osten am Schwarzen Meer ist die Verlängerung in südlicher Richtung durch Burgas und das Istranca-Gebirge bis nach Istanbul geplant. Diese Erweiterung ist jedoch nicht kurz- oder mittelfristig zu erwarten.

Der Jakobspilgerweg

Mit dem Camino de Santiago benutzt der E3 die längste historische Teilstrecke im Netz der Fernwanderwege. Der Jakobspilgerweg beginnt in Le Puy, einem Sammelort der Pilger, und endet in der großen romanischen Kathedrale von Santiago de Compostela. Hier lagern die Gebeine des Apostels Jakob, hier können allen Wallfahrern die Sünden vergeben werden. Die Beliebtheit des Weges seit Jahrhunderten zeigt sich an der Mittelsäule des Eingangsportals Portico de la Gloria: Sie weist einen tiefen Handabdruck auf als Zeugnis der rituellen Berührung durch ungezählte Pilger.

Entlang des Camino de Santiago entwickelte sich durch den regen Verkehr Reichtum, Kunst und Kultur. So sind es – im Gegensatz zur Mehrzahl der weiteren Teilstrecken – weniger die landschaftlichen Gegebenheiten als vielmehr die historischen Zeugnisse, die unzähligen Kirchen, Klöster und Kathedralen, die den Wanderer anziehen und ihm in vielerlei Ausprägungen von der Verehrung des hl. Jakobus als Kämpfer gegen die heidnischen Mauren erzählen.

Da die Beschreibungen in diesem Buch die West-Ost-Richtung aufnehmen, wird der Camino entgegen seiner Hauptrichtung dargestellt. Folgt man dieser Laufrichtung, so kann man etwa in Kap Finisterre, dem »Ende der Welt«, an der Atlantikküste starten und sich von Westen der großen Kathedrale nähern.

Zum Camino sind zahlreiche Wander- und Radwanderführer erhältlich; ergänzend lassen sich auch im Internet Informationen abrufen: http://www.xacobeo_alem.htm

E3 Spanien: Jakobsweg (Galicien – Kastilien – Navarra)

Tourenlänge 750 km

Durchschnittlicher Zeitbedarf
Fünf Wochen

Wegmarkierungen Gelbe Farbmarkierung, zum Teil mit dem Symbol der Jakobsmuschel, bis Logroño Rot-Weiß als GR65

Landschaftscharakter Sierras im Galicischen Hochland, die von tiefen Flußtälern eingeschnittene kastilische Hochebene südlich des Kantabrischen Gebirges, Waldgebiete in Navarra

Günstige Wanderzeit Spätes Frühjahr und früher Herbst

Steigungen In den westlichen Cordillera und beim Pyrenäenaufstieg

Mögliche Ausgangs- bzw. Zielorte (Bahnanschluß) Santiago, León, Burgos, Logroño, Pamplona

Für uns beginnt der E3 am Ziel des St.-Jakob-Pilgerweges: in **Santiago de Compostela**, einem der bedeutendsten Pilgerorte der westlichen Welt. Hauptziel der Gläubigen ist die alles überragende romanische Kathedrale, auf die der Blick noch einmal fällt, wenn die erste Anhöhe des Weges, der Monte del

Gozo (368 m), erklommen ist. In Galicien geht es auf gewundenen, teils steilen Wegen durch Pinienwälder und Eukalyptushaine. Über den oft schneebedeckten Paß Pedrafita (1293 m) verläßt man die Provinz Galicien in das fruchtbare Bierzo, deren Montes de León auf einem weiteren Paß, dem Puerto de Foncebadón auf 1500 m, überquert werden, um auf der anderen Seite nach einem steilen Abstieg die Maragatería und die Stadt **Astorga** zu erreichen. Hinter Astorga öffnet sich die Meseta, eine schier endlose Getreideebene ohne Baum und Strauch, die von einigen nach Süden abfließenden Flüssen durchschnitten wird. Die steilen Nordflanken des Kantabrischen Gebirges fangen die atlantischen Regenfälle ein, so daß dieses Gebiet entsprechend trocken ist. Der Weg verläuft häufig auf der alten gepflasterten Römerstraße, größere Stationen sind die Städte **León**, **Sahagún** und die alte Pilgerstation **Frómista**. Nach Überquerung des Arlanzón betritt man **Burgos** auf 856 m Höhe durch das prächtige Stadttor, die Puerta de San Martin.

INFO

Ergänzende Verkehrsmittel Bus- und Pilgerverkehr auf der meist parallel laufenden Landstraße

Übernachtungshinweise Übernachtungen in den einfachen Refugios erfordern einen Pilgerpaß: Deutsche St.-Jakobus-Gesellschaft, Harscampstr. 20, D-52062 Aachen, Tel. 0049/241/4790127, Fax 0049/241/4790222, die Aufenthaltsdauer ist auf eine Nacht beschränkt. Äußerst beliebt sind die etlichen Klöster, die seit Jahrhunderten den Pilgern ein Dach über dem Kopf bieten. Vorbestellung unbedingt erforderlich

Informationsstellen Federacíon Española de Deportes de Montaña y Escalada, Floridablanca 75, entlo.2a, E-08015 Barcelona, Tel. 0034/93/4264267, Fax 0034/93/4263387; Detailinfos im Internet zum Camino: www.xacobeo.es, zur spanischen Eisenbahn www.renfe.es

Wichtigste Karten Rote Tourenkarten der Editorial Alpina (1:25 000), am besten vor Ort im Buchhandel. Der FFPR gibt auch einen französischsprachigen Topo-Guide mit detaillierten Routenbeschreibungen in 33 Etappen und 61 topographischen Kartenausschnitten heraus

Sehenswürdigkeiten am Weg Altstädte und Kathedralen von Santiago, León, Burgos und Pamplona

Besonders zu beachten In Ost-West-Richtung ist der Pilgerweg sehr beliebt, besonders in den Heiligen Jahren, in denen der Jakobstag auf einen Sonntag fällt (1999, 2004), wird man selten allein bleiben

Praktische Tips Schlafsack, Isomatte und Taschenlampe sollten mitgenommen werden

Nach Besichtigung der gotischen Kathedrale geht es weiter über die Bergkette Montes de Oca, deren Überquerung im Mittelalter ein mühevolles und gefährliches Vorhaben war, denn die Paßhöhe Puerto de la Pedraja liegt auf 1250 m. In der nun erreichten Provinz Rioja, für ihren Wein gerühmt, durchwandert man die alte Hauptstadt **Nájera**, **Logroño** am oberen Ebro und die am Nordhang des Montejura liegende Stadt **Estella**, in die man durch die Tierra de Estella gelangt. Nun bleibt der Weg in meist ebenem Gelände. Auf der sechsbögigen Pilgerbrücke in **Puente de la Reina** überquert man den Río Arga, um weiter **Pamplona**, die alte Hauptstadt des ehemaligen Königreiches Navarra, zu erreichen. Der Weg windet sich nun in das Tal des Arga, überwindet den Paß ins Tal des Erro und führt nach **Roncesvalles**.

Blick auf die Kathedrale in Santiago d.C.

E3 Frankreich: Westliche Pyrenäen – Zentralmassiv

Tourenlänge 770 km

Durchschnittlicher Zeitbedarf
Gut fünf Wochen

Wegmarkierungen Querbalken Weiß-Rot
mit der GR-Numerierung 65

Landschaftscharakter Gebirgig in den
Pyrenäen, flacher im Garonne-Becken,
vulkanisch im Zentralmassiv

Günstige Wanderzeit Frühjahr bis Herbst

Steigungen Flach nur im Garonne-
Becken

**Mögliche Ausgangs- bzw. Zielorte (Bahn-
anschluß)** Roncesvalles, Cahors, Le Puy

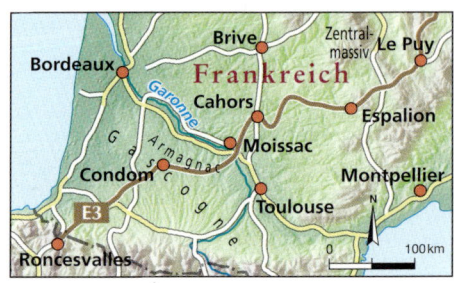

Den niedrigsten Pyrenäendurchgang
ermöglicht auf 1057 m der Paß von
Roncesvaux. Hier erinnert das Monu-
mento a Roldán an den im Jahr 778
gefallenen Helden des französischen
Rolandsliedes. Zu Füßen des Pyrenäen-
durchbruchs liegt **St-Jean-Pied de
Port**, das als wichtige Station auf dem
Jakobsweg schon im 15. Jahrhundert
befestigt wurde und heute ein touristi-
scher Anziehungspunkt im französischen Baskenland ist.
Der Weg folgt nun dem GR65 durch
das Pyrenäenvorland Béarn in der
Gascogne. Da Wasser hier immer dem
Atlantik zustrebt, kreuzen in Richtung
flaches Garonne-Becken etliche Flußtäler. So gelangt man nach **Condom** an
dem kleinen Fluß Baise. Dieser wird
noch immer benutzt, um den hier pro-
duzierten Armagnac nach Bordeaux zu
verschiffen. Informationen über dessen
Herstellung und die alten Handelswege
liefert das Armagnac-Museum.

Kaum ist die Garonne bei **Auvillar**
überquert, gelangt man in **Moissac** an
den Rand des Zentralmassivs. An den
Hügeln findet sich noch Wein- und
Obstanbau, in nördlicher Richtung
wird es bereits merklich höher. Mit
Cahors erreichen wir die nächste
größere Stadt. Sie liegt in einer engen
Schleife des sich von Ost nach West
um die Hügel schlängelnden Lot.
Das Zentralmassiv ist vulkanischen
Ursprungs. Im Süden bildeten sich die
Causses, indem Lava in die Täler
strömte, die damit eine harte Sohle
bekamen, während die einstigen Tal-
hänge langsam abgetragen wurden.
Übrig blieben Hochplateaus, die von
Flüssen tief eingekerbt werden. Sie sind
eine der unbesiedelsten, aber auch reizvollsten Gegenden Frankreichs. Die
Causse de Limogne wird durch den Lot
zerschnitten, dessen grobem Verlauf
der E3 bis **Espalion** folgt. Dabei führt
er durch das Dorf **Conques**, dessen
dunkel aufragende Pilgerkirche den
Wohnhäusern des Ortes nur an den
Berghängen Platz läßt, und weiter
durch **Estaing** im Tal des Lot. In nord-
östliche Richtung führt der Weg nun

durch das Aubrac, ein baumloses Hochplateau, auf dem im Frühjahr Tausende von Narzissen und im Sommer Heide und Ginster blühen. Weiter geht es in die dicht bewaldeten

INFO

Ergänzende Verkehrsmittel In den dünn-besiedelten Gebieten fahren selten Busse
Übernachtungshinweise Hotels, Land-gasthöfe oder Privatzimmer finden sich in jedem größeren Dorf; die 350 Jugendher-bergen werden von den Verbänden FUAJ und LFAJ betrieben. Zahlreicher sind die Gîtes d'Etappe mit Selbstverpflegung (Verzeichnis: Gîtes de France, Sachsen-häuser Landwehrweg 108, D-60598 Frankfurt/M., Tel. 0049/69/684314)
Informationsstellen Centre d'information de la Fédération Française de la Ran-donnée Pédestre (FFRP), 14 rue Riquet, F-75019 Paris, Tel. 0033/1/44899393, Fax 0033/1/40358567
Wichtigste Karten Die Strecke Le Puy – Roncesvalles ist in französischer Sprache beschrieben im »topo-guide« der FFRP »Le Chemin de St. Jacques«. Er verzeich-net 28 Etappen und liefert Kartenaus-schnitte im Maßstab 1:50 000
Sehenswürdigkeiten am Weg Abteikirche in Moissac, Conques mit seiner Pilgerkir-che, Le Puy mit eindrucksvollem Stadt-bild
Besonders zu beachten Vor allem auf den steilen Bergstrecken ist mit Mountain-bikern zu rechnen
Praktische Tips In den Höhenlage kann es auch im späten Frühjahr noch sehr kalt sein

Monts de la Margeride. Bei **Monistrol d'Allier** überquert man die Allier, die sich hier durch das enge Tal windet, und gelangt weiter nach **Le Puy**. Der ehemalige Sammelpunkt der Jakobspil-ger liegt in einer weiten Senke, in der sich zwei Felsnadeln erheben. Die eine, fast senkrecht aufsteigende Basaltspitze trägt die Kirche St. Michel-d'Aiguilhe, auf der Spitze der zweiten steht eine 16 m hohe, aus russischen Kanonen-kugeln gegossene Madonna. Eine weitere Madonna, die schwarze, findet sich in der romanischen Kathedrale aus dem 12. Jahrhundert, die mit der gesamten Altstadt am Hang dieses Rocher Corneille liegt. Bis hierher haben wir auf französischem Gebiet 770 km zurückgelegt.

Puy de Dôme in der Auvergne

E3 Frankreich: Auvergne – Île de France – Picardie

Tourenlänge 1140 km
Durchschnittlicher Zeitbedarf
Sieben bis acht Wochen
Wegmarkierungen Querbalken Weiß-Rot
mit den GR-Nummern 3, 13, 1 und 12
Landschaftscharakter Gebirgig bis zur
Tieflandebene im Seinebecken, sanft
hügelig am Rand der Ardennen
Günstige Wanderzeit Frühjahr bis Herbst
Steigungen Flach nur in der Île de
France
**Mögliche Ausgangs- bzw. Zielorte (Bahn-
anschluß)** Le Puy, Fontainebleau, Char-
leville-Mézières

In der zweiten französischen Teilstrecke geht es von **Le Puy** weiter auf
dem GR3 durch die Monts du Forez,
ein reichbewaldetes kristallines Bergland im Parc du Livradois. In **Bourbon-Lancy** wechseln wir auf den
GR13 und durchwandern im Herzen
des Burgund den Parc du Morvan,
der überwiegend von einem dunklen
Mischwald aus Buchen, Eichen, Edel-
kastanien und Akazien bewachsen ist.
Der Nationalpark endet in **Vézelay**,
einem wichtigen Pilgerort. Die ehemalige Klosterkirche Ste-Madeleine
bewahrt möglicherweise die Gebeine
Maria Magdalenas auf, ist jedoch nicht
der einzige Ort, der diesen Anspruch
erhebt. Der Weg folgt nun – teils auf
der noch erkennbaren Römerstraße
Via Agrippa – den Flüssen Cure und
Yonne die letzten Ausläufer des Morvan hinab. Bei **Arcy** befinden sich
mehrere Grotten und Höhlen.

Bei **Auxerre** verlassen wir die Yonne
und wenden uns nach Nordwesten
durch das nördliche Burgund in Richtung Fontainebleau. Im Seinebecken
der Île de France treffen wir häufig auf
gallo-romanische Ruinen als Zeugnisse
der Besiedelung in vorchristlicher Zeit.
Doch auch neuzeitliche Siedlungen
drängen sich immer dichter, und die
Nähe der Hauptstadt bleibt nicht unbe-
merkt. Selbst auf kleinen Wanderwegen
ist dem Ballungsgebiet kaum auszuwei-
chen. So durchwandern wir mit dem

INFO

Ergänzende Verkehrsmittel Busverkehr in die größeren Ortschaften

Übernachtungshinweise Auch hier gibt es ausreichend Hotels, Landgasthöfe, Privatzimmer und Gîtes d'Etappe (Verzeichnis: Gîtes de France, Sachsenhäuser Landwehrweg 108, D-60598 Frankfurt/M., Tel. 0049/69/684314)

Informationsstellen Centre d'information de la FFRP, 14 rue Riquet, F-75019 Paris, Tel. 0033/1/44899393, Fax 0033/1/40358567

Wichtigste Karten »topo-guides« (in französischer Sprache) und Karten der FFRP im Maßstab 1:25 000 mit vielen Zusatzinformationen über Unterkünfte, öffentliche Verkehrsmittel, Sehenswürdigkeiten; Karten des IGN – topographische Karten im Maßstab 1:25 000 mit eingetragenen Wanderwegen

Sehenswürdigkeiten am Weg Vézelay, Reste römischer Besiedelung, Schloß Fontainebleau, Kathedrale von Senlis, Charleville-Mézières

Besonders zu beachten Während der französischen Ferien zwischen Ende Juni und Anfang August sollte man sich auf starken touristischen Verkehr einstellen

Praktische Tips Da in Frankreich selbst die kleinsten Straßen durchnumeriert sind, kann man sich jederzeit gut orientieren.

Forêt de Fontainebleau das letzte größere Waldgebiet vor Senlis.
Der E3 umgeht **Paris** weiträumig auf dem GR1, der bis Orry-la-Ville führt.

Natürlich lohnt sich auch ein Abstecher in die Hauptstadt mit ihren zahlreichen Sehenswürdigkeiten, den Museen, Kirchen, Plätzen und Straßen. Weiter geht es auf dem GR12 um das bereits in der Römerzeit befestigte **Senlis** herum durch die waldreiche Picardie. Ein Stück des Weges führt parallel zum Chemin des Dames, den Ludwig XV. für seine Töchter auf dem Höhenrücken zwischen den Flüssen Aisne und Ailette anlegen ließ.

Nach flachem Gebiet mit viel Weideland kündigen sich westlich von **Charleville-Mézières** die nahen Ardennen an. Im Zentrum des ursprünglich eigenständigen Stadtteils Charleville liegt die Place Ducale, einer der schönsten und geschlossensten Plätze Europas, für den man einen kleinen Abstecher gern in Kauf nimmt, zumal der E3 wieder erreicht wird, wenn man der Meuse nach Norden folgt. Bis **Sorendal**, wo die Grenze überquert wird, windet sich der Weg an den Berghängen entlang und folgt dabei den engen Schleifen der Meuse (Maas) und dann der Semoy (Semoise).

Flußlandschaft in der Auvergne

E3 Belgien und Luxemburg: Ardennen – Mosel

Tourenlänge 400 km

Durchschnittlicher Zeitbedarf

Drei Wochen

Wegmarkierungen Querbalken Weiß-Rot mit GR-Numerierung; AE = Ardennen-Eiffel-Route (gekreuzte Querbalken bedeuten, den betreffenden Weg nicht zu gehen), in Luxemburg auch gelber Punkt, gelbes Rechteck, grünes Dreieck auf weißem Grund

Landschaftscharakter Bergland mit reichem Laubbaumbestand, gewundene Flußtäler, Weinberge

Günstige Wanderzeit Mai bis Oktober (Weinlese!)

Steigungen Sehr hügelig, jedoch nicht steil

Mögliche Ausgangs- bzw. Zielorte (Bahn-anschluß) Arlon, Clervaux, Echternach

In Belgien führt der E3 etwa 200 km auf der Ardennen-Eiffel-Route von **Sorendal** über **Bouillon** und **Herbeumont** nach **Florenville**, wobei die vielen Windungen der Semois den Wegverlauf bestimmen. Häufig bieten sich großartige Ausblicke ins Tal und auf die Burgen und Ruinen an den Berghängen, so etwa in Bouillon zu Füßen eines 350 m langen Felssporns, der die Burg des Ritters Gottfried aus dem 11. Jahrhundert trägt. Hinter **Suxy** führt der Weg durch eines der letzten intakten Sumpfbiotope, die früher an der oberen Semois häufig waren, und durch den Forêt d'Alier die Rulles flußaufwärts nach **Martelange**.

Nun geht es weitere 200 km auf luxemburgischen Gebiet an der Sûre entlang zum langgestreckten Lac de la Haute Sûre; dort bleibt der Weg oberhalb des nördlichen Ufers, während südlich im engen Tal die Burgruinen der Stadt **Esch**-sur-Sûre auftauchen. Hier lohnt sich ein Abstecher. Weiter nördlich stoßen wir auf das Dorf **Wiltz**, das im Zweiten Weltkrieg besonders getroffen wurde. Im Museum des Schlosses Wiltz ist die Ardennenschlacht vom Dezember 1944 dokumentiert; unter dem Motto »Dem Frieden der Völker« werden seit 1953 jährliche Festspiele durchgeführt, die seither internationalen Ruf genießen.

Bei **Drauffelt** stoßen wir hinab in das Tal des Flusses Clerve, um dann wieder steil bergauf zu klettern. Bis **Clervaux**, einem mittelalterlichen Ort auf dem vom Fluß umschlungenen Hügel, geht es auf dem Höhenkamm.

Hier wendet sich der Weg Richtung Südosten, wobei er sich an den Grenzflüssen Our, der von Westen kommenden Sûre und der Mosel orientiert. Im Ourtal kurz vor Vianden fällt der E3 mit dem E2 zusammen, um erst in

INFO

Ergänzende Verkehrsmittel Nach Busverkehr vor Ort erkundigen

Übernachtungshinweise Ausreichend kleinere Hotels und viele Campingplätze

Informationsstellen Grote Routepaden, Van Stralenstraat 40, B-2060 Antwerpen, Tel. 0032/3/2327218, Fax 0032/3/2318126, Internet http://users.skynet.be/bs174943; Ministère du Tourisme, 6 Avenue Emilie Reuter, L-2937 Luxembourg, Tel. 0035/2/4781, Fax 0035/2/474011

Wichtigste Karten Karten für Belgien im Maßstab 1:20 000 erhältlich durch das Nationaal Geografisch Instituut, Abtei Ter Kameren 13, B-1000 Brüssel, für Luxemburg im Maßstab 1:50 000 hg. v. der Administration du Cadastre et de la Topographie mit touristischen Hinweisen und allen Wanderwegen, dazu mehrere Regionalkarten

Sehenswürdigkeiten am Weg Die Stadtbilder von Bouillon, Esch-sur-Sûre, Echternach

Besonders zu beachten Das Klima in den Ardennen ist rauh und niederschlagsreich, entsprechend ist die Ausrüstung zu wählen

Praktische Tips Beim Verein Grote Routepaden ist zusätzlich zur Übersichtskarte (Maßstab 1:250 000) auch ein Wanderführer mit detaillierten Informationen zu den einzelnen Streckenabschnitten, Übernachtungsmöglichkeiten und öffentlichen Verkehrsmitteln erhältlich

Schengen wieder eigene Wege zu gehen. Beim Aufstieg auf den Mont St. Nicolas öffnet sich der Blick über den Stausee von Vianden, dessen Wasser aus der Our hinaufgepumpt wird. Die Stadt selbst und deren Burg überblickt man besser vom Belvedère, das mit einem Sessellift zu erreichen ist. Für einige Kilometer verlassen wir den Fluß und wandern auf einem Teilstück des Sentier Maurice Cosyn (GR5). Erst in **Echternach** mit seiner ehemaligen Benediktinerabtei treffen wir wieder auf die Sûre, die sich inzwischen mit der Our vereinigt hat, bald jedoch selbst in die Mosel fließt. Hinter **Manternach** löst sich der E3 selten weiter als einen Kilometer vom Fluß und bleibt somit auch im Weinanbaugebiet, das sich bis **Schengen** weiterzieht. Hier im Dreiländereck überqueren wir die Mosel, um ab **Perl** durch Deutschland zu wandern.

In den Ardennen

E3 Deutschland: Hunsrück – Taunus – Vogelsberg

Tourenlänge 480 km
Durchschnittlicher Zeitbedarf
Drei bis vier Wochen
Wegmarkierungen Zunächst blaues
Andreaskreuz auf weißem Grund, auch
Querbalken Weiß-Blau-Weiß
Landschaftscharakter Überwiegend wald-
reiche Mittelgebirge oft vulkanischen
Ursprungs, Senken an den großen Flüssen
Günstige Wanderzeit Frühjahr bis Herbst
Steigungen Durchgängig mäßige Steigun-
gen auf meist gut ausgebauten Wegen
**Mögliche Ausgangs- bzw. Zielorte (Bahn-
anschluß)** Perl, Bacharach, Wiesbaden,
Fulda

Vom Grenzort **Perl** an der Mosel führt
der E3 zunächst zur großen Saarschleife bei **Mettlach**, dann durch den Naturpark Saar-Hunsrück. Über wellige
Hochflächen aus Tonschiefer erheben
sich langgestreckte Bergrücken, die
Randtäler sind zu Mosel und Rhein hin
tief eingeschnitten. Einzelne, zum Teil
sehr alte Waldgebiete reihen sich nun
aneinander: Wir durchqueren den
Schwarzwälder Hochwald mit seinen
695 m hohen Gipfeln Teufelskopf und
Schimmelkopf, den Idarwald mit Stein-
bachstausee und den Soonwald, bis
Bacharach auf der linken und **Kaub**
auf der rechten Rheinseite erreicht ist.
Zwischen beiden Städten liegt die
Festung Pfalzgrafenstein im Wasser,
eine Fähre verbindet die beiden Ufer.
Östlich des Rheins erhebt sich der Taunus mit seinen Mischwäldern. Der
Kellerskopf nordöstlich von **Wiesba-**

den bietet bereits auf 475 m einen guten Fernblick, etwa 20 km weiter hat
man jedoch die mit 880 m höchste
Erhebung des Taunus erstiegen – den
Großen Feldberg. Auf dem unbewaldeten Gipfelplateau kann noch ein
Aussichtsturm bestiegen werden.
Das durchwanderte Gebiet fällt gegen
die Senke Wetterau nun steil ab;
begünstigt durch das Klima finden sich
hier Obstbaumplantagen. Hessen
besticht durch seine Kleinräumigkeit,
die gut erhaltenen Fachwerkdörfer
und die Burgen aus der Zeit der Klein-
staaterei. Weithin sichtbar ist die
hochmittelalterliche Burgruine von
Münzenberg. Einige Bauteile aus dem
12. Jahrhundert sind noch gut erhalten,
anderes, etwa die Zwingeranlage,
wurde im 16. Jahrhundert hinzugebaut.
Dann hebt sich das Gelände wieder
zum Bergrücken Vogelsberg mit seiner
guten Fernsicht. Die typischen Formen
der Basaltsäulen zeigen seinen vulkanischen Ursprung. Der Vogelsberg ist
die letzte Erhebung vor Eintritt in das
Fuldaer Becken und Überquerung des
Flusses Fulda in der Stadt gleichen
Namens. **Fulda** hatte eine architekto-
nische Blütezeit im Barock, dessen Stil

Grenzstein am Rennsteig in Thüringen

angelegten Weitwanderweg Eisenach – Budapest (EB) den Thüringer Wald durchwandern (siehe Karte zur nächsten Etappe). Dieser beginnt in **Eisenach**, ersteigt zunächst die Wartburg und läuft dann durch die Drachenschlucht auf den Rennsteig. Als alter Grenzweg zwischen Thüringen und Franken zieht sich der von 1300 Grenzsteinen gesäumte Höhenweg auf 168,3 km Länge von der Werra über den Hauptkamm des dichten Fichtenwaldes bis an den Oberlauf der Saale zum bayrischen **Blankenstein**. Von dort geht es nach **Nordhalben**, wo man auf die Hauptroute des E3 trifft.

sich im Dom und im Schloß, in Kirchen und Privathäusern zeigt.
Bis hierher führt der E3 480 km durch Deutschland. Neben der in der anschließenden Teilstrecke beschriebenen nächsten Route kann man alternativ auf dem bereits vor der Grenzöffnung

INFO

Ergänzende Verkehrsmittel Busverkehr vor Ort erfragen
Übernachtungshinweise Ausreichendes Netz von Hotels, Gasthöfen und Pensionen, dazu private Zimmeranbieter
Informationsstellen Saarwald-Verein, Kaiser-Friedrich-Ring 31, D-66740 Saarlouis, Tel. 0049/6831/444353; Hunsrückverein, Brühlstr. 16, D-55756 Herrstein, Tel. 0261/1202035; Taunusklub, Odenwaldstr. 10, D-65812 Bad Soden, 0049/6196/23322; Vogelsberger Höhen-Club, Beundestr. 26, D-63667 Nidda, Tel. 0049/6042/2632

Wichtigste Karten Wanderkarten im Maßstab 1:50 000 der Verlage Freytag & Berndt oder Kompaß im Buchhandel
Sehenswürdigkeiten am Weg Saarschleife bei Mettlach, Bacharach und Kaub, Großer Feldberg, Vogelsberg, Fulda
Besonders zu beachten In Deutschland sind etliche Regionalgruppen für Betreuung und Markierung der Wege zuständig, so daß die einheitliche Kennzeichnung nicht überall gegeben ist
Praktische Tips Sehr informative Tourenbeschreibung der Strecke von Perl bis Marktredwitz an der tschechischen Grenze in 37 Etappen im Internet unter http://home.welfen-netz.de/schymura/

E3 Deutschland: Rhön – Frankenwald – Erzgebirge

Tourenlänge 820 km
Durchschnittlicher Zeitbedarf
Fünf bis sechs Wochen
Wegmarkierungen Querbalken Weiß-
Blau-Weiß, teilweise als EB mit Querbal-
ken Weiß-Rot-Weiß
Landschaftscharakter Waldreiche Höhen-
züge, Hochmoore, Sandsteinformationen
Günstige Wanderzeit Frühjahr bis Herbst
Steigungen Durchgängig mäßige Steigun-
gen auf meist gut ausgebauten Wegen
**Mögliche Ausgangs- bzw. Zielorte (Bahn-
anschluß)** Fulda, Coburg, Adorf, Bad
Schandau

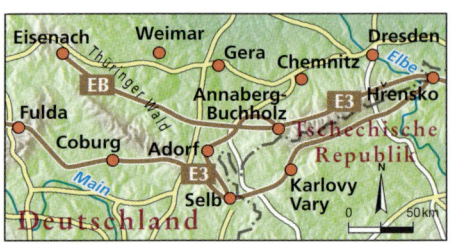

In den Osten Deutschlands führt der
E3 zunächst von **Fulda** durch die
Naturparks Hessische und Bayerische
Rhön nach **Mellrichstadt**. Die Anein-
anderreihung einzelner Basaltkuppen,
das hessische Kegelspiel, bildete sich
durch aus zahlreichen Schloten getrete-
ne Lava; hier findet man Mischwälder
und Moorvegetation. Auf dem Büchel-
berg bei Zimmerau erlaubt der Aussichtspunkt Bayernturm einen weiten
Blick über den Thüringer Wald.
Der weitere Weg verläuft südlich dieses
Waldes und zieht sich durch das Coburger Land in den Naturpark Fran-
kenwald, eine überwiegend mit Fichten
bestandene und von Wildbächen
durchzogene Mittelgebirgslandschaft.
Für den vom nördlich verlaufenden
Rennsteig kommenden Wanderer bietet
sich bei **Nordhalben** an der Grenze
zwischen Thüringen und Bayern eine
Anbindung an den E3. Dieser führt

nun durch das Fichtelgebirge in die
Porzellanstadt **Selb** an der tschechischen Grenze und folgt – zumindest,
wenn man noch diesseits der Grenze
bleiben will – dem Grenzverlauf nach
Norden zum Dreiländereck bei **Nentschau**.
Doch südlich von Selb bei Schirnding
ergibt sich bereits die Möglichkeit, etwa
300 km auf tschechischer Seite durch
das Egerland und das Böhmische Erzgebirge zu wandern. Dabei geht es
durch Cheb (Eger) und Karlovy Vary,
den berühmten Heilkurort Karlsbad,
der seine Thermen der jungvulkani-
schen Tätigkeit in der umliegenden
Beckenlandschaft verdankt. An der
Elbquerung im tschechischen **Hřensko**
trifft diese Variante wieder mit dem
Hauptweg des E3 zusammen.
Dieser kommt also von Nentschau,
durchzieht den Naturpark Erzgebirge-
Vogtland und berührt dabei mehrfach
den Weitwanderweg von Eisenach
nach Budapest (EB). Die wellige Hochfläche des zum Erzgebirge ansteigen-
den Vogtlandes ist wenig bewaldet und
wird großflächig bewirtschaftet, es
weist jedoch auch noch Hochmoore
mit seltener Flora und Fauna auf. In

Im Erzgebirge bei
Rechenberg-Bienenmühle

Adorf schließlich wird die Weiße Elster überquert, und immer nah an der tschechischen Grenze durchwandert man das nach Norden in Flächentreppen abfallende Sächsische Erzgebirge, das wenige, breite Sohlentäler aufweist. Selten steigt es über 1000 m an, so daß auf den weiten Hochebenen Grünlandwirtschaft betrieben wird. Die Talorte zeugen noch vielfach von dem hier bis ins 17. Jahrhundert betriebenen Eisenerz- und Silberabbau, der zur Abholzung der Buchenbestände und Wiederaufforstung mit Fichten führte. Der E3 durchquert die Orte **Klingenthal**, **Annaberg-Buchholz** und **Marienberg** und bleibt ab **Rechenberg-Bienenmühle** ganz im Verlauf des EB. Bei Dresden erreicht man das Elbsandsteingebirge der Sächsischen Schweiz. Hier erheben sich in einem Kiefer-Heide-Wald sagenumwobene Felslandschaften, etwa die Basteifelsen bei **Rathen**, die einen atemraubenden Blick in das Elbtal gewähren. Ein Stück flußaufwärts liegt die Festung Königstein, deren Befestigungsanlagen in mehreren Jahrhunderten erweitert wurden. Hier ist sowohl der Anblick als auch der Ausblick lohnenswert. Nach der Elbüberquerung südöstlich von Dresden erreicht der E3 bei **Schmilka** bzw. Hřensko Tschechien.

INFO

Ergänzende Verkehrsmittel Busverkehr vor Ort erfragen

Übernachtungshinweise Ausreichendes Netz von Hotels, Gasthöfen und Pensionen, dazu private Zimmeranbieter

Informationsstellen Rhönklub, Peterstor 7, D-36037 Fulda, Tel. 0049/661/73488; Thüringer Gebirgs- und Wanderverein, Friedenstr. 32, D-07422 Bad Blankenburg, Tel. 0049/36741/3142; Erzgebirgsverein, Eibenstocker Str. 67, D-08349 Johanngeorgenstadt, Tel. 0049/3773/888245

Wichtigste Karten Wanderkarten im Maßstab 1 : 50 000 der Verlage Freytag & Berndt und Kompaß im Buchhandel

Sehenswürdigkeiten am Weg
Fulda, Selb, Königstein, Elbsandsteinformationen in der Sächsischen Schweiz

Besonders zu beachten Je hügeliger die Landschaft, um so mehr Mountainbiker (mit bislang gleichem Wegerecht) sind zu erwarten

Praktische Tips In besonders beliebten Gebieten sollten Unterkünfte frühzeitig reserviert werden

E3 Tschechien und Polen: Riesengebirge – Westbeskiden

Tourenlänge 750 km
Durchschnittlicher Zeitbedarf
Fünf Wochen
Wegmarkierungen Querbalken in Weiß-
Farbig-Weiß mit Bezeichnung E3 oder
manchmal auch EB; alle Wanderwege
sind gut markiert
Landschaftscharakter Bewaldetes Berg-
land, teilweise alpin
Günstige Wanderzeit Spätes Frühjahr
und Herbst, Juli und August sind die
niederschlagreichsten Monate
Steigungen Sanft hügelig bis extrem steil
**Mögliche Ausgangs- bzw. Zielorte (Bahn-
anschluß)** Hřensko, Liberec, Wałbrzych,
Kłodzko, Rýmarov

Von **Hřensko**, dem tschechischen
Grenzort an der Elbe, führt der erste
Teil des E3 152 km auf tschechischer
Seite durch Nordböhmen, das Lausitzer und das Isergebirge. Die bis zu
1600 m aufragenden Randgebirge
umschließen das Böhmische Becken,
das sich zur Elbe hin absenkt.
Doch zunächst setzen sich östlich
von Hřensko die bizarren Sandstein-
strukturen im Nationalpark Böhmische
Schweiz fort. Das Lausitzer Gebirge
hingegen ist vulkanischen Ursprungs.
Die erklommenen Gipfel Studenec
(733 m) und Ještěd (1012 m) bieten
hervorragende Panoramablicke. Von
hier führt auch eine Seilbahn in den
Liberecer Stadtteil Horní Hanychov.
Mit **Liberec** (Reichenberg) im Kessel
zwischen den Höhen passiert der Weg
die einzige größere Stadt in diesem

Abschnitt. Hier stehen die Wallenstein-
häuser, die ältesten Fachwerkhäuser
Tschechiens. Am nordöstlichen Rande
der Stadt (375 m) erhebt sich das Iser-
Gebirge mit seinem höchsten Gipfel
Jizera (1122 m), der nach nur 22 km
erreicht ist. Auf hohem Niveau geht es
weiter bis zur Glasmacherstadt **Harra-
chov**, dem Grenzübergang nach Polen.
Der sich anschließende Sudetenab-
schnitt führt 292 km auf polnischer
Seite bis nach **Miedzylesie**. Auf dem
Szklarska-Paß wird das Riesengebirge
überquert, das in den Hochlagen alpinen Charakter aufweist. Nach Nordosten geht es rasch in flachere, waldreiche Gebiete rund um das im Tal
gelegene **Jelenia Góra** (Hirschberg).
Der Weg zieht sich nun über den breiten Rücken des Katzbach-Gebirges
und den Falkenberg bis ins Zentrum
des polnischen Bergbaus: das Walden-
burger Bergland um **Wałbrzych** (Wal-
denburg).
Weiter geht es über den langgestreckten
Kamm des Eulengebirges mit der
Hohen Eule auf 1014 m. Nach Süden
öffnet sich nun die Senke von **Kłodzko**
(Glatz). Bis zum Grenzübergang folgen

besuchen, bevor es über den Gipfel Śneźnik auf 1425 m zum Międzyleska-Paß (540 m) und erneut über die Grenze geht.

Das dritte Teilstück führt 290 km auf tschechischer Seite von Dolní Lipka bis Bumbálka durch das mährische Schlesien. Es geht über die Ausläufer des im Norden vom Praděd (Altvater) gekrönten Hohen Gesenke. Bereits in **Rymařov** flacht sich das Gebiet in das Niedere Gesenke ab. Den tiefsten Punkt erreicht man an der Mährischen Pforte. Hier fließen die Flüsse Odra und Bečva auf einer Höhe von 310 m und trennen die Ostsudeten von den Westbeskiden, durch die der weitere Weg führt. Dieser Teil Mährens an der Grenze zur Slowakei wird auch Walachei genannt. Mit dem Radhošt (1129 m) wird einer ihrer höheren Gipfel erstiegen, durch überwiegend hohes Gelände geht es weitere 25 km bis zur slowakischen Grenze.

Hodslavice, Nordmähren: Geburtshaus des tschechischen Historikers und Politikers František Palacky

wir dem Verlauf der polnisch-tschechischen Grenze, die sich am Reichensteiner und Glatzer Schneegebirge orientiert. Bei **Kletno** kann man noch die Tropfsteinhöhle Jaskinia Niedźwiedzia

E3 Polen und Slowakei: Hohe Tatra – Ostbeskiden

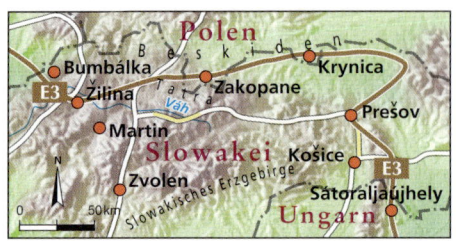

Tourenlänge 650 km

Durchschnittlicher Zeitbedarf
Vier bis fünf Wochen

Wegmarkierungen Querbalken Weiß-
Farbig-Weiß mit Bezeichnung E3 oder
manchmal auch EB

Landschaftscharakter Gebirgig, teilweise
mit alpinem Charakter

Günstige Wanderzeit Spätes Frühjahr
und Herbst

Steigungen Bis auf den flacheren Ostteil
durchgängig steil

**Mögliche Ausgangs- bzw. Zielorte (Bahn-
anschluß)** Žilina, Zakopane, Krynica,
Prešov, Slovenské Nové Mesto

Der erste Wegabschnitt führt 170 km
durch den Nordwesten der Slowakei
und startet im Grenzort **Bumbálka**.
Zunächst überquert er das Gebirge
Javorník mit dem höchsten Punkt
Velky Javorník (1071 m), und zieht
sich dann über die Malá Fatra mit den
Gipfeln Velká lúka (1475 m), Velky
Kriváň (1709 m) und Velky Rozsutec
(1609 m). Auf das sich durch diesen
Höhenzug windende Tal der Váh
(Waag) trifft er bei **Bytča** und bei
Strečno, ohne jedoch dem Fluß zu
folgen. So ist dieser Teil geprägt von
steilen Auf- und Abstiegen durch Dolo-
mit- und Kalksteinfelsen mit niedriger
Baumgrenze, Bergwiesen in den
Höhenlagen und sanften Flußtälern.
Daran schließt sich der Kamm Oravská
Magura an, benannt nach dem weiter
südlich verlaufenden Fluß Orava. Des-
sen Oberlauf ist nah an der polnischen
Grenze zu einem See von 35 qm
Fläche aufgestaut und heute ein belieb-
tes Erholungsgebiet. Am Ufer dieses
Stausees gelangt der E3 bei **Trstená**
nach Polen.

Von **Chýzne** bis zum Dukla-Paß führt
der zweite Wegteil 170 km durch polnisches Gebiet. Er wendet sich zunächst
der Hohen Tatra zu, bleibt jedoch
nördlich von **Zakopane**. Der erklom-
mene Aussichtspunkt Gubatówka liegt
mit 1123 Metern noch 1000 bis 1500
Meter unter den alles dominierenden
Gipfeln der Tatra. In nordöstlicher
Richtung geht es weiter durch das kleine Kalksteinmassiv Pieninen mit seinen
spitz aufragenden weißen Felsen. Die
Dunajec hat in diesem Stein einen tiefen Cañon hinterlassen – die Felswände des stellenweise nur 100 Meter
breiten Tales sind bis zu 300 Meter
hoch. Da dieses Gebiet bereits seit
über fünfzig Jahren unter besonderem
Schutz steht, hat sich hier eine einzigartige Flora und Fauna erhalten. So
leben hier im Tatrzański-Nationalpark
über 800 Schmetterlingsarten.
Nach der Überquerung der Dunajec
gelangt man in die Sandezer Beskiden,
zwei Höhenzüge, die durch den Poprad

getrennt sind. Zunächst wird der Prze-
hyba auf 1175 Meter Höhe erklommen,
dann geht es hinab und bei Rytro über
den Poprad, östlich wieder hinauf auf
den Gipfel Jaworzyna Krynica (1114 m)
mit seinen Almweiden. Im Kurort
Krynica kündigt sich bereits das flachere Gebiet der abgeschiedenen Beskid
Niski, der Niederbeskiden an. Hier
trifft man auf verlassene Dörfer und in
den Tälern versteckte Holzkirchen der
Lemken. Das Gelände flacht gegen
Osten weiter ab, der Dukla-Paß liegt
bereits auf 502 Metern. Dieser Paß
wurde im Zweiten Weltkrieg heftig
umkämpft – das gesamte Areal baute
man zur Gedenkstätte aus.
Im 280 km langen dritten Abschnitt
verläßt der Weg die West-Ost-Richtung
und wendet sich nach Süden durch die
Ostslowakei nach Ungarn. Das Gebiet
ist sanft bergig und wird von mehreren

Blick vom Gubatówka auf die Hohe Tatra

INFO

Ergänzende Verkehrsmittel Dichtes Bus-
netz verbindet in touristischen Gebieten
auch kleinere Dörfer, im Osten seltener
Übernachtungshinweise PTTK-Berg-
hütten auf polnischem Gebiet, in der
Slowakei Hotels und Hütten in ausrei-
chender Dichte
Informationsstellen Ústredny Klub
Značkárov Slovenska (KST), Junácká 6,
SK-83280 Bratislava, Tel. 0042/7/5049221,
Fax 0042/7/5049223 (Infomaterial zu den
Europäischen Fernwanderwegen in der
Slowakei); zu Polen siehe vorige Seiten
Wichtigste Karten Grüne Sommerkarten
für die Slowakei im Maßstab 1:50 000 des
Verlages Vojensky kartograficky ústav
(Internet www.vku.sk/dm/dwelcome.html,
oder Tel. 0042/1/798338,
Fax 0042/1/798339)
Sehenswürdigkeiten am Weg Niedzica,
Krynica, Prešov
Besonders zu beachten Zahlreiche Wege
sind im Winter gesperrt. Jeweils nur gut
vorbereitet und ausgerüstet aufbrechen,
möglichst nicht allein
Praktische Tips Gegen Osten zu wird
man viele Dörfer verlassen vorfinden:
mit Selbstversorgung rechnen!

niedrigen Sätteln durchzogen. Nach
150 km erreicht man die Stadt **Prešov**
(Preschau), die im 13. Jahrhundert an
einer Handelsstraße zwischen der Ostsee und dem Schwarzen Meer angelegt
wurde. Entlang des Bergrückens Slans-
ké vrchy geht es nun in die Ebene der
Ronava, um bei **Slovenské Nové Mesto**
nach Ungarn zu gelangen.

E3 Ungarn, Rumänien, Bulgarien: Alföld – Schwarzes Meer

Tourenlänge 1750 km
Durchschnittlicher Zeitbedarf
Zehn Wochen
Wegmarkierungen Bis Sátoraljaújhely blaues Kreuz, dann Querbalken Weiß-Blau-Weiß als AKT, in Bulgarien Querbalken Weiß-Rot-Weiß mit dem Zusatz KE
Landschaftscharakter Flach und landwirtschaftlich genutzt in Ungarn, mittelgebirgig in Rumänien und Bulgarien
Günstige Wanderzeit Frühjahr bis Herbst
Steigungen Im Süden Rumäniens und im westlichen und mittleren Balkan hügelig bis sehr steil
Mögliche Ausgangs- bzw. Zielorte (Bahnanschluß) Sátoraljaújhely, Ártánd, Cluj Napoca, Drobeta-Turnu Severin, Sofija

Der E3 läuft 250 km durch das Ungarische Tiefland, das Alföld. Hier überwiegt das Gelb der Getreide-, Mais- und Sonnenblumenfelder, trifft man in mittelalterlichen Dörfern auf romanische und gotische Kirchen mit hölzernen Glockentürmen. Ursprünglich führte der Weg von **Sátoraljaújhely** über Tokaj in westlicher Richtung nach Budapest, jetzt wird dieses Stück vom E4 erschlossen, und die neue Strecke des E3 verläuft südöstlich nach **Kisvárda**; hier findet sich eine mittelalterliche Burg mit dem um 1585 hinzugebauten Burgschloß im Stil der Renaissance. Auch **Nyírbátor** ist sehenswert durch die gotische Georgskirche aus dem 15. Jahrhundert mit Netzgewölbe, hervorragender Orgel und ebensolcher Akustik. Die Stadt ist im Sommer Schauplatz internationaler Theater- und Musiktage. Östlich an **Debrecen** vorbei geht es weiter nach **Ártánd** an der rumänischen Grenze.
Bis zum bulgarischen Kom ist der weitere Verlauf des E3 noch im Auf-

INFO

Ergänzende Verkehrsmittel Bahn- und Busverbindungen vorher erkunden
Übernachtungshinweise Ungarische Hotels sind oft ausgebucht, in Rumänien gibt es nur wenige; Privatunterkünfte (auf Nachfrage vor Ort) sind zahlreicher. In Bulgarien im Prinzip ausreichend Berghütten mit Schlafsälen vorhanden
Informationsstellen Magyar Természet-barát Szövetség (Ungarischer Naturfreundeverband), H-1396 Budapest 5, PF. 483, Tel. 0036/1/3119289, Fax 0036/1/1531930, E-Mail mtszhir@c3.hu; Asociato Romana de Turisme pedestru, Secretariat General, Valea Calugareasca Nr. 15, Bl. Z 1 Ap. 58, sector 6, RO-Bukarest, cod. 77472, Tel. 0040/1/7468213, http://home.t-online.de/home/karpatenwilli; Bulgarischer Touristenverband (BTC), Vassil Levski Blvd. 75 / 5. Et., PO Box 427, BG-1000 Sofia, Tel. 00359/2/873409, Fax 00359/2/802414

Wichtigste Karten Für Ungarn im Maßstab 1 : 150 000, Detailkarten nur für die beliebtesten Touristengebiete, für Rumänien durch den Abeonaverlag Bukarest, für Bulgarien hervorragende Karten mit detaillierter Wegbeschreibung in 7 Blättern über den BTC oder im Buchhandel
Sehenswürdigkeiten am Weg Kisvárda, Nyírbátor, Oradea, Cluj Napoca, Drobeta-Turnu Severin
Besonders zu beachten Rechtzeitig über Ein- und Ausreisebestimmungen informieren; für Rumänien wird derzeit ein Visum benötigt. Streckenweise ist mit großer Verlassenheit, Wildnis und auch unerwartet geschlossenen oder unbrauchbaren Unterkünften zu rechnen. Fähigkeit zur Selbstversorgung ist unerläßlich
Praktische Tips
Schon zu Hause die kyrillischen Schriftzeichen für Bulgarien und einen Grundwortschatz der jeweiligen Länder lernen. Nur gut ausgerüstet und möglichst nicht alleine aufbrechen

bau begriffen. Projektiert ist eine etwa 900 km lange Strecke vom rumänischen Grenzort Bors über **Oradea** (Großwardein) und **Cluj Napoca** (Klausenburg) nach Süden. An den Muntii Trascau vorbei und durch den Nationalpark Retezat mit seinen Geröllgipfeln und stillen Bergseen soll der Weg nach **Drobeta-Turnu Severin** zur Donau hinunter führen, die an der bulgarischen Grenze überschritten wird. In Bulgarien führt der Weg etwa 100 km im östlichen Westbalkan nach **Kom**, dem Startpunkt des gut ausgebauten und beschilderten Weitwander-

weges Kom – Emine (KE). Dieser zieht sich etwa 500 km über die Höhen des Balkangebirges bis zur Schwarzmeerküste. In der Nähe des Kammes bleibend, geht es durch Fichten- und Laubwald, durch Schluchten und bizarre Felsgebilde, über unzählige, teilweise über der Baumgrenze liegende Gipfel und nicht weniger als 18 Pässe. An steilen Abschnitten sind zwar Seilgeländer angebracht, aber gerade bei schlechtem Wetter ist Vorsicht geboten. Nach Osten flacht der Höhenzug allmählich ab und erreicht am Kap **Emine** das Schwarze Meer.

Europäischer Fernwanderweg 4

Von Gibraltar über Budapest nach Kreta

Gesamtlänge Etwa 8070 bzw. 8430 km
Durchwanderte Regionen
Andalusien – Pyrenäen – Westalpen – Jura
– Bodensee – Alpenvorland bzw. Nördli-
che Kalkalpen – Neusiedlersee – Balaton
(Plattensee) – Nordostungarn – Westbul-
garien – Makedonien – Thessalien – Pelo-
ponnes – Kreta
Besonderheiten Der Weg ist noch nicht
durchgehend angelegt und markiert. Er
bietet Alternativrouten und führt durch
zahlreiche Gebirge. Ausreichendes Kar-
tenmaterial ist für alle angelegten
Strecken vorhanden
Wichtige Städte am Weg Granada –
Carcassonne – Grenoble – Konstanz –
Bregenz – Salzburg – Wien – Budapest –
Sofija – Delphi – Sparti

Zur Einführung

Bei Gibraltar beginnend, verbindet der
E4 Südeuropa, Mittel- und Osteuropa
in einem großen Bogen, um nach einer
Unterbrechung in Rumänien auf Kreta
zu enden. Die Streckenführung durch
(bisher) acht Länder, vom Meer bis ins
Hochgebirge und wieder in weite Ebenen, sorgt für eine unvergleichliche
landschaftliche und kulturelle Vielfalt.
Dieser europäische Fernwanderweg ist
nahezu durchgehend erschlossen, vor
allem durch die Verknüpfung regiona-
ler Fernwanderwege im westlichen
Europa; die Route von Ungarn durch
Rumänien allerdings ist erst in Vorbereitung und eine Verwirklichung nicht
absehbar.
Den Ausgangspunkt bildet die süd-
spanische Hafenstadt Algeciras. (Ein
Zubringer von Portugal war im

Gespräch, eine Verwirklichung ist derzeit jedoch in weite Ferne gerückt.)
Von hier erhebt er sich nach Nordosten
in das Bergland der Betischen Kordillere, läßt die von den Arabern gegründete Universitätsstadt Granada (685 m)
hinter sich und kehrt bei Alicante nahe
an das Meer zurück. Nun wendet sich
der Weg nach Norden, läuft im gebirgigen Hinterland küstenparallel nach
Nordosten und überquert den Ebro.
Über den 1224 m hohen, allseits steil
abfallenden Montserrat mit seinem
berühmten Benediktinerkloster erreicht
er in dem Skiort Puigcerdà (1152 m)
die Ostpyrenäen und die Grenze nach
Frankreich.

Mit dem französischen Grenzort betritt man die Region Roussillon-Languedoc mit ihren Bergen, Wäldern und weitläufigen Anbauflächen. In Richtung Nordosten durchläuft der E4 den Naturpark Haut Languedoc – wo sich der Fernwanderweg E7 anschließt –, den durch bepflanzte Terrassen und tiefe Klüfte eindrucksvollen Parc National des

Inmitten von Weinbergen: das mittelalterliche Carcassonne

E4

Cévennes (wo der E7 den E4 verläßt), den südwestlich von Grenoble ausgewiesenen Parc du Vercors und den nördlich der Stadt beginnenden waldreichen Parc de Chartreuse mit dem berühmten Kartäuserkloster. Bruno von Köln gründete es 1084, und nach verschiedenen Vertreibungen ist dieses Mutterkloster seit 1940 wieder von Mönchen bewohnt.

Im schweizerischen St. Cerque, westlich des Genfer Sees, trifft der E2 auf den E4, der durch die Nordschweiz dem Jura-Höhenweg folgt und sich bei der »Bilderbuchstadt« Stein am Rhein mit dem E5 vereinigt. Entlang des Bodensee-Südufers erreichen sie die österreichische Festspielstadt Bregenz, die mit der Seebühne die größte Bühne Europas besitzt, und trennen sich erst bei Sonthofen im Allgäu.

Für den Weiterweg bieten sich zwei Möglichkeiten: Die übliche Route führt durch die Bayerischen Voralpen und das Berchtesgadener Land nach Salzburg und über das seenreiche Salzkam-

mergut zum Wienerwald und Neusiedlersee im Osten Österreichs. Erfahrenen Bergsteigern steht ab Bregenz die Alpinroute durch die Nördlichen Kalkalpen und über Eisenerz zum Neusiedler See offen.

Bei Rust am Neusiedler See treffen die beiden Varianten wieder aufeinander, und der E4 überschreitet bei Rattersdorf die ungarische Grenze nach Köszeg (Güns). In Richtung Südosten setzt der Weg sich zum größten See Mitteleuropas und Ungarns ältestem Weinanbaugebiet, dem Balaton (Plattensee), fort. Nächstes bedeutendes Ziel ist die Hauptstadt Budapest, von der der E4 durch das Nordungarische Mittelgebirge und die Große Tiefebene zur Grenzstadt Ártánd gelangt.

In Bulgarien führt der durch bulgarische Wanderkarten auch in Deutsch beschriebene Weg von der Hütte Aleko nahe Sofija (Sofia) abwechslungsreich durch das Vitoša-, Rila- und Pirin-Gebirge nach Petrovo. Ein Bus fährt zum Grenzort Kulata.

INFO

Weglänge pro Land (ca.)

Spanien	1650 km
Frankreich	1130 km
Schweiz	420 km
Deutschland	550 km
Österreich	740 km
Österreich alpin	1100 km
Ungarn	1320 km
Bulgarien	260 km
Griechenland	2000 km

Ausrüstung Bewährte Wanderschuhe mit knöchelhohem Schaft, Sonnen-, Kälte-, Regenschutz, Taschenlampe (und Reservebatterie), etappenbedingt Verpflegung, reichlich Getränk, Erste-Hilfe-Ausstattung, eventuell Trillerpfeife; für die Alpinroute, Bulgarien und teilweise Griechenland außerdem feste Bergschuhe und vollständige Bergausrüstung

Vorbereitung Rechtzeitig Karten-, Informationsmaterial und Unterkunftsverzeichnisse besorgen. Einreisebestimmungen erkunden. Mindestwortschatz in den Landessprachen zusammenstellen und aneignen, dabei Konditions- und Ausdauertraining nicht vergessen

Wichtige übergreifende Adressen
Europäische Wandervereinigung (EWV), Wilhelmshöher Allee 157–159, D-34121 Kassel, Tel. 0049/561/938730, Fax 0049/561/93873-10 E-Mail dt.wanderverband@t-online.de

Karten, Literatur Homepage »Walking in Europe« http://www.gorp.com/gorp/activity/europe/Epaths.htm; Gorges, Hans-Jürgen, »Auf Tour in Europa« (1999), Dt. Wanderverlag; weiteres Material: siehe Teilstrecken

Der Lac de Joux im Waadtländer Jura

Internationales alpines Notsignal

Wir wollen es nicht hoffen – aber tritt doch einmal der Fall der Fälle ein, daß man in Bergnot gerät, sollte man das alpine Notsignal als international gültigen Hilferuf kennen:

→ Sechsmal innerhalb einer Minute in regelmäßigen Abständen ein hörbares oder sichtbares Zeichen geben (z.B. rufen, winken = Arme, ein weißes Tuch o. ä. heben, mit einem Spiegel oder der Taschenlampe blinken).

→ Erfolgt keine Antwort, nach Verstreichen einer Minute das Notsignal wiederholen – so lange, bis innerhalb einer Minute dreimal in regelmäßigen Abständen mit einem Zeichen geantwortet wird.

Auf griechischer Seite wendet der Weg sich scharf nach Westen und über einige grenznahe Gebirgsstöcke zur Präfekturhauptstadtstadt Florina. Durch dichte Buchen- und Eichenwälder, über Almen und zu Schutzhütten zurück nach Osten und auf Wanderpfaden und Straßen zieht er südostwärts zum Olympos (Olymp, 2917 m), Griechenlands höchstem Gebirge. Weiter südlich überraschen die aus der Ebene von Trikala etwa 300 m hoch aufragenden, dunkelgrauen Felssäulen von Meteora mit ihren eindrucksvollen Klöstern. Über zahlreiche Gebirge und zuletzt auf Esels-, Wanderpfaden und Waldwegen ist der heilige Orakelort Delphi erreicht. Von der Küste am Golf von Korinth nimmt man die Fähre nach Egion auf der Peloponnes, die durch Zitrushaine, Schluchten (um Kalavrita), über Berge und durch Dörfer von Norden nach Süden durchquert wird. Von der am Lakonischen Golf gelegenen Küstenstadt Githion setzt man nach Kreta über. Hier durchmißt der E4 die Insel von der Hafenstadt Kastelli im Westen über die Südküste und diese entlang ins Landesinnere (nach Anogia). Dort vereint er sich mit der Gebirgsvariante über die kretischen Massive Lefka Ori (die Weißen Berge), Kedros und Psiloritis (Ida) und strebt schließlich über das Dikti-Gebirge zur Lassithi-Hochebene mit ihren Windmühlen und an die Ostküste der Insel, wo er endet.

E4

Blick auf die Wiener Innenstadt

E4 Spanien: Andalusien – Katalonien – Ostpyrenäen

Tourenlänge Etwa 1650 km

Durchschnittlicher Zeitbedarf
Elf bis zwölf Wochen

Wegmarkierungen Weiß-rot, z.T. mit
der Nummer des jeweiligen GR-Weges
(Sendero de Gran Recorrido)

Landschaftscharakter Überwiegend gebirgig, mit meist mediterraner Flora und
überraschenden Karstformationen, Oli-
venhainen, Eichen- und Kiefernwäldern,
Matorral (durch Rodung und Beweidung
entstandenem Gebüschland), Obstkulturen und Feldern

Günstige Wanderzeit Frühjahr und
Herbst

Steigungen Vor allem in den Pyrenäen
und bei Morella, sonst meist hügelig-
bergig

**Mögliche Ausgangs- bzw. Zielorte (Bahn-
anschluß)** Algeciras, Granada, Requena,
Tortosa, Puigcerdà

In **Algeciras** beginnt unser Weg gemeinsam mit dem spanischen Fernwanderweg GR7 und führt uns zunächst
durch die Betische Kordillere mit ihren
Gipfeln, Becken und bizarren Karstfor-
men. Über **Ronda** (723 m), eine der
ältesten spanischen Städte, und **Ante-**
quera (577 m) führt der GR7 auf die
schön gelegene Provinzhauptstadt
Granada (685 m) am Fuß der Sierra
Nevada zu. Ein Besuch der Alhambra,
der maurischen »Roten Burg«, bleibt
sicherlich unvergessen. Nach diesen
ersten 300 km erreichen wir über
Huescar und **Cieza** nordöstlich von
Murcia etwa 350 km weiter das nahe
bei Alicante gelegene **Elx** (Elche). Nun
wendet der Weg sich nach Norden, in
das valencianische Berg- und Hügelland. Die Obstbaumkulturen und Kiefernwälder um **Alcoy** (562 m) bleiben
zurück, und über die malerische alte
Winzerstadt **Requena** (692 m) zieht
der E4 zu dem von mittelalterlichen
Mauern umschlossenen Bergstädtchen
Morella (1070 m). Die prachtvolle Aussicht von der Burg lohnt die Mühe des

Karstspitzen im Montserrat

steilen Anstiegs. In **Fredes**, etwa 550 km nach Elx, und bei Arteas de Ariba könnte man zum E7 in Richtung Madrid abzweigen. Unser Weg verläuft weiter nach Norden, überquert bei **Tortosa** den Ebro und sein Flußtal. Nachdem man etwa bei **La Mussara** auf den GR172 gewechselt ist, wandert man durch eine faszinierende Karstlandschaft mit Steineichen und Aleppokiefern dem 1224 m hohen Montserrat und seinem religiösen Zentrum Kataloniens, dem gleichnamigen Kloster, entgegen. Von hier übernimmt der GR4 die weitere Routenführung für die etwa 210 km durch das katalonische Bergland zum ostpyrenäischen Grenzort **Puigcerdà** (1152 m).

E 4

INFO

Ergänzende Verkehrsmittel Bus, evtl. auch Taxi (vor Ort erkunden)
Übernachtungshinweise Etappen so planen, daß Unterkünfte gesichert sind (in den Gebirgen oft wenige Übernachtungsmöglichkeit); Informationen sind bei spanischen Fremdenverkehrsämtern (z.B. in Frankfurt, Wien, Zürich oder in Spanien selbst) und in den als »Turismo« erkennbaren Zweigstellen in kleineren Orten Spaniens erhältlich
Informationsstellen Federación Española de Deportes de Montaña y Escalada, Floridablanca, 75, entlo. 2a, E-08015 Barcelona, Tel. 0034/93/4264267, Fax 0034/93/4263387, E-Mail fedme_bcn@interfad.es
Wichtigste Karten und Führer Topographische Karten 1:50 000 vom I.G.N. (Instituto Geográfico Nacional) und »topoguias« (Wanderführer mit topographischen Karten, in spanischer Sprache); »Gran Recorrido, Guía de Senderos del Estado Español«, Zaragoza, 3. Aufl. 1998 (in spanischer Sprache, erschienen bei Prames S.A., Zaragoza)
Sehenswürdigkeiten am Weg Ronda, Naturpark Torcal (nahe Antequera), Alhambra, Elx, Naturpark Ebro-Delta (bei Tortosa), Montserrat
Besonders zu beachten Gekreuzte Balken als Wegzeichen (»X«) zeigen an, daß man diesen Weg nicht begehen soll. Freies Zelten ist nicht erlaubt
Praktische Tips Viele Strecken verlaufen in einsamen Gebirgsgegenden, die man möglichst nicht alleine durchwandern sollte (Hilflosigkeit bei Unfall). Gegebenenfalls eine Trillerpfeife mitnehmen. Vorsicht vor Stieren und Hunden!

E4 Frankreich: Roussillon-Languedoc – Rhône – Jura

Tourenlänge Etwa 1130 km

Durchschnittlicher Zeitbedarf
Acht Wochen

Wegmarkierungen Weiß-rot, meist mit
der Nummer des jeweiligen GR-Weges
(Sentier de Grande Randonnée)

Landschaftscharakter Überwiegend hügelig bis gebirgig, Grabensenken und Ebenen mit Weinanbau, Mittelgebirge bis
Hochgebirge; im Süden mediterran mit
Garrigues, im Norden alpin; Buchen-,
Eichen- und Kiefernwälder, streckenweise
zahlreiche Flüsse und Bäche, Schluchten
und Höhlen

Günstige Wanderzeit Frühjahr, in höheren Lagen auch Frühsommer, und Herbst

Steigungen Vor allem in den Pyrenäen
und den übrigen Gebirgsmassiven

**Mögliche Ausgangs- bzw. Zielorte (Bahn-
anschluß)** Puigcerdà, Carcassonne, Villefort, Grenoble, Gex

Von der Grenze zu Spanien und
Bourg-Madame in den östlichen Pyrenäen folgt der Weg dem GR36 in
Richtung Nordosten zu Frankreichs
höchstgelegener Festungsstadt, **Mont-
Louis** (1600 m). Über den Pic du Canigou (2784 m; GR10) wandern wir in
der Region Roussillon-Languedoc auf
dem GR36 weiter in die Nähe von **Prades** (375 m). Nach Norden zu lassen
wir auch bald das mittelalterliche
Städtchen **Lagrasse** hinter uns, denn
nach insgesamt etwa 200 km sehen wir
in **Carcassonne** (111 m) schon Europas größte Festung. Hier kreuzt der
Weg den 239 km langen Canal du Midi,

der Atlantik und Mittelmeer verbindet.
Im Mittelgebirgsmassiv Montagne
Noire mit seinen karstigen, von trocke-
ner Garrigue überzogenen Südhängen
und grünen, bewaldeten Nordhängen
liegt der Aussichtspunkt Pic du Nore
(1211 m). Damit betreten wir den
Naturpark Haut Languedoc, wo sich
am Col de Tap der E7 dazugesellt, und
mit dem GR7 erreichen wir die alte
Bischofsstadt **Lodève** (165 m). Über
Le Vigan und **L'Espérou** ist der aussichtsreiche Mont Aigoual (1565 m) im
Parc des Cévennes (Nationalpark)
nächstes Ziel. Der E4 bzw. GR7 trennt
sich hier vom E7 und führt nach **Villefort** (180 km von Carcassonne, 600 km
von Bourg-Madame) weiter. Mit dem
GR44 gelangen wir ostwärts nach **Les
Vans** und zusammen mit dem GR4 in
das Ardéche-Tal zu seinen Tropfstein-

INFO

Ergänzende Verkehrsmittel Bus (vor Ort erkunden)

Übernachtungshinweise Möglichkeiten jeder Preiskategorie in jedem größeren Ort; ein Verzeichnis der »Gites d'etape« (einfacher Wanderunterkünfte abseits großer Zentren) ist z.B. bei der Gites de France, Frankfurt/Main, oder der FFRP erhältlich

Informationsstellen FFRP Fédération Française de la Randonnée Pédestre, 14, rue Riquet, F-75019 Paris, Tel. 0033/1/44899393, Fax 0033/1/40358567; Gîtes de France, Sachsenhäuser Landwehrweg 108, D-60599 Frankfurt/Main, Tel. 0049/69/683599, Fax 0049/69/686236

Wichtige Karten Übersichtskarte 1:1 000 000 »France, Grande Randonnée«, Nr. 903 (7. Auflage 1996; mit Hinweisen in Deutsch); topographische Karten 1:25 000 und 1:100 000 vom IGN (Institut Géographique National); »topo-guides« der FFRP (Wanderführer in französischer Sprache mit topographischen Karten)

Sehenswürdigkeiten am Weg St-Michel-de-Cuxa (bei Prades), Lagrasse, Carcassonne, Cirque de Navacelle (Felsenzirkus nahe Lodève), Ardèche-Schluchten und Tropfsteinhöhle Aven de Marzal, Bourne-Schluchten (nahe Rencurel), Grenoble

Besonders zu beachten Über den Abschnitt Culoz – Giron fehlt derzeit ein »topo-guide«

Praktische Tips Für Wanderungen in Ferienzeiten empfiehlt es sich, Unterkünfte vorauszubuchen. Besteigung des Canigou wegen rascher Wolkenbildung früh antreten; im Gipfelbereich muß man mit Schnee rechnen

höhlen. Südöstlich von **Salavas** quert der Fluß in einer etwa 30 km langen Schlucht die Kreidekalke des Rhône-Tals. Bei **Saint-Marie d'Ardéche** (67 km von Villefort) setzt der GR42 den Weg über **Viviers** fort, überquert die Rhône und gelangt nach 103 km bei **Saillans** zur Drôme. Durch den Parc du Vercors (Naturpark) und das schluchtenreiche Gebiet um **Pont-en-Royans** und **Rencurel** wandern wir in das prachtvoll an der Isère situierte **Grenoble** (140 km von Saillans). Nun zieht der E4 bzw. GR9 nach Norden durch den Parc de Chartreuse mit dem Kartäuserkloster Grande Chartreuse, um über **Belley** (277 m) mit **Culoz** den südöstlichen Französischen Jura zu erreichen (125 km von Grenoble). Bis zum Col de la Faucille (1320 m) unweit der Schweizer Grenze sind noch 94 km zurückzulegen (ab Viviers insgesamt 434 km).

Wasserkaskaden im Jura

E4 Schweiz: Jura-Höhenweg – Bodensee

Tourenlänge Etwa 420 km

Durchschnittlicher Zeitbedarf
Drei Wochen

Wegmarkierungen Wegweiser, z.T. mit kleinen weißen Zusatztafeln; Hinweiszeichen auf Bodensee-Rundweg

Landschaftscharakter Zunächst stärker ansteigendes, dann ausgeglicheneres bis ausklingendes Mittelgebirge, Tallandschaften, Bodenseegebiet meist sanfthügelig; Seen, Eichen-Hainbuchen-, Eichen-Buchen-Wald und bei etwa 1400 m Buchen-Tannen-Fichten-Wald, stellenweise trockene Heidevegetation oberhalb von 1700 m; Wiesen, Äcker, Wein- und Obstkulturen

Günstige Wanderzeit Frühsommer und Frühherbst

Steigungen Vor allem im Jura, sonst gemäßigt

Mögliche Ausgangs- bzw. Zielorte (Bahnanschluß) Gex, Neuchâtel, Baden, Konstanz, Bregenz

Einen großen Teil der Strecke in der Schweiz legt der E4 auf dem Jura-Höhenweg zurück. Dieses etwa 250 km lange und bis zu 70 km breite, weitgehend bewaldete Mittelgebirge reicht von Frankreich in den Schweizer Südwesten und bis östlich von Baden. Es bildet die Wasserscheide zwischen den beiden großen Flüssen Rhône und Rhein.

Mit dem Bergmassiv La Dôle (1677 m) im Waadtländer Jura beginnend, setzt der Höhenweg sich in der Schweiz über **St. Cerque** (hier kreuzt er den

E2), den Aussichtsberg Mt. Tendre (1683 m), den abflußlosen Lac du Joux und **Vallorbe** (749 m) fort. Wie La Dôle und der Mt. Tendre zählt auch das nächste Ziel, der Chasseron (1607 m), zu den höchsten Erhebungen des Jura, der in diesen Massiven enge Falten mit Graten und Sätteln bildet. In Richtung Norden gelangen wir mit dem Chasseral an die französisch-deutsche Sprachgrenze und über den Höhenkurort **Weissenstein** (1284 m) nach **Balsthal** (484 m). Im nordöstlich davon gelegenen **Brugg** (569 m) ist nicht nur das Geburtshaus des Schweizer Pädagogen Johann Heinrich Pestalozzi zu sehen, sondern bei einem Abstecher ins nahe Windisch auch eine römische Ausgrabungsstätte mit beachtenswertem Amphitheater. Bei der nächsten Stadt, dem ersten Badeort im Norden der Alpen, weist bereits ihr Name »**Baden**« auf die schon von den Römern benutzten Quellen hin. Für Kunstinteressierte lohnt ein Ausflug nach Wettingen. Die Kirche der 1227 gegründeten Zisterzienserabtei birgt das reichste Renaissance-Chorgestühl der Schweiz. In **Dielsdorf** unweit von

Stein am Rhein, mit Blick auf Hohenklingen

Zürich sind ab der französischen Grenze 290 km zurückgelegt. Bis **Andelfingen** im Tal der Thur sind es über Bülach nur 28 km und bis zur beeindruckenden mittelalterlichen Stadt **Stein am Rhein** (408 m) etwa weitere 20 km. Hier schließt sich der E5 an. Auch in **Steckborn** umgibt uns noch mittelalterliche Atmosphäre, und über **Ermatingen** mit seinen schönen Riegelhäusern erreichen wir nach etwa 32 km mit **Kreuzlingen** (419 m) den Bodensee. Eine Brücke verbindet den schweizerischen Ort mit der deutschen Bodenseestadt **Konstanz**. Am Südwestufer des Bodensees über **Romanshorn** (398 m) und **Arbon** bis **Rheineck**, wo der Rhein in den von der Eiszeit geformten Bodensee einmündet, begleitet uns die restlichen 50 km seine sanfte Uferlandschaft.

INFO

Ergänzende Verkehrsmittel Bus, Schiff (Bodensee) (vor Ort erkunden)

Übernachtungshinweise
Im Jura Unterkünfte weniger dicht (Unterkunftsverzeichnis besorgen), sonst ausreichende Möglichkeiten in jedem größeren Ort, am Bodensee nahezu in jedem Uferort

Informationsstellen
Schweizer Wanderwege, Im Hirshalm 49, CH-4125 Riehen, Tel. 0041/61/6011535; Schweizer Verkehrsbüro, Kaiserstr. 23, D-60311 Frankfurt/M., Tel. 0049/69/256001; Schweizer Verkehrsbüro, Kärntner Straße 20, A-1010 Wien, Tel. 0043/1/5127405

Wichtigste Karten und Führer Jura-Höhenweg: Wanderkarte des Jura 1:60 000, Blatt 1 bis 4, und Wanderbuch »Jurahöhenwege«, Kümmerly + Frey; Andelfingen – Kreuzlingen: Wanderkarte »Schaffhausen/Winterthur« 1:60 000; Kreuzlingen – Rheineck: SAW-Wanderkarte 1:50 000, Blatt 217 T »Arbon« (SAW = Schweizer Arbeitsgemeinschaft Wanderwege)

Sehenswürdigkeiten am Weg
Noiraigue (Felsenzirkus), Oensinger Klus (nahe Balsthal), Baden, Wettingen, Stein am Rhein, Schloß Arenenberg (nahe Ermatingen)

Besonders zu beachten Beim Wassersport auf dem bzw. im Bodensee Sturmwarnungen befolgen (Stürme brechen oft plötzlich herein)

Praktische Tips Unterkünfte für Ferienzeiten, vor allem im Jura und in Jugendherbergen, rechtzeitig im voraus buchen.

E 4

E4 Deutschland: Bregenz – Berchtesgadener Land

Tourenlänge Etwa 550 km

Durchschnittlicher Zeitbedarf
Vier Wochen

Wegmarkierungen Rot, teilweise rot-
weiß, oranger Punkt

Landschaftscharakter Überwiegend Bergland, sanfter und weiter meist um die
Seen und im Inntal; bewaldete Bergrücken, hügeliges Weideland, Wiesen,
Flußlandschaften

Günstige Wanderzeit Frühsommer und
Frühherbst

Steigungen Vor allem auf die Aussichtsberge, sonst hügelig bis eben

**Mögliche Ausgangs- bzw. Zielorte (Bahn-
anschluß)** Bregenz, Sonthofen, Füssen,
Tegernsee, Ruhpolding, Bad Reichenhall

Nach dem österreichischen Grenzort
Gaißau bei Rheineck bleiben wir bis
zur Vorarlberger Landeshauptstadt
Bregenz (400 m) noch am Bodensee.
Dann verläuft die normale Wegführung
des E4 (im Gegensatz zur gesondert
beschriebenen Alpinvariante) gemein-
sam mit dem E5 im Bregenzerwald über
Hittisau (792 m) und den Leckner See
(bis hierher etwa 50 km) ostwärts in die
Bayerischen Voralpen nach **Sonthofen**
(742 m). Hier geht der E5 wieder eigene
Wege in Richtung Süden, während der
E4 am Kurort **Hindelang** vorbei über
Pfronten an der Vils (900 m) durch die
Allgäuer Voralpen in das seenreiche
Gebiet um den Kur- und Wintersportort
Füssen (803 m) zieht. – Der Abstecher
zum berühmten Rokoko-Kleinod Wies-
kirche ist lohnendes »Muß«.

Vom neugotischen Königsschloß
Hohenschwangau und dem romantischen Schloß des bayerischen »Mär-
chenkönigs« Ludwig II., Neuschwan-
stein, wendet der Weg sich über
mehrere Aussichtsberge in der Umgebung des prunkvollen Schlosses Linderhof nach **Unterammergau**. (Nur
wenige Kilometer sind es zum bekannten Passionsspielort Oberammergau
und zum barocken Benediktinerkloster
Ettal.)
Durch das Wallgauer Bergland wandern wir nach **Walchensee** am idyllisch
gelegenen gleichnamigen Gebirgssee
(802 m) mit Deutschlands ältestem
Wasserkraftwerk. – Eilige bringt ein
Sessellift zum Herzogstand (1731 m),
von dem sich ein weiter Rundblick bis
zum Großglockner und den Zillertaler
und Ötztaler Gletschern öffnet. – Über
Lenggries und den Kurort **Bad Wiessee**
gelangen wir in die träumerische Landschaft, in der zwischen sanft geneigten
Hängen der vielbesuchte Tegernsee ein-
gebettet liegt. Im gleichnamigen Ort an
seinem Ostufer lassen sich noch
typisch oberbayerische Häuser bewundern. Etwas ruhiger und dörflicher

INFO

Ergänzende Verkehrsmittel Bus, Schiff, Seilbahnen (vor Ort erkunden)

Übernachtungshinweise Möglichkeiten jeder Preiskategorie in allen größeren Orten; auch in kleineren Orten oder den zahlreichen Landgasthöfen außerhalb von Ferienzeiten kaum Engpässe, da Fremdenverkehrsregion

Informationsstellen Verband Deutscher Gebirgs- und Wandervereine e.V., Wilhelmshöher Allee 157–159, D-34121 Kassel, Tel. 0049/561/938730, Fax 0049/561/9387310, E-Mail dt.wanderverband@t-online.de

Wichtigste Karten
Topographische Karten 1:50 000 des Bayerischen Landesvermessungsamts

Sehenswürdigkeiten am Weg
Bregenz, Ruine Falkenstein, Wieskirche, Schwangauer Königsschlösser, Schloß Linderhof, Tegernsee, Ettal, Schloß Hohenaschau, Bad Reichenhall

Besonders zu beachten Einige Wegabschnitte erfordern Schwindelfreiheit und besondere Vorsicht

Praktische Tips Für Wanderungen während Ferienzeiten empfiehlt es sich, Unterkünfte im voraus zu buchen. Rechtzeitige körperliche Vorbereitung erhöht das Wandervergnügen

wirkt **Schliersee** (784 m) am ebenso genannten See. Wir erklimmen den Wendelstein (1838 m) und können bei entsprechendem Wetter einen prachtvollen Ausblick genießen, um dann über das Inntal mit **Brannenburg** und den Hochries (1569 m) zum Schloß Hohenaschau und die bekannte Kampenwand (1669 m) zu gelangen. Weitere Aussichtsberge folgen, ehe wir über die Sportzentren **Ruhpolding** und **Inzell** mit **Bad Reichenhall** (472 m) und **Bayerisch Gmain** das mit Hochgebirge, Seen und Moorlandschaften gleichermaßen gesegnete

Berchtesgadener Land erreichen. Bis hierher führte der E4 uns, dem »Maximiliansweg« folgend, etwa 550 km (seit der österreichischen Grenze) durch eines der abwechslungsreichsten Gebiete Deutschlands.

Blick auf den Walchensee

E4 Österreich: Salzkammergut – Neusiedler See

Tourenlänge Etwa 740 km
Durchschnittlicher Zeitbedarf
Fünf bis sechs Wochen
Wegmarkierungen E4-Täfelchen (fall-
weise), 04 (Nummer des Voralpen-Weit-
wanderweges) , Querbalken rot-weiß-rot
Landschaftscharakter Mittel- bis Hoch-
gebirge, Seen, Flüsse und Auen, Klam-
men, Wälder, Wiesen und Weiden, Ebe-
nen – teils steppenähnlich, teils mit
Weinanbau –, Obstbaumkulturen
Günstige Wanderzeit Frühjahr bzw.
Frühsommer (im Gebirge) und Herbst
Steigungen Häufig, da überwiegend
Gebirge, im Burgenland geringer
**Mögliche Ausgangs- bzw. Zielorte (Bahn-
anschluß)** Salzburg, Scheibbs, Wien,
Eisenstadt

Vom Grenzort **Großmain** (524 m)
steigt der Weg – er entspricht dem Vor-
alpen-Weitwanderweg 04 – zum Wald
im Naturpark Untersberg an. Nur
wenige Kilometer trennen ihn von der
zum Weltkulturerbe ernannten Stadt
Salzburg (420 m), die auch vom E10
auf seinem Weg nach Süden durch-
kreuzt wird. Eine Empfehlung zur
Besichtigung erscheint angesichts der

vielen berühmten Kulturschätze fast
überflüssig, wobei die quirlige Stadt
einen starken Kontrast zu den ruhigen
Wandererlebnissen bilden wird.
Über aussichtsreiche Gipfel und die
zwischen Gebirgszüge eingebetteten
klaren Salzkammergutseen erreichen
wir den Feuerkogel (1585 m) im Höl-
lengebirge, **Ebensee** (443 m), die Rind-
bachklamm und entlang romantischer
Seen **Steyerling**. Über **Molln** und die
Grünburger Berge führt der E4 nach
Ternberg und schließlich zum Zentrum
des Eisenverarbeitungsgebietes »Eisenwurzen«, der mittelalterlich geprägten
»Freistadt« **Waidhofen an der Ybbs**
(etwa 270 km von Großmain).
Die Ybbstaler Alpen durchwandern wir
bis **Scheibbs** (341 m). Im nordöstlich
davon gelegenen **Plankenstein** im

Klosterneuburg bei Wien

Ötscherland kreuzt der E4 den E6. Bis **Wilhelmsburg** an der Traisen sind (von Waidhofen aus) weitere 100 km zurückgelegt.

Südostwärts nach **Hainfeld** ziehend, überschreitet der Weg im südlichen Wienerwald noch einige Aussichtsberge. Als hügeliges Waldgebiet mit Mittelgebirgscharakter dient der für Wanderer gut erschlossene Wienerwald der Wiener Bevölkerung als Naherholungsgebiet. Über den Peilstein (716 m, Klettergarten) und das geschichtsträchtige **Mayerling** ist es nicht mehr weit zum Naturpark Föhrenberge. Nach dem Weinort **Perchtoldsdorf** (265 m) und dem Naturpark Sandstein-Wienerwald treffen wir schließlich über **Purkersdorf** (248 m) und einige Wiener Hausberge in Österreichs Hauptstadt, **Wien**, ein (120 km ab Wilhelmsburg). Hier gesellt der E8 sich dazu, der den E4 bei der Hainburger Pforte verläßt. Zum Grenzort **Kittsee** (138 m) und über die Parndorfer Heide zieht der E4 nun nach Süden in den Nationalpark Neusiedler See–Seewinkel. Von der Anlegestelle **Illmitz** (117 m) setzt das Schiff an das Westufer, nach **Mörbisch** (122 m), über. Nördlich davon liegt der Weinort **Rust** (123 m), wo der »E4 alpin« in diese Route einmündet. Gute 20 km südwestlich von Rust erhebt sich der Marzer Kogel (388 m) als Aussichtspunkt. Über **Sieggraben**, **Kobersdorf** (320 m) und den Wanderwege-Knotenpunkt **Landsee** (627 m) zieht der Weg nach **Hochstraß** (421 m) und **Rattersdorf** (293 m) zur ungarischen Grenze (von Wien ca. 250 km).

INFO

Ergänzende Verkehrsmittel Bus, Seilbahn, Schiff (vor Ort erkunden)

Übernachtungshinweise Größtenteils Fremdenverkehrsregion, daher meist Möglichkeiten in allen Preiskategorien; in Salzburg oder Wien angehobene Preise; in Niederösterreich und Teilen des Burgenlands oft geringeres Angebot

Informationsstellen Oesterreichischer Alpenverein, Sektion Weitwanderer, Thaliastraße 159/3/16, A-1160 Wien, Tel. 0043/1/4938408, Mobiltel. 0043/664/2737242, E-Mail weitwanderer@sektion.alpenverein.at; Österreichischer Fachverband für Sportwandern (ÖFS), Pamessergasse 13, A-2103 Langenzersdorf, Tel. 0043/2244/3536, Fax 0043/2244/35364

Wichtigste Karten Wanderkarten 1:50 000, teilweise auch Gebietskarten 1:25 000 des Österreichischen Bundesamts für Eich- und Vermessungswesen, Wanderkarten 1:100 000 von Freytag & Berndt; Wanderführer »Voralpenweg 04«

Sehenswürdigkeiten am Weg Salzburg, St. Wolfgang, Waidhofen an der Ybbs, Sonntagberg, Wien, Frauenkirchen, Naturschutzgebiet Lange Lacke (nahe Illmitz), Rust

Besonders zu beachten Der Weg erfordert oft Kondition, manchmal auch Trittsicherheit und Schwindelfreiheit

Praktische Tips Unterkünfte für Ferienzeiten im voraus buchen, vor allem in Niederösterreich und im Burgenland. Rechtzeitiges Konditions- bzw. Ausdauertraining erhöht die Freude am Wandern

E4

E4 Österreich alpin: Arlberg – Semmering

Tourenlänge Etwa 1100 km
Durchschnittlicher Zeitbedarf
Acht Wochen
Wegmarkierungen E4-Täfelchen (fall-weise), 01 (Nummer des Nordalpen-Weit-wanderweges), Querbalken rot-weiß-rot
Landschaftscharakter Überwiegend
Hochgebirge, teils stark verkarstet, mit
Vergletscherungen und schroffen Felsfor-mationen, Almen, Wäldern, Trogtälern,
Schluchten, Flüssen, Seen, Wiesen,
Weiden; nach Osten zu mittelgebirgig
bis hügelig ausklingend, Weingärten,
Obstbaumhaine, offenes Grasland
Günstige Wanderzeit Sommer bis Früh-herbst, im Osten Frühjahr und Herbst
Steigungen Fast durchwegs erheblich,
im Burgenland geringer
Mögliche Ausgangs- bzw. Zielorte (Bahn-anschluß) Bregenz, Kufstein, Eisenerz,
Wiener Neustadt bzw. Eisenstadt

Diese Hochgebirgsroute benutzt den
Nordalpinen Weitwanderweg 01. Sie
beginnt in Vorarlbergs Landeshaupt-stadt **Bregenz** (400 m) und bringt uns
nach einigen Gipfeln und Seen in
die Wintersportorte **Zürs** bzw. **Lech**
(1444 m) am Arlberg. Als Lechtaler

Höhenweg führt sie nun über mehre-re Joche, dazwischen das Parseiertal,
wo der E5 den E4 alpin bis zur See-scharte (2599 m) begleitet. Der Fern-paß (1209 m) erschließt die Urlaubs-orte **Lermoos** und **Ehrwald** (996 m).
Die Besteigung der Zugspitze (2963 m)
ist nur bei gutem Wetter ratsam (sonst
durch das Leutascher Achtental). Durch
das teilweise karge Karwendel gelan-gen wir zum Achensee und (nach etwa
450 km von Bregenz) mit **Kufstein**
(503 m) in das grüngesäumte Inntal.
Über Kaisergebirge und durch Loferer
Berge erreichen wir das Saalachtal. Bei
Sankt Martin (634 m) zweigt der E4
zum Dießbach-Stausee (1415 m) und
schließlich in das Steinerne Meer ab.
Hier kreuzt er den E10. Erfahrene
Bergsteiger überschreiten den Hochkö-nig (2941 m) mit seinem Firnfeld nach
Werfen (548 m). (Leichter über Maria
Alm und Arthurhaus.) Durch das teil-weise vergletscherte Dachsteinmassiv
zieht die hochalpine Route nach
Hallstatt (511 m) und **Bad Goisern**
(500 m) (Ausweichstrecke über Gosau).
Nach der öden Kalkhochfläche des
Toten Gebirges sind die satten Wiesen

INFO

Ergänzende Verkehrsmittel Bus,
Seilbahn (vor Ort erkunden)
Übernachtungshinweise In größeren
Orten Unterkünfte jeder Preiskategorie,
auch sonst kaum Schwierigkeiten; im
Gebirge Schutzhütten
Informationsstellen Oesterreichischer
Alpenverein, Sektion Weitwanderer,
Thaliastraße 159/3/16, A-1160 Wien,
Tel. 0043/1/4938408,
Mobiltel. 0664/2737242, E-Mail
weitwanderer@sektion.alpenverein.at;
Österreichischer Fachverband für Sport-
wandern (ÖFS), Pamessergasse 13,
A-2103 Langenzersdorf, Tel.
0043/2244/3536, Fax 0043/2244/35364
Wichtigste Karten Topographische
Karten 1:50 000, teilweise auch Gebiets-
karten 1:25 000 des Österreichischen
Bundesamts für Eich- und Vermessungs-
wesen; Wanderkarten 1:50 000 und
100 000 von Freytag & Berndt; ergänzen-
der Wanderführer: »Nordalpenweg 01«
(z.B. beim ÖFS erhältlich)
Sehenswürdigkeiten am Weg
Bregenz, Rappenlochschlucht und
»Kirchle« (bei Dornbirn), Eisriesenwelt
(bei Werfen), Hallstadt, Spital am Pyrhn,
Admont, Eisenerz, Rust
Besonders zu beachten Anspruchsvolle
Hochgebirgsroute, verlangt bergsteige-
rische Erfahrung im Fels und auf Gletschern, Kraft, Ausdauer und Trittsicherheit, streckenweise Schwindelfreiheit;
vollständige alpine Ausrüstung ist nötig
Praktische Tips Unterkünfte für Ferienzeiten im voraus buchen, soweit möglich,
auch Schutzhütten (im Sommer vor allem
an Wochenenden oft überfüllt). Rechtzeitig Kondition trainieren

in **Hinterstoder** (591 m) und **Spital
am Pyrhn** (647 m, von Kufstein etwa
350 km) wohltuend.
Bei **Admont** (639 m) treten wir in das
Gesäuse und in die Eisenerzer
Alpen ein. Weitere Ziele sind
der Hochschwab (2277 m) –
zuvor hat sich bei der
Sonnschienalm der E6 dazugesellt – und die aussichtsreiche
Hohe Veitsch (1982 m), wo
der E6 den E4 verläßt. Ab dem
Semmering (986 m) nehmen
die Höhen ab. Und spätestens
im Obstbaugebiet um **Matters-
burg** (210 m) fällt uns auf, daß
die Nördlichen Kalkalpen
längst zurückgeblieben sind.

Wie bei der nichtalpinen Route des
E4 verläuft der Weg über den Marzer
Kogel und nach **Rust** am Neusiedler
See (etwa 300 km von Spital).

Auf dem Arlberg bei St. Anton in Tirol

E 4

E4 Ungarn: Balaton – Donauknie – Großes Tiefland

Tourenlänge Etwa 1320 km

Durchschnittlicher Zeitbedarf
Zehn Wochen

Wegmarkierungen Grenze – Köszeg blaues Kreuz in weißem Feld, Köszeg – Rudabányácska Querbalken weiß-blau-weiß, Rudabányácska – Sátoraljaújhely weiß-grün-weiß, Sátoraljaújhely – Nagykereki weiß-blau-weiß

Landschaftscharakter Meist mittelgebirgig bis hügelig, mit karstreichen Kalkbergen; Getreidefelder, Obst- und Weinkulturen

Günstige Wanderzeit Frühjahr bis Frühsommer und Herbst

Steigungen In den Mittelgebirgen und Hügellandschaften

Mögliche Ausgangs- bzw. Zielorte (Bahnanschluß) Köszeg, Készthely, Budapest, Kisvárda, Nyírbátor

Ungarns größtenteils hügelige Mittelgebirge sind geruhsamer als die Berge der Alpen. Sie erreichen meist nur wenige hundert Höhenmeter.
Der Grenzort **Köszeg** (Güns) – ein blaues Kreuz in weißem Feld wies uns hierher – zählt zu den reizvollsten ungarischen Städten. Der E4 bedient sich nun des weiß-blau-weiß markierten »Országos Kék-túra« (OTK), des Landes-Blau-Weitwanderwegs.
Durch das Günser Bergland nach Südosten, über **Sárvár**, **Sümeg** und das Heilbad **Hévíz**, treffen wir in **Készthely** (132 m), der größten und ältesten Siedlung am Balaton (Plattensee), ein. Die Durchschnittstiefe dieses von Dünen, Weinbergen und Vulkankegeln umgebenen Seichtwassersees beträgt kaum 4 Meter. Gegen Nordosten lassen wir die Stadt **Tapolca** hinter uns, um nach dem Bakony-Wald (über **Zirc**) die idyllischen Täler des bis 480 m hohen Vértes-Gebirges zu genießen. **Szár** und die Hügel des Geresce-Gebirges bringen uns nach **Dorog**, also in die Nähe des Donauknies. Noch 38 km nach Südosten, und die an Kulturschätzen reiche Zwei-Millionen-Hauptstadt **Budapest** breitet sich vor uns aus.

Im ungarischen Bükk-Gebirge

Nach diesen ersten etwa 550 km kehren wir in Richtung **Dobogókö** (700 m) in die überwiegend laubwaldbedeckten Pilis-Berge zurück. Bei **Visegrád** am Donauknie engen sie und die Böszöny-Berge am anderen Donauufer die Donau in großartiger Szenerie ein. Über **Nógrad** führt der Weg in das wellige Hügelland des Cserhát und seine breiten, fruchtbaren und dichtbesiedel-

ten Täler. **Hollókö** (Rabenstein) mit seinen weißgetünchten Palozen-Häusern und der mittelalterlichen Struktur wurde als erstes Dorf der Welt zum Weltkulturerbe erhoben. Von Budapest kaum 100 km entfernt liegt Ungarns höchste Erhebung, der Kékestetö (1015 m). Über die höhlenreichen Gebirge Bükk und Aggtelek, das Cserehát-Gebirge und die Hügel des Zemplén-Gebirges gelangen wir nach **Rudabányácska** (nun weiß-grün-weiße Markierung) und zum Grenzort **Sátoraljaújhely** (von Budapest etwa 550 km). Hier stößt der E3 dazu, um mit dem E4 auf dem (bis Nagykereki) wieder weiß-blau-weiß markierten »Alföldi Kék-túra« (AKT), dem Tiefebene-Blau-Weitwanderweg, zu verlaufen. Über **Kisvárda**, **Nyírbátor**, **Létavértes** und **Nagykereki** zieht er durch die Weite der Großen Ungarischen Tiefebene mit ihren faszinierenden Lichtstimmungen. Im Grenzort **Ártánd** enden E4 und E3 vorläufig. Einen Anschluß durch Rumänien nach Bulgarien gibt es noch nicht (vgl. S. 64/65).

E 4

E4 Bulgarien: Vitoša – Verila – Rila – Pirin

Tourenlänge Etwa 260 km

Durchschnittlicher Zeitbedarf
Zwei bis drei Wochen

Wegmarkierungen Querbalken
weiß-rot-weiß

Landschaftscharakter Überwiegend alpin,
da meist Hochgebirge, mit Geröllhängen,
Wacholder- und Latschenbeständen,
Quellen, Seen, Flußläufen, Wäldern, Matten und Wiesen

Günstige Wanderzeit
Sommer bis Frühherbst

Steigungen Im gesamten Verlauf

**Mögliche Ausgangs- bzw. Zielorte (Bahn-
anschluß)** Sofija, Rila-Kloster, Kulata

Für die ersten 21 km von Bulgariens
Hauptstadt **Sofija** (Sofia, 564 m) zur
Hütte Aleko (1810 m), wo der E4
beginnt, nehmen wir am besten den
Bus. Die Hütte liegt im quellenreichen
Vitoša-Gebirge, südlich von Sofia, und
ist auch mit mehreren Sesselliften und
einer Gondelbahn erreichbar. Über den
Černi Vrǎh (2290 m) steigen wir im
Nationalpark Vitoša, zuletzt über blu-
menreiche Wiesen, zum Paß Buko
Preslap (1090 m) ab, der das gut
erschlossene Vitoša-Gebirge vom niedrigeren und nahezu hüttenlosen Verila-
Gebirge (mit Höhen um 1400 m)
trennt. Über Wiesen und an Schäferei-
en vorbei, durch Buchenwald, über
Sättel und Gipfel südostwärts, erreicht
man das Dorf **Klisura**.
Die Route steigt neuerlich an, in das
höchste Gebirge Bulgariens, das ebenfalls sehr wasserreiche Rila-Massiv mit

seinen Quellen und über 140 Seen.
Hier wandern wir zur Lovna-Hütte
(1654 m), weiter zur Hütte Rilski Ezera
(»Rila-Seen«, 2100 m) und an malerischen Bergseen vorbei, der Markierung
zum Gipfel des Dodov (2661 m) folgend. Eine halbe Stunde abwärts, und
wir stehen auf dem Sattel, von dem ein
Weg zum bekannten Rilski Manastir
(Rila-Kloster) mit seiner prachtvoll aus-
gestalteten Kirche abzweigt. Der E4
aber zieht weiter zur Maljovica-Hütte
(1960 m) und (in zwei Varianten) zur
Schutzhütte Kobilino Branište.
Durch das Mittlere Rila-Gebirge stehen
zwei Routen zur Wahl, eine davon über
die gernbesuchte Kirilova-Wiese zum
Rila-Kloster (1147 m). Nach weiteren
Hütten, Sätteln und Gipfeln ist die
anspruchsvollste Strecke im Rila-Gebirge, die Überschreitung des über 2600 m
hohen Pavlev Vrǎh, zu bewältigen (nur
bei gutem Wetter durchführen!).
Danach verwöhnt nochmals der Ka-
patnik (2170 m) mit eindrucksvoller
Aussicht, ehe wir südwärts über den

INFO

Ergänzende Verkehrsmittel Bus, Seilbahn (vor Ort erkunden)

Übernachtungshinweise Im Verila-Gebirge kaum Unterkunftsmöglichkeit, übrige Gebirge touristisch gut erschlossen (Schutzhütten). Auch die nähere Umgebung ist manchmal einzubeziehen

Informationsstellen

Bulgarischer Touristenverband, 75, Vassil Levski Blvd., BG-1000 Sofija, Tel. 00359/2/873409, Fax 00359/2/802414

Wichtigste Karten Fünfteilige Karte »Euro-Weg E-4« 1:50 000 (im Buchhandel erhältlich) mit deutscher Beschreibung; Übersichtskarte, z. B. »Rumänien, Bulgarien« 1:800 000, Kümmerly + Frey (1998); Gebietskarten meist in den Schutzhütten erhältlich

Sehenswürdigkeiten am Weg

Sofija, Tal der Rosen (Klisura, im Früh-jahr), Gebiet der »Sieben Seen« (Rila-Gebirge), Rila-Kloster

Besonders zu beachten Wegen Privatisierungsmaßnahmen können einige Hütten geschlossen sein. Bei unkenntlichem Wegverlauf an die Markierung halten. Den Pavlev Vrăh im Rila- und den Končeto-Grad im Pirin-Gebirge nur bei sicherem Wetter wagen. Vorsicht vor Schafhütehunden. Freies Zelten ist nicht gestattet

Praktische Tips Rechtzeitig über Ein- und Ausreisebestimmungen informieren, schon zu Hause die kyrillischen Schriftzeichen und einen Grundwortschatz lernen. Gute Bergausrüstung (wie in den Alpen) ist wichtig. Unterkünfte für Ferienzeiten im voraus buchen. Möglichst nicht alleine aufbrechen. Verläßlichen Sonnenschutz (Kopfbedeckung!) und Mückenschutz nicht vergessen

Wegweiser im Rila-Gebirge

Predel (1142), einen 7 km langen Sattel zwischen Rila- und Pirin-Gebirge, steil zur Predel-Hütte (1050 m) absteigen. Die Begehung des Končeto-Grats, des schwierigsten Abschnitts im bulgarischen Verlauf des E4, ist nur bei sicherem Schönwetter ratsam. Doch den zweithöchsten Gipfel Bulgariens, den Vihren (2914 m), lassen wir uns nicht entgehen.

Auf einem breiten Weg, zum Teil durch Eichen-Hainbuchen-Wald, ist im Südwesten bald das hübsche Dorf **Petrovo** am Fuß des Slavjanka-Gebirges erreicht. Die letzten 16 km über **Katunzi** zum Grenzort **Kulata** sind mit dem Bus schnell überbrückt.

E4 Griechenland: Makedonien – Peloponnes – Kreta

Tourenlänge Etwa 2000 km
Durchschnittlicher Zeitbedarf
Vierzehn Wochen
Wegmarkierungen Gelb-schwarz,
teilweise mit Hinweis »E4«
Landschaftscharakter Größtenteils gebir-
gig, Wälder, verkarstete Hügel, Hoch-
flächen mit tiefen Schluchten, Obstkultu-
ren, Weingärten, Olivenhaine, Äcker
Günstige Wanderzeit Mitte Mai bis
Anfang Oktober
Steigungen In den Gebirgen, sonst hüge-
lig; wenige Ebenen
**Mögliche Ausgangs- bzw. Zielorte (Bahn-
anschluß)** Florina, Kalavrita; Bahnan-
schlüsse sind sehr begrenzt

Das grenznahe **Promachon** bildet den
griechischen Ausgangsort für den E4,
dem sich bei **Néon Petritsi** der E6
anschließt. Gemeinsam ziehen beide
Wege westwärts über das Kerkini-Ge-
birge zum Doirani-See und über das
stark zerklüftete, wald- und wasserreiche Voras-Gebirge (nach insgesamt
300 km) zur Präfekturhauptstadt
Florina (680 m). Hier verläßt der E6
den E4, der durch Laubwälder 41 km
(von Florina) nach **Amindeo** zurück-
legt. Wir durchwandern das Vermion-
und das Pieria-Gebirge, um in dem
Ausgrabungsort **Dion** und schließlich
dem Bergsteigerort **Litochoron** am
Olympos (Olymp) einzutreffen. Nach
dem mühsamen Aufstieg auf den
Skolio (2911 m) bringen bewaldete
Bergrücken und Feldwege uns zu den
berühmten Meteora-Felsen mit ihren

24 Klöstern, die bis 1920 nur über
Strickleitern zugänglich waren. Durch
das Agrafa-Tal und entlang den Berghängen des Timfristos gelangen wir
nach **Karpenissi** (960 m). Im zentral-
griechischen Bergland setzt der Weg
sich nach **Delphi** (590 m) fort, dem
in der Antike heiligen Ort des Apollo-
Orakels. Unweit davon öffnet sich
vor uns (etwa 900 km ab Florina) im
Golf von Korinth (Korinthiakos

Abstieg nach Delphi

Kolpos) das Ionische Meer. Die Fähre ermöglicht den etwa 300 km langen Weiterweg auf der Peloponnes. Von **Egion** nach **Kalavrita** führt er in das dünn besiedelte Parnon-Gebirge. Und

von der blütenreichen Gartenstadt **Sparti** wandern wir im Tavjetos-Gebirge zur Hafenstadt **Githion**.
Wieder benötigen wir die Fähre, um auf die größte griechische Insel, Kreta (Kriti), zu gelangen. Nach der Ankunft im ländlichen **Kastelli** wenden wir uns zum eindrucksvoll auf einem Küstenfelsen thronenden Kloster Chrissoskalitissa im Südwesten. Von Sougia an der Südküste ostwärts genießen wir die Blicke auf das Mittelmeer, bis wir über **Spili** zum Bergdorf **Anogia** ansteigen. Nach der von Bergen umrahmten Lassithi-Hochebene und dem Dikti-Massiv endet der Weg an Kretas Ostküste in **Kato Zakros**.

E 4

INFO

Ergänzende Verkehrsmittel Bus, Taxi, Fischerboot, Fähre
Übernachtungshinweise In größeren Orten auch Hotels, sonst Herbergen, Schutzhütten oder Privatzimmer
Informationsstellen Griechische Zentrale für Fremdenverkehr, Adresse in Deutschland: Neue Mainzer Str. 22, D-60311 Frankfurt/M., Tel. 0049/69/236561-63, Fax 0049/69/236576; Österreich: Opernring 8, A-1010 Wien, Tel. 0043/1/51253117, Fax 0043/1/5139189; Schweiz: Loewenstrasse 25, CH-8001 Zürich, Tel. 0041/1/2210105, Fax 0041/1/2120516; EOOA (Verband der Bergsteigervereine Griechenlands), 5, Milioni Str., GR-10673, Athina, Tel. 0030/1/3645904, Fax 0030/1/3644687
Wichtigste Karten Wanderkarten des Griechischen Bergsteigervereins und vom

Geographischen Dienst des Heeres; Euro-Regionalkarte Griechenland 1:300 000, RV Reise- und Verkehrsverlag; »Griechenland, Peloponnes - Korinth« 1:300 000, Freytag & Berndt; »Kreta, Touristikkarte mit Wanderwegen« 1:80 000, Harms Verlag
Sehenswürdigkeiten am Weg Florina, Dion, Meteora, Delphi, Vouraikos-Schlucht (nach Diakofto), Agia Roumeli
Besonders zu beachten Vor einer Wanderung im spärlich besiedelten grenznahen Bereich Makedoniens Kontakt mit dem Griechischen Bergsteigerverein aufnehmen. Vorsicht vor Schafhütehunden
Praktische Tips Warme Kleidung ist auch im Sommer unerläßlich. Guten Sonnenschutz (Kopfbedeckung!), Mückenschutz und Badesachen nicht vergessen. Vorher etwas Griechisch (mit Schrift) lernen. Unterkünfte für Ferienzeiten im voraus buchen

Europäischer Fernwanderweg 5

Von der Bretagne über die Alpen zur Adria

Gesamtlänge Etwa 3200 km
Durchwanderte Regionen Bretagne –
Vogesen – Bodensee – Bregenzerwald –
Allgäu – Lechtaler Alpen – Ötztaler Alpen
– Sarntaler Alpen – Dolomiten – Venetien
Besonderheiten Der E5 ist durchgehend
angelegt und benützt häufig die von
Alpen-, Verkehrsvereinen und Kurverwaltungen beschilderten und markierten
Wege. Er führt zu einem großen Teil
durch alpines Gelände bzw. Hochgebirge
und bietet zahlreiche Varianten
Wichtige Städte am Weg Saint-Brieuc –
Saint-Malo – Avranches – Fontaine-
bleau – Montereau – Langres – Schaffhausen – Stein am Rhein – Keuzlingen/Konstanz – Bregenz – Sonthofen – Bozen –
Lévico – Verona

Zur Einführung

Früher nur als Fernwanderweg
»Bodensee – Adria« bezeichnet – ein
Venedig-Besuch wurde (und wird heute noch) stillschweigend vorausgesetzt,
auch wenn der Weg in Verona sein
Ziel hat –, verlängerte man ihn später
bis zum westlichsten Punkt Frankreichs an der Atlantikküste. Besagten
Venedig-Aufenthalt inbegriffen, verbindet er nicht nur zwei Meere, Atlantik
und Mittelmeer, sondern auch verschiedene Landschaften. Von der
Ebene steigt er in das Mittel- und
Hochgebirge auf, um über Mittelgebirge schließlich wieder in die Ebene zu
gelangen.
Der E5 beginnt am Felsenkap der
Pointe du Raz, wo der Atlantik über
die äußersten Klippen der Bretagne
brandet und der E9 sich zu ihm gesellt.

Von der zerfurchten Küste und der einsamen Heideregion streben zunächst
beide Wege durch den Parc d'Armorique (Naturpark) gegen Nordosten und
erneut der Atlantikküste zu. Ihre Buchten und Finger zeichnen sie nach
bis zur früher reichen Handelsstadt
Saint-Malo mit ihrem wuchtigen
Umwallungsgürtel und zur kulturellen
Hochburg Westfrankreichs, dem Klosterberg Mont-Saint-Michel an der
Grenze zwischen Bretagne und Normandie. Bis auf eine Unterbrechung
verlaufen E9 und E5 gemeinsam nach
Avranches. Hier verläßt der E5 die
Côte d'Emeraude, die »Smaragdküste«,
und tritt, gegen Osten ziehend, über

den Parc de Normandie Maine (Natur-park) in das weite Pariser Becken ein. Vor Fontainebleau, im Süden von Paris, kreuzt der E3 den E5, der nach Montereau-Fault-Yonne und der süd-lichen Champagne die Seine auf dem ostburgundischen Plateau von Langres bis zu ihrem Ursprung 32 km nord-westlich von Dijon begleitet. Zu den Vogesen mit dem Ballon d'Alsace (1247 m) hin tritt der Mittelgebirgs-charakter des französischen Nord-ostens immer stärker hervor. Er setzt sich nach dem elsässischen Grenzort Lucelle (Lützel) in der Schweiz im Basler Jura fort. Nach Rheinfelden ist Schaffhausen nächstes größeres Ziel – eine Stadt, die nicht nur wegen ihres 23 m tief herabtosenden Rheinfalls berühmt ist, sondern in ihrem Kern auch schöne Patrizierhäuser zu bieten hat. Etwa 20 km entfernt liegt die geschichtsträchtige Stadt Stein am Rhein mit ihren spätmittelalterlichen Bauten. Hier tritt der E4 dazu, und bei Kreuzlingen überquert der E1 diesen gemeinsamen Weg. Von Kreuzlingen/ Konstanz entlang des Schweizer Bodenseeufers werden die Hügel sanft, um sich hinter Bregenz im Bregenzer-wald zwar zum Teil mit grünen Gipfeln, aber doch wieder höher und schroffer zu zeigen. In Sonthofen im Allgäu trennen E5 und E4 sich, und der E5 wendet sich über Oberstdorf nach Süden, dem Hochgebirge zu. In diesem regenreichsten Gebiet Deutschlands erreichen die steilen Grasberge der Allgäuer Alpen durch-schnittlich über 2000 m Höhe. Von

Kemptner Hütte und Unterem Mädele-joch (1974 m) führt unser Weg steil hinab zum Lechtaler Ferienort Holz-gau, um über Memminger Hütte und Seescharte (2599 m) die Lechtaler Alpen gegen Südosten, nach Zams im Inntal, zu durchqueren. Und weiterhin südostwärts zieht er in die gletscher-bedeckten Ötztaler Alpen, zu denen 90 Gipfel von über 3000 m Höhe zählen. Über den Glanderspitz (2513 m) erreicht er das erst Anfang der achtziger Jahre für den Fremden-verkehr erschlossene Pitztal. Von der höchstgelegenen Unterkunft am E5, der Braunschweiger Hütte (2759 m), überwindet ein Pfad die höchste Stelle des Fernwanderwegs, das Pitztaler Jöchl (2995 m). Und stets südostwärts beginnt mit dem Ort Zwieselstein (1450 m) der Aufstieg zum Timmels-

Das schweizerische Schaffhausen am Rhein

joch (Passo del Rombo, 2509 m), über das früher ein Saumweg Ötztal und Passeiertal verband. Mit diesem Grenzpaß erreicht der Weg Südtiroler Boden. Nach St. Leonhard im Passeiertal hinab und hinauf zur Hirzer Scharte (um 2670 m), durchmißt er als nächste Gebirgsgruppe die Sarntaler Alpen – wegen ihrer Hufeisenform auch »Herz von Tirol« genannt. In den Sarntaler Alpen liegt das Skigebiet »Meran 2000«, zu dem der E5 über den tiefgrünen Kratzberger See (2119 m) den »Gebirgsjäger-Gedächtnisweg« benützt. Im Gebiet des Tschöggelbergs, dessen Gesteine bereits zur Bozener Porphyr-

Blick von Hochgurgl nach Sölden

INFO

Weglänge pro Land (ca.)

Frankreich	2100 km
Schweiz	500 km
Österreich und Deutschland	310 km
Italien	290 km

Ausrüstung Feste, bewährte Wanderschuhe mit knöchelhohem Schaft, Sonnen-, Kälte- und Regenschutz, Taschenlampe (und Reservebatterie), Tagesrucksack, etappenbedingt Verpflegung, reichlich Getränk, Erste-Hilfe-Ausstattung; für das Hochgebirge feste Bergschuhe und vollständige Bergausrüstung

Vorbereitung Rechtzeitig Karten, Informationsmaterial und Unterkunftsverzeichnisse besorgen. Mindestwortschatz in den Landessprachen zusammenstellen und aneignen. Konditions- und Ausdauertraining nicht vergessen.

Wichtige übergreifende Adressen
Europäische Wandervereinigung (EWV), Wilhelmshöher Allee 157–159, D-34121 Kassel, Tel. 0049/561/93873-0, Fax 0049/561/9387310, E-Mail dt.wanderverband@t-online.de

Karten, Literatur Homepage »Walking in Europe« http://www.gorp.com/gorp/activity/europe/Epaths.htm; Gorges, Hans-Jürgen, »Auf Tour in Europa« (1999), Deutscher Wanderverlag; Kompaß-Wanderkarten 1:50 000, Nr. 120 und 121, »Europäischer Fernwanderweg E5«; Metzler, »Europäischer Fernwanderweg 5«, Kompaß-Wanderführer, Deutscher Wanderverlag (1997); Länderkarten und -führer siehe Teilstrecken

platte gehören, verläuft der Weg über Almen und Wiesen talwärts in die Provinzhauptstadt Bozen (Bolzano). Hier kreuzt der E10 den E5.

In den Dolomiten hält der E5 sich hinter Oberradein etwas im Parco Naturale Monte Corno (Naturpark Trudner Horn) auf und gelangt hinter Gfrill durch den Salurner Wald, durch Obstgärten und Weinberge zu den Orten Stedro-Sabion und dem höhergelegenen Palú del Fersina (Palai im Fersental, 1400 m). Vom reizvollen Lago Erdemolo (Herdemelsee, 2005 m) steigt er nach Lévico Terme im Val Sugana

Auf dem Monte Magio (1853 m)

Einige Varianten

• Allgäuer Alpen: Umgehung Nagelfluhkette. Lingenau, Hittisau, Lecknersee, Höfler Alm (1000 m), Grenzwacht-Stützpunkt. Dort geradeaus (!, nicht links) zur »Schwarzen Lacke«, Scheidwang-Alpe (1368 m) und bis Gunzesried-Säge; Bus nach Gunzesried bzw. Blaichach

• Lechtaler Alpen: Von der Seescharte (2599 m) nicht sofort zur Unterlochalm, sondern auf dem E4 alpin über Großbergkopf (2612 m) und Württemberger Haus (2220 m) zur Unterlochalm (etwa 3 Stunden); nur bei sicherem Wetter, erfordert Trittsicherheit und Schwindelfreiheit

• Sarntaler Alpen: Umgehung Hirzer. Hirzer Hütte (1993 m), Staffelhütte, Videgg, Taser Seilbahn, Schennaberg, Verdinser Waalweg, Talstation Ifinger Seilbahn, Piffinger Köpfl (1905 m), Meraner Hütte (1960 m)

• Fersental: Variante zum Passo La Portella. Palú (Palai, 1400 m), Val dei Mocheni, Val Cava, Passo La Portella (Törl, 2152 m)

ab, der südlichen Begrenzung der Dolomiten. Über Schauplätze der erbitterten Stellungskämpfe im Ersten Weltkrieg bewegt er sich durch das zerklüftete, ebenfalls heißumkämpfte Pasubio-Massiv. Etliche Gipfel und Pässe läßt der E5 hinter sich, um auf der Cima Carega einen letzten großartigen Rundblick zu bieten.

Im Cima-Carega-Massiv soll der E7 auf seinem Weg nach Slowenien den E5 kreuzen, der über die Monti Lessini (Lessinischen Berge) nach Erbezzo und mit seinem Endziel Verona (59 m) in die oberitalienische Tiefebene einmündet. Von hier ist es zur Lagunenstadt Venedig nicht weit.

E5 Frankreich: Bretagne – Champagne – Elsaß

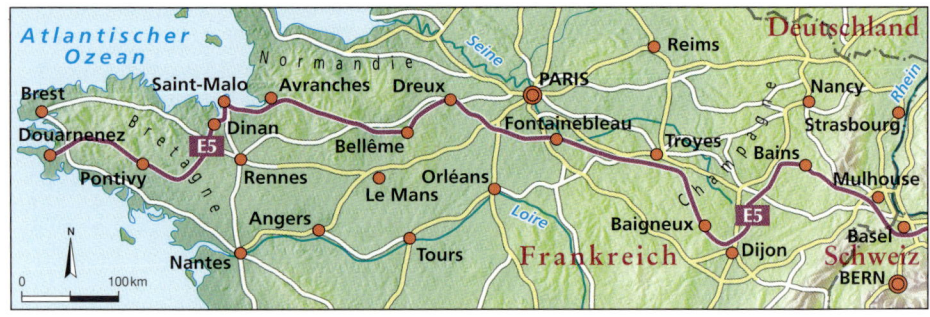

Tourenlänge Etwa 2100 km

Durchschnittlicher Zeitbedarf
Etwa 15 Wochen

Wegmarkierungen Weiß-rot, meist mit
der Nummer des jeweiligen ·GR-Weges
(Sentier de Grande Randonnée)

Landschaftscharakter Eben bis wellig-
hügelig und mittelgebirgig, mit Heidelandschaft, schroffer, stark zergliederter Felsküste, weiter Beckenlandschaft (Pariser
Becken), Weinbaugebieten (Champagne),
Kultur-, Waldland und ausgedehnten
Grünlandflächen, Flußläufen, im Frühsommer stellenweise leuchtendroten
Mohnfeldern

Günstige Wanderzeit Frühjahr bzw.
Frühsommer und Herbst

Steigungen Nur im Gebiet des Plateaus
von Langres und den Vogesen nennens-
wert

**Mögliche Ausgangs- bzw. Zielorte (Bahn-
anschluß)** Saint-Brieuc, Saint-Malo,
Fontainebleau, Langres

In der Heidelandschaft von Frankreichs westlichstem Punkt, am »Ende
der Welt«, wie manche meinen, ehe
Besucherströme sie eines Besseren

belehren, bei den vom Atlantik zer-
fressenen Klippen der Pointe du Raz,
nimmt der E5 seinen Anfang. Gemeinsam mit dem E9 begleitet er zunächst
die Küste, wendet sich dann durch den
Parc de Armorique (Naturpark, Name
nach dem keltischen »ar mor«, Land
des Meeres) landeinwärts. Bald darauf
zieht er wieder entlang der Küstenlinie
über die frühere Bischofsstadt **Saint-
Brieuc** und die ehemalige Stadt der
Korsaren und des Sklavenhandels,
Saint-Malo (ab hier wieder zusammen
mit dem E9), zur berühmten Granit-
insel Mont-Saint-Michel. Auf einem
78 m hohen Felsen beherrscht die
monumentale Klosteranlage, ehemals
Benediktinerabtei, ihre Umgebung.
Vor allem der GR34 leitete uns von der
Pointe du Raz bis hierher.
Bei **Avranches** (103 m) in der Normandie verläßt der E9 den E5. Und durch
den Parc du Normandie Maine erreichen wir auf dem GR22 **Verneuil-sur-
Avre** und **Orgerus**, wo der GR11 ihn
ablöst. Noch 181 km sind es bis **Fontainebleau** (146 m), im Wald von
Fontainebleau südlich von Paris gele-

INFO

Ergänzende Verkehrsmittel Bus (vor Ort erkunden)

Übernachtungshinweise Möglichkeiten jeder Preiskategorie in jedem größeren Ort; ein Verzeichnis der »Gîtes d'etape« (einfacher Wanderunterkünfte abseits großer Zentren) ist z.B. bei der Gîtes de France oder der FFRP erhältlich

Informationsstellen FFRP Fédération Française de la Randonnée Pédestre, 14, rue Riquet, F-75019 Paris, Tel. 0033/1/44899393, Fax 0033/1/40358567; Gîtes de France, Sachsenhäuser Landwehrweg 108, D-60599 Frankfurt/Main, Tel. 0049/69/683599, Fax 0049/69/686236

Wichtigste Karten Übersichtskarte 1:1 000 000 »France, Grande Randonnée«, Nr. 903 (7. Auflage 1996; mit Hinweisen in Deutsch); topographische Karten 1:25 000 und 1:100 000 vom IGN (Institut Géographique National); »topoguides« der FFRP (Wanderführer in französischer Sprache mit topographischen Kartenausschnitten)

Sehenswürdigkeiten am Weg Saint-Brieuc, Saint-Malo (auch Aquarium und Exotarium), Mont-Saint-Michel, Fontainebleau, Dijon

Besonders zu beachten Doppelzimmer sind in aller Regel mit dem großen Doppelbett (»grand lit«) ausgestattet, das vielen Gästen ungewohnt ist. Wer ein Doppelzimmer mit getrennten Betten (»chambre à deux lits«) haben möchte, muß extra danach fragen. Für Ferienzeiten im voraus buchen

Praktische Tips Wärmende Kleidung, Wind- und Regenschutz (vor allem für die Atlantikküste) nicht vergessen

gen. In der ersten Hälfte des 16. Jahrhunderts entstand unter Franz I. das gleichnamige Schloß, an dem seine Nachfolger noch bauten und das auch Napoleon bewohnte.

Im mittleren Seine-Tal führt der GR11 in die Champagne, bis **Montereau** (52 m), wo Seine und Yonne zusammenfließen, dann übernimmt der GR2 die Route über **Mussy-sur-Seine** bis zum Seine-Ursprung vor den Toren Dijons, des an Kunstschätzen reichen Zentrums von Burgund, und **Sainte-Foy**. Der GR7 setzt sie über die auf dem gleichnamigen Plateau erbaute Stadt **Langres** (466 m), Geburtsstadt des Philosophen Denis Diderot, bis zum Parc des Ballons des Vosges und dem Ballon d'Alsace (1247 m) in den Vogesen, also im Elsaß, fort. Der Grenzort zu Schweiz, **Lucelle** (Lützel), ist in 72 km von hier erreicht.

Schmuckstück am Weg: wilde Iris

E5 Schweiz, Österreich: Basel – Timmelsjoch

Tourenlänge Etwa 610 km
Durchschnittlicher Zeitbedarf
Vier bis fünf Wochen
Wegmarkierungen Schweiz: Wegweiser,
nur punktuell mit kleinen weißen Zusatz-
tafeln; Bregenz bis Timmelsjoch: E5-Täfel-
chen (fallweise), lokale Markierungen
Landschaftscharakter Mittelgebirge,
Hügel- und Seeufer-Landschaft, Hochgebirge; mit Wäldern, Wiesen, Obstkulturen, Seen, Bach- und Flußläufen, Wasserfällen, sanft geschwungenem und
schroff-felsigem Gelände, Almen, steilen
grünen Matten, Latschenhängen und
Geröllfeldern
Günstige Wanderzeit
Frühsommer bis Herbst
Steigungen Im Mittel- und Hochgebirge,
sonst hügelig bis ausklingend
**Mögliche Ausgangs- bzw. Zielorte (Bahn-
anschluß)** Schaffhausen, Kreuzlingen,
Rheineck, Bregenz, Sonthofen, Oberstdorf, Zams

Im Basler Jura setzt der Weg sich, von
der französischen Grenzstadt Lucelle
(Lützel) kommend, südlich von Basel
in die Kantonshauptstadt **Schaffhausen** (402 m, Rheinfall!) fort. Im mittelalterlichen Städtchen **Stein am Rhein**
(408 m) tritt der E4 hinzu. Die Strecke
bis **Kreuzlingen** (419 m), wo sie den
E1 kreuzen, und entlang des Bodenseeufers bis in Österreichs Landeshauptstadt **Bregenz** (400 m), wo der
E4 alpin abzweigt, legen E5 und E4
gemeinsam zurück. Durch den Bregenzerwald und über die Nagelfluhkette

(nur bei sicherem Wetter begehen!) bis
Sonthofen (742 m) teilen sie sich den
Weg noch.
Dort trennt sich der E5 vom E4 und
steigt über den Kur- und Wintersportort
Oberstdorf (843 m) in den südlichen
Allgäuer Alpen bis zum Unteren Mädelejoch (1974 m) an (etwa 440 km von
Lucelle). Auf dessen österreichischer
Seite steil abwärts, durchquert er über
Holzgau (1103 m) das Lechtal, um von
der Memminger Hütte (2242 m) zur
Seescharte (2599 m) – diese kurze
Passage nehmen E5 und E4 alpin miteinander – und hinab ins Oberinntal,
zum Wallfahrtsort **Zams** (775 m) zu
gelangen. Wieder aufwärts zum Glanderspitz (Venetberg, 2513 m), führt uns
der Weg mit schönen Tiefblicken auf
dem Grat nach Nordosten zum Kreuz-
joch (2464 m) und nach **Wenns**
(982 m) im Pitztal hinunter. Aus diesem an Schluchten und Wasserfällen
reichen Tal überwinden wir, am Bach
und Hang entlang, die knapp tausend
Meter Höhenunterschied bis **Mittel-
berg** (1734 m). Und nach etwa 3 Stunden betreten wir die gletschernahe
Braunschweiger Hütte (2759 m), die

Bei Nassereith in den Lechtaler Alpen

höchstgelegene Schutzhütte am E5. Bald stehen wir auf seinem höchsten Punkt, dem Pitztaler Jöchl (2995 m). Nach Schnee und Geröllfeldern freuen wir uns über die Almwiesen, die uns zum Ötztaler Ort **Zwieselstein** (1450 m) bringen. Nun begleiten uns Gurgler Ache und Timmelsbach, und über magere Schafweiden erreichen wir das Timmelsjoch (2509 m; etwa 170 km vom Unteren Mädelejoch).

INFO

Ergänzende Verkehrsmittel Bus, Schiff (Bodensee), Seilbahn (vor Ort erkunden) **Übernachtungshinweise** Im Jura Unterkünfte weniger dicht (Unterkunftsverzeichnis), sonst Möglichkeiten in jedem größeren Ort; im Gebirge Schutzhütten **Informationsstellen** Schweizer Wanderwege, Im Hirshalm 49, CH-4125 Riehen, Tel. 041/61/6011535; Verband Deutscher Gebirgs- und Wandervereine e.V., Wilhelmshöher Allee 157-159, D-34121 Kassel, Tel. 0049/561/938730, Fax 0049/561/9387310, E-Mail dt.wanderverband@t-online.de; Oesterreichischer Alpenverein, Sektion Weitwanderer, Thaliastraße 159/3/16, A-1160 Wien, Tel. 0043/1/4938408, Mobiltel. 0664/2737242, E-Mail weitwanderer@sektion.alpenverein.at; Österreichischer Fachverband für Sportwandern (ÖFS), Pamessergasse 13,

A-2103 Langenzersdorf, Tel. 0043/2244/3536, Fax 0043/2244/35364 **Wichtigste Karten und Führer** Vierteilige Wanderkarte des Jura 1:60 000, SAW-Wanderkarten 1:50 000 (SAW = Schweizer Arbeitsgemeinschaft Wanderwege); Kompaß-Wanderkarten 1:50 000, Nr. 120 und 121, »Europäischer Fernwanderweg E5«; Metzler, »Europäischer Fernwanderweg 5«, Kompaß-Wanderführer, Deutscher Wanderverlag **Sehenswürdigkeiten am Weg** Schaffhausen, Stein am Rhein, Schloß Arenenberg (nahe Ermatingen), Bregenz **Besonders zu beachten** Das Hochgebirge verlangt Ausdauer, Trittsicherheit, stellenweise Schwindelfreiheit, gute alpine Ausrüstung und eine besondere Berücksichtigung der Wetterlage (ggf. Einheimische fragen) **Praktische Tips** Unterkünfte für Ferienzeiten im voraus buchen (Schutzhütten im Sommer vor allem an Wochenenden oft überfüllt)

E5

E5 Italien: Südtirol – Verona

Tourenlänge Etwa 270 km

Durchschnittlicher Zeitbedarf

Zwei (bis drei) Wochen

Wegmarkierungen Querbalken rot, weiß-rot, rot-weiß-rot, teilweise Hinweis »E5«

Landschaftscharakter Hochgebirge, Mittelgebirge, oberitalienische Tiefebene; Felsgelände, Almen, Wiesen, Weiden, Weingärten, Obstkulturen, Hochflächen und tief eingeschnittene Täler, Schluchten, Flüsse, Bäche, Seen, Wälder

Günstige Wanderzeit

Frühsommer bis Frühherbst

Steigungen Auf der gesamten Strecke, gegen Verona zu kaum

Mögliche Ausgangs- bzw. Zielorte (Bahnanschluß) Bozen, Lévico, Verona

Vom Timmelsjoch (Passo del Rombo, 2509 m) steigt der E5 im blumenreichen, windgeschützten Passeiertal abwärts nach **St. Leonhard** (693 m). Anfangs einem Waalweg folgend, erreicht er die komfortable Pfandler-Alm (1345 m) und, an der Andreas-Hofer-Gedenktafel vorbei, die Hinteregg-Alm (1990 m). Steil zieht der Weg in den Sarntaler Alpen zur Hirzer Scharte (um 2670 m), und über das Skigebiet »Meran 2000« und den durch seine Lärchenwiesen berühmten Salten wandern wir aussichtsreich nach **Jenesien** (1087 m) und **Bozen** (Bolzano, 265 m; etwa 40 km von St. Leonhard). In Südtirols betriebsamem Zentrum mit seinen heimeligen Lauben kreuzen sich E5 und E10.
Im **Oberradeiner** »Zirmerhof«

(1562 m) bestaunen wir noch die Wandmalereien, ehe wir mit **Gfrill** (1328 m) nahe der Salurner Klause die deutsch-italienische Sprachgrenze erreichen.

Nach Wald, Almwiesen und Gebüsch liegt der tiefgrüne Heilige See (Lago Santo, 1194 m) vor uns. Wieder steil aufwärts führt der Weg, nach **Stedro-Sabion** (816 m) in Segonzano mit seinen mutig angelegten Bergdörfern, der über 400 Jahre alten Linde und den Erdpyramiden. Über **Regnana** (1215 m) und **Palú del Fersina** (Palai im Fersental, 1400 m) wählen wir am besten die sichere Variante zum Lago Erdemolo (Herdemel-See, 2005 m), um schließlich im Kurort **Lévico Terme** (505 m) im Tridentiner Val Sugana einzutreffen. Bewaldetes Mittelgebirge begleitet uns bis zur zimbrischen Sprachinsel **Luserna** (Lusern, 1319 m), etwa 90 km südlich von Bozen. Pässe ermöglichen den Übergang zu der im Ersten Weltkrieg schwer umkämpften Hochfläche des Pasubio und zum Passo delle Fugazze (Fugazze-Paß, 1162 m). Im Cima-Carega-Massiv, wo der E7 den E5 kreuzt, verhilft uns ein einstündiger Abstecher von der Bocchetta Mosca (2041 m) auf die Cima Carega (2215 m) zu überwältigender Fernsicht. In den Monti Lessini (den Lessinischen Bergen) mit ihren hügeligen Almweiden, Wäldern und tief eingegrabenen Flußtälern bringt uns der Illasi nach **Giazza** (Lijetzan, 759 m). Durch Mittelgebirge setzt der Weg sich bis **Erbezzo** (1118 m) fort. Die Höhen nehmen weiterhin ab, und vom Monte Tondo (705 m) aus erblicken wir im Tal schon das Ziel des E5, die östlich des Gardasee-Südufers gelegene Messe- und Musikstadt **Verona** (59 m).

Das Bergdorf Giazza in den Monti Lessini

INFO

Ergänzende Verkehrsmittel Bus, Seilbahn (vor Ort erkunden)

Übernachtungshinweise In größeren Orten Unterkünfte jeder Preiskategorie, Gasthöfe und Almwirtschaften, Schutzhütten

Informationsstellen

Federazione Italiana Escursionismo, Via La Spezia, 58 r, I-16149 Genova, Tel. und Fax 0039/010/463261, E-Mail fienazit@tin.it

Wichtigste Karten und Führer

Kompaß-Wanderkarten 1:50 000, Nr. 120 und 121, »Europäischer Fernwanderweg E5«; zur Übersicht Generalkarten 1:200 000 Südtirol/Dolomiten« und »Gardasee/Venedig« (mit eingetragenen Wegverlauf); Metzler, »Europäischer Fernwanderweg E5« Kompaß-Wanderführer, Deutscher Wanderverlag

Sehenswürdigkeiten am Weg

Bozen, Oberradein, Segonzano (Erdpyramiden), Giazza, Verona

Besonders zu beachten Bei diesem Weg sind einige Varianten möglich (auch als Schlechtwetter-Alternativen). Er erfordert Ausdauer, Trittsicherheit, stellenweise Schwindelfreiheit und gute Bergausrüstung

Praktische Tips Unterkünfte für Ferienzeiten im voraus buchen (auch Schutzhütten); nicht vergessen, daß in Italien im August Hauptferienzeit ist und italienische Schutzhütten meist ab Mitte/Ende Juni bis September geöffnet sind. Rechtzeitiges körperliches Training ist ratsam

E5

Europäischer Fernwanderweg 6

Vom Bottnischen Meerbusen zur Ägäis

Zur Einführung

Von Nord nach Süd windet sich der Europäische Fernwanderweg 6 (Ostsee – Wachau – Adria) und verbindet ähnlich dem E1 den Ostseeraum mit dem Mittelmeer, führt aber weiter durch Griechenland hindurch bis zur Ägäis.

Beginnen wir in Finnland, wo man auch im Norden einige Wanderrouten anzubieten weiß und dabei ist, die vorhandenen Wege in den zahlreichen Nationalparks und nationalen Wandergebieten zu den Europäischen Fernwanderwegen 6 und 10 zu verbinden. Zukünftig sollen diese beiden Wege wie zwei Hauptströme mit vielen Verästelungen durch das Land ziehen, wobei bis zur Fertigstellung auch andere Fortbewegungsmittel zur Überbrückung genutzt werden müssen.

Gesamtlänge Etwa 7330 km

Durchwanderte Regionen
Finnische Seenplatte – Götaland – Ostseeinseln Dänemarks – Südjütland – Norddeutschland und Harz – Mittelgebirge von Hessen, Thüringen und Bayern – Mühlviertel – Niederösterreich – Alpenvorland – Steirische Gebirge – Slowenische Alpen – Südrhodopen

Besonderheiten Im nördlichen Teil (in Finnland und auf den dänischen Inseln) gibt es zur Zeit keine durchgehende Markierung; der jeweilige Zustand des Ausbaus in Finnland und Dänemark sollte vorher erfragt werden. Eine Verbindung zwischen Slowenien und dem griechischen Festland ist derzeit nur mit einer längeren Schiffspassage zu bewerkstelligen. Insgesamt ist auch hier in den weniger besiedelten Gebieten vom Wandern ohne Begleiter/in abzuraten

Wichtige Städte am Weg Turku und Helsinki – Stockholm – Malmö – København – Roskilde – Sønderborg – Flensburg – Kiel – Lübeck – Lauenburg/Elbe – Goslar – Göttingen – Hann. Münden und Eschwege – Coburg – Marktredwitz – Bayer. Eisenstein – Freistadt – Grosuplje – Koper – Igoumenitsa – Florina – Xanthi – Alexandroupolis

Wandern erfolgt hier auf vielerlei Weise – entscheidend ist dabei der Aufenthalt in der Natur. Denn neben dem klassischen Gehen zu Fuß ist auch das Rad den Finnen wichtig und – besonders im Bereich der Finnischen Seenplatte – das Boot. Mit einem etwas größeren Fährschiff wird der Bottnische Meerbusen nach Stockholm überquert, wo uns mit Südschweden eine Landschaft empfängt, die der Finnlands sehr ähnlich ist. Regionale Weitwanderwege führen auch hier durch ausgedehnte, flache bis hügelige Gebiete und bringen uns schließlich zur Fähre nach Dänemark. Ob mit oder ohne Besichtung der Hauptstadt Kopenhagen (København) – der Weg zieht über die dänischen Inseln nach Sønderborg, das bereits auf dänischem Festland liegt. Allerdings ist die Markierung des E6 über die dänische Inselwelt bis Jütland, wo der sogenannte Gendarmstien mit all seinen Markierungen beginnt, noch nicht »überzeugend«, und es wird noch etwas dauern, bis von Dansk Vandrelaug hier ein guter Zustand des Wegausbaus angekündigt werden kann. An der Grenze bei Flensburg vereinigt

sich der Weg zunächst mit dem E1 zur gemeinsamen Wegführung durch Schleswig-Holstein. Die Ostseebucht bei Schleswig, die Schlei, bildete den Zugang zum großen Handelsplatz Haithabu der Wikingerzeit. Bei Eckernförde folgen wir zwei Tageswanderungen lang der Küste, bis wir Kiel mit dem Olympiahafen in Schilksee erreichen. Die Seen der Holsteinischen Schweiz, dann die alte Hansestadt Lübeck, die Lauenburgischen Seen, wo der E1 westwärts nach Hamburg abzweigt, bringen uns zur Elbe. Und von hier wird regelrecht die Mitte Deutschlands durchstreift. Dieser Wegverlauf war es wohl, welcher vor den Umwälzungen in Osteuropa verhältnismäßig wenige Wanderer anzog, ging es doch oft dicht an den »Eisernen Vorhang« heran, mit unmittelbaren Grenzberührungen bei Lübeck, an der Elbe und im Naturpark Elbufer-Drawehn, an der Werra und in der Rhön, im Coburger Land, später im Bayerischen Wald und im österreichischen Mühlviertel im Grenzbereich zu Tschechien. Die Ost-West-Konfrontation muß auf die »Grenzgänger« bedrückend gewirkt haben – im Blickfeld unbelebte Landschaft, Stacheldraht und Wachttürme. Aber es mag hier nun der Gewinn sein, die

Am Hafen von Sønderborg

Auf dem Nordwaldkammweg in Österreich

frühere Grenzregion zu erkunden, vom Weg abseits auch in Mecklenburg, Sachsen-Anhalt, Thüringen Pfad und Quartier zu suchen und auch den Abstecher nach Böhmen unternehmen zu können. Hier erschließen sich viele Sehenswürdigkeiten und Ortschaften, die über Jahrzehnte schwer zugänglich waren – um so mehr, wenn man keine Eile hat, liebenswerte Umwege nicht scheut und mittels Kartenmaterial neue Varianten zu entdecken vermag. An die unnatürliche Grenzziehung durch Deutschland erinnert heute nur noch wenig, aber trotzdem sind die Narben zu sehen. Zu erkennen sind aber auch die vielen landschaftlichen und kulturellen Gemeinsamkeiten – beispielsweise die Landschaft der Bayrischen und Thüringischen Rhön, die man hier als Ganzes erlebt.

Der Nordwaldkammweg im österreichischen Mühlviertel setzt die Wanderung an der Grenze, hier zu Tschechien, zunächst östlich bis Nebelstein fort, um dann auf den Wanderweg in den Süden des Landes, nach Eibiswald, einzuschwenken. Er nutzt dabei den Nord-Süd-Weg 05, an dem der Bildhauer Carl Hermann mitgewirkt hat, ein Pionier der Weitwanderbewegung. Ab Melk begeben wir uns aus dem Donautal in alpine Regionen, die Bergerfahrung fordern, wenn man über die Mürzsteger und Eisenerzer Alpen zum Radlpaß und ins Bacher-Gebirge (Prohorje) nach Slowenien wandert. Weiter geht es ins Drau-Tal hinunter und durch den slowenischen Karst, bis wir den Großen Schneeberg, Veliki Snežnik, erreichen. Dann allerdings ereilt den E6 wieder sein Schicksal, auf Wunden im Herzen Europas zu stoßen: Der ursprüngliche Wegverlauf nach Rijeka wird in Slowenien zunächst durch die Wirren bei der Auflösung des jugoslawischen Gesamtstaates unterbrochen: Der frühere Grenzübergang kann nicht mehr genutzt werden. So entfällt der Abschnitt durch Kroatien, und der Weg führt nach Koper an die Adria, wo man sich mit dem Schiff in den Nordwesten Griechenlands, zum Hafen von Igoumenitsa, bringen lassen kann. Von hier läßt sich die Wanderung quer durch Nordgriechenland bis zur türkischen Grenze ganz im Osten fortsetzen. Aber auch bei diesem Wegabschnitt gibt die Grenznähe zu Albanien und Makedonien Anlaß zu dem Rat, den Weg nur mit Unterstützung der Bergsteiger-

INFO

Weglänge pro Land (ca.)

Finnland	2000 km (noch im Aufbau)
Schweden	1400 km
Dänemark	250 km
Deutschland	1700 km
Alternativweg Tschechien	250 km
Österreich	680 km
Slowenien	300 km
Griechenland	1000 km

Ausrüstung Leichtzelt und Schlafsack sind für die nördlichen und südlichen Gebiete hilfreich, festes Schuhwerk auch im Flachland, umfassender Wetterschutz, Verpflegung und Getränk, Erste-Hilfe-Ausstattung

Vorbereitung Rechtzeitiges Beschaffen von Karten und zusätzlichen Informationen, Unterkunftsverzeichnisse besorgen. Landessprachen berücksichtigen und Wortschatz sowie griechische Schrift aneignen

Wichtige übergreifende Adressen
Europäische Wandervereinigung (EWV), Wilhelmshöher Allee 157–159, D-34121 Kassel, Tel. 0049/561/938730, Fax 0049/561/9387310, E-Mail dt.wanderverband@t-online.de

Karten, Literatur
Homepage »Walking in Europe« http://www.gorp.com/gorp/activity/europe/Epaths.htm; Gorges, Hans-Jürgen, »Auf Tour in Europa« (1999), Deutscher Wanderverlag; Länderkarten und Wegbeschreibungen: siehe Teilstrecken

Die Flußidylle par excellence lädt zu einer Pause ein: am Fluß Krka in Slowenien

organisation Griechenlands anzugehen. Dies bedeutet natürlich auch: Das Wandern ist nur in der Gruppe möglich. Sehr bald begibt man sich in einsame und wenig besiedelte Gegenden, weshalb die Tour gut vorbereitet sein sollte. Es ist ein langer Weg, bis man in großem Bogen, bei Florina den E4 kreuzend, die Niederungen bei Komotini erreicht und die Wanderung nach Alexandroupolis fortgesetzt hat. Die Überfahrt zur Insel Samothraki wäre dann der Abschluß der Wanderung zur Ägäis, wie dies der Bergsteigerverband Griechenlands vorschlägt. Sicherlich läßt sich dort (spätestens) die entsprechende Erholung nach dieser Tour finden.

E6 Finnland: Seengebiet – Turku

Tourenlänge Je nach Weggebiet 10 bis 130 km

Durchschnittliche Zeitbedarf
Tages- und Mehrtageswanderungen

Wegemarkierung Unterschiedliche Zeichen und Symbole in den verschiedenen Wandergebieten; schwarze Schrift auf weißem Grund für die E-Bezeichnungen

Landschaftscharakter Die finnische Seenlandschaft ist geprägt von eiszeitlichen Moränen und viel unberührter Natur mit glasklarem Wasser und endlos scheinenden Wäldern bei wenig Begegnungen

Günstigste Jahreszeit August und September

Steigungen In den Seengebieten meist unerheblich; in den nordöstlichen Landesteilen bis 500 oder 600 m, teilweise auch Mittelgebirgscharakter

Mögliche Ausgangsorte Inari, Kajaani, Tampere, Helsinki oder Turku; die Zentren einzelner Nationalparks

Derzeit wird in Finnland emsig daran gearbeitet, verschiedene bereits bestehende Wanderrouten in Nord-Süd-Richtung miteinander zu verknüpfen und dabei die Tourenvorschläge in den Nationalparks einzubinden. Aber dem Erfolg gehen noch viele Mühen voraus – das bringt schon die dünnbesiedelte Landschaft mit sich. So ist man gut beraten, wenn man sich vor einer Finnlandreise bei der Zentrale für Tourismus oder im Internet (Adressen siehe unten) gezielt Wanderinformationen einholt und eine Route nach eigener Erlebniserwartung wählt. Einzelwanderer sind bei den angebotenen Gruppenwanderungen gut aufgehoben, denn wenn schon die Übernachtungsangebote recht abenteuerlich sind, so ist auch zu bedenken, daß nicht nur Elche den Weg queren könnten – es gibt hier Bären und Wölfe! Auch Verpflegung

INFO

Ergänzende Verkehrsmittel Bus-, Schiff-
und Flugverbindungen; vorher erkunden
Übernachtungshinweise Hotels an
den Ausgangspunkten in den Nationalparks; teilweise Hütten an angebotenen
Wanderstrecken (vorherige Buchung
empfehlenswert); außerdem Lagerplätze
mit Feuerstellen und sehr einfachen
Schutzhütten (Unterstände): entsprechende Ausrüstung ist vorausgesetzt

Informationsstellen

Finnische Zentrale für Tourismus
(Material: Wandern in Finnland),
Lessingstr. 5, 60325 D-Frankfurt/Main,
Tel. 0049/69/7191980,
Fax 0049/69/7241725;
Suomen Latu ry, Fabianinkatu 7,
FIN-00130 Helsinki, Tel. 00358/9/170101,
Fax 00358/9/663376, Internet
http://www.dlc.fi/~eeromari/auf.htm

Wichtigste Karten Zur Übersicht
Straßenkarte 1:750 000; ansonsten topo-
graphische Karten 1: 50 000
Sehenswürdigkeiten am Weg Turku und
Helsinki; in oder bei den Nationalparks
Sammlungen, Museen und Naturlehr-
pfade, landschaftliche und kulturelle
Besonderheiten
Besonders zu beachten Warme, kalte und
Schlechtwettertage bedenken, hohes und
festes Schuhwerk wählen. Sorgfältige
Ausrüstung für Wildmarkwanderungen,
zu empfehlen sind Gruppenwanderungen.
Aber auch hier gehören Karte und Kompaß sowie Kenntnisse über den Gebrauch
zur Standardausrüstung
Praktische Tips Gegen lästige Insekten
helfen die Rezepte der Finnen. Wildfrüch-
te dürfen gesammelt, Angellizenzen können erworben werden (besondere Regeln
in Nationalparks!). Wie überall in Skandinavien helfen Englischkenntnisse

muß man oft mittragen, einschließlich
eines kleinen Kochers; Beeren und Pil-
ze bilden ein reichliches Zubrot, wenn
man sich darauf versteht.

Wandern kann man schon in Nord-
lappland, z. B. im Nationalpark Urho
Kekkosen kansallispuisto. Hier wie in
den anderen Wanderregionen hat man
die Möglichkeit, sich mit einem Wild-
markführer in die grandiose Natur zu
begeben. In Kuusamo befindet sich die
80 km lange Bärenrunde, in Kuhmo
verläuft die UKK-Route, die in den
Verlauf des E6 Aufnahme finden wird,
mit einer Länge von über 200 km.
Mikkeli und die Landschaft von Pun-
kaharju ist ein weiterer Höhepunkt.

So könnte man sich vom Norden bis
nach **Helsinki** oder **Turku** vortasten,
um hier nach Schweden überzusetzen.

Wegweiser im Nationalpark UKK

E6 Schweden: Stockholm – Götaland – Malmö

Tourenlänge Etwa 1400 km
Durchschnittlicher Zeitbedarf
Sieben Wochen
Wegmarkierungen Farbmarkierung
(orange) und Zeichen mit Wanderpaar
Landschaftscharakter Glaziale Land-
schaft, teilweise offen, viele Seen und
Wälder, eingestreut kleine Ortschaften
und Siedlungen
Günstige Wanderzeit Juni bis September;
in der Ferienzeit Juli, August werden die
Wege stärker bewandert
Steigungen Wie in Mittelgebirgen, aber
eher unwesentlich
**Mögliche Ausgangs- bzw. Zielorte (Bahn-
anschluß)** Stockholm, Nyköping, Norr-
köping, Eksjö, Malmö

Vieles von dem, was man über Finnland gelesen hat, sollte man so schnell
nicht vergessen, denn es trifft für
Schweden ebenfalls so oder ähnlich zu!
Viel Natur, dünnbesiedelte Landschaften (auch wenn der Weg durch die
dichtestbesiedelten Gebiete Schwedens
führt) – und man muß sich zu helfen
wissen. An den Wanderwegen gibt es in
Etappenabständen Windschutzanlagen,
Hütten mit Trinkwasser, Feuerstellen
und Toiletten; Wasserläufe werden teils
mit Booten überquert, andernorts muß
man sie durchwaten. Auch die Tagesra-
tionen an Nahrungsmitteln und Wasser
hat man dabei.
Aber im Unterschied zu Finnland liegt
die Route fest und ist markiert – so läßt
es sich natürlich leichter vorwärtskom-
men. Man benutzt hier die Wegteile

von sieben verschiedenen regionalen
Wanderwegen unterschiedlicher Länge.
Bei den großen Entfernungen ist
jedoch mit Lücken zu rechnen, und
deshalb gilt auch hier: Eine gute Vorbereitung für all die erforderlichen Wanderetappen ist unerläßlich!
Kommen wir aus Turku, beginnt der E6
in **Norrtälje** und führt uns zunächst auf
dem regionalen Wanderweg Roslagsle-
den zum nördlichen Stadtrand von
Stockholm. Landet man jedoch mit
dem Schiff gleich in Stockholm, wird
man sich auf dem Sörmlandsleden
direkt nach Süden wenden. Durch
Wälder, vorbei an vielen Seen und über
fruchtbares Land führt der Weg, aber
alle Höhen bleiben unter 100 m über
dem Meer. Ab **Norrköping** folgt man
dem Östgötaleden, der weiterhin durch

Ergänzende Verkehrsmittel Bahn- und Busverbindungen (vor Ort erkunden)

Übernachtungshinweise Hotels in Freizeitzentren und größeren Orten, Jugendherbergen, Hütten mit Zelt- und Versorgungsmöglichkeiten, Windschutzanlagen für Biwak

Informationsstellen Svenska Turistföreningen (STF), Box 25, S-10120 Stockholm, Tel. 0046/8/84632100, Fax 0046/8/86781958; Schweden-Touristik, Lilienstraße 19, D-20019 Hamburg, Tel. 0049/40/32551355, Fax 0049/40/32551333

Wichtige Karten

Zur Vorbereitung Übersichtskarte 1:750 000, sonst topographische Karten 1:50 000; die Übersicht »Wandern in Schweden« mit Wegskizze und Hinweisen auf die verschiedenen Betreuungsstellen mit Adressen und weiterführendes Material (teilweise deutschsprachig) ist bei den Informationstellen erhältlich

Sehenswürdigkeiten am Weg

Stockholm, Söderköping, Eksjö und Malmö sind Städte, die man nicht unbesichtigt lassen sollte; unterwegs viele Entdeckungen in der Natur

Besonders zu beachten

Zweckmäßige Kleidung, festes Schuhwerk und umfassenden Wetterschutz (auch im Sommer können die Temperaturen stark abfallen); Insektenschutz

Praktische Tips Kleinkocher und Geschirr zum Bereiten von Getränken und Suppen mitführen (Feuerstellen bei feuchter Witterung mitunter problematisch)

Seenlandschaft in Småland

E6

fruchtbares Bauernland zwischen vielen Binnenseen hindurchführt, bis man **Eksjö**, die frühere Garnisonsstadt, erreicht. Den Anschluß bildet der Höglandsleden. Der Gislavedsleden beginnt mit dem Isaberget (309 m) und führt uns zum Anschlußweg, dem Skåneleden, der durch sein verzweigtes Wegenetz verschiedene Möglichkeiten und Abstecher zuläßt.

Der Hallandsleden knüpft eine Verbindung zum E1 und nach **Varberg**; bleibt man auf dem Skåneleden, ist das Ziel **Malmö**, die ehemaligen Hansestadt am Öresund. Hier kann man nach Kopenhagen (København) übersetzen, wenn man nicht die Fährverbindung von **Helsingborg** nach Helsingør eingeplant hat.

E6 Dänemark: Seeland – Südjütland

Tourenlänge Etwa 250 km

Durchschnittlicher Zeitbedarf
Zwei Wochen

Wegemarkierung Teilweise weißes
Andreaskreuz, meist unmarkiert; auf
dem »Gendarmstien« stilisierter Gendarm

Landschaftscharakter Belebte, hügelige
Küsten- und Inselstruktur mit viel land-
wirtschaftlichen Nutzflächen, wenig Wald

Günstige Wanderzeit Mai bis Oktober

Steigungen Unerheblich

**Mögliche Ausgangs- bzw. Zielorte (Bahn-
anschluß)** Helsingør, København,
Slagelse, Nyborg, Flensburg

Für die Wegführung über die dänischen
Inseln existiert bereits seit längerer Zeit
ein Routenvorschlag, und auch die
Markierung wurde in Arbeit genom-
men; die Fertigstellung läßt jedoch
noch auf sich warten. Die dänische
Wanderorganisation Dansk Vandrelaug
hat aber die Vorbereitung zur Markierung wieder aufgenommen, und länger-
fristig ist mit Fortschritten zu rechnen.
In Ermangelung von ausgewiesenen
Wanderwegen wird man häufig auf
wenig befahrene Straßen oder Fahr-
radrouten ausweichen müssen. Die
Mitnahme von Kartenmaterial ist also
unverzichtbar. Bestand hat bislang nur
der »Gendarmenstien« (Gendarmen-
pfad) entlang der Flensburger Förde.
Die Fährverbindung bringt uns vom
schwedischen Helsingborg nach **Helsingør** auf die dänische Insel Seeland,
wo es sich empfiehlt, östlich der Auto-
straßen A3/E4 eine Wanderroute nach

Kopenhagen (København) zu suchen.
Nutzt man die Fährverbindung vom
schwedischen Malmö, landet man
direkt in der Hauptstadt von Dänemark. Nächstes Ziel ist die im Mittelalter lange Zeit größte Stadt Nordeuro-
pas und königliche Residenz **Roskilde**:
Im 13. Jahrhundert wurde der Dom
vollendet, der auch Grablege für
Bischöfe und Adel ist. Nach dem
Besuch der Altstadt suchen wir uns
den Weg in südwestlicher Richtung
über **Ledreborg** zum Avnstrup-Forst,
die Richtung beibehaltend nach **Har-
aldste** und weiter nach **Ringsted**. Über
Lynge Eskilstrup und **Rosted** gelangt
man nach **Slagelse**, wo schon die
Wikinger Quartier hatten. Westlich der
alten dänischen Stadt liegt die Trelle-
borg, eine Wallanlage der Wikinger,
mit rekonstruierten Gebäuden. Von
Slagelse wollen wir nun weiter zur
Küste, gehen dazu zunächst wieder
nach Slots Bjergby, biegen aber hinter
Mark Vårby ab nach **Gammel Forlev**,
dann nach **Vejlager** und **Frølunde Fed**.
Durch den Ort gelangt man zur

INFO

Ergänzende Verkehrsmittel Bus- und Schiffsverbindungen, vor Ort erkunden

Übernachtungshinweise Das Buch mit dem Titel »Overnatnin i det fri« gibt Informationen, insbesondere über kleine Zeltplätze bei dänischen Landwirten

Informationsstellen Dansk Vandrelaug (DVL, evtl. aktuellen Routenverlauf dort erfragen) und dänisches Fremdenverkehrsamt; Adressen wie bei E1

Wichtigste Karten Topographische Karten 1:50 000; Skizzenmaterial und Info-blätter über den Gendarmstien von DVL, København

Sehenswürdigkeiten am Weg København, Roskilde mit Dom und Grabkirche Dänemarks, Slagelse, Nyborg mit Schloß, Sønderburg mit Schloß und Museum, Düppler Schanzen

Besonders zu beachten Nicht durchgehend als Wanderweg ausgewiesen, Markierungen fehlen oft völlig

Praktische Tips Auch als Radwanderung reizvoll, jedoch der Strandbereich ist für das Rad eher hinderlich, da selbst zu Fuß mitunter mühsam zu begehen

Musholm-Bucht, wandert am Strand entlang, bis wir nach **Korsør** kommen. Von der Insel Fünen trennt uns nur noch der Store Bælt (Großer Belt), den wir per Fähre rasch überquert haben. Von **Nyborg** aus, was wir in Richtung Holckenhavn verlassen, erreichen wir über die Orte **Ørbaek**, **Gislev**, **Hundstrup**, **Korinth** unser nächstes Ziel,

Schloß Egeskov auf Fünen

Fårborg. Südlich der Straße geht es über **Horne** und **Bøjden** zum Fähranleger und mit dem Schiff nach **Fynshav** auf der Insel Alsen. Über **Gammelgaard** und **Augustenborg** nach **Vollerup** und über **Klinting** und **Stenholt** zum Strand, der uns nach **Sønderborg** führt. Um einen Einblick in die historischen Beziehungen zwischen Dänemark und Deutschland zu erhalten, ist ein Besuch der Ausstellung im Schloß zu empfehlen.

Der Weg, jetzt der Gendarmstien in Südjütland, führt weiter am Strand entlang über **Dybbøl** zur Mühle und den Düppeler Schanzen, der Erinnerungsstätte an die kriegerische Auseinandersetzung von 1864. Vorbei an Broager nach **Egeskov** und **Egernsund**, entlang der Flensburger Förde, teilweise etwas landein, über **Sønderhav** bis **Kollund** (hier Schiffsverbindung nach Flensburg) und durch Hochwald zum Grenzübergang bei **Kruså**, wo wir auf die Route des E1 treffen.

E6

E6 Deutschland: Ostsee – Rhön – Böhmerwald

Tourenlänge Etwa 1700 km

Durchschnittlicher Zeitbedarf
Elf Wochen

Wegmarkierungen Bis zur Rhön weißes Andreaskreuz, dann wechselnde Zeichen, auch blaues Andreaskreuz bis Münchberg; im Bayerischen Wald grüner Spitzwinkel

Landschaftscharakter Ostholsteinische Moränenlandschaft mit Wanderwegteilen an der Ostseeküste, bis zum Harz Wald und offenes Ackerland, dann Mittelgebirge mit wechselnder Geologie, im Bayerischen Wald über 1000 m

Günstige Wanderzeit April bis Oktober, in höheren Lagen evtl. Schnee bis Mai

Steigungen Bis zum Harz unwesentlich, später teilweise kräftige Anstiege

Mögliche Ausgangs- bzw. Zielorte (Bahnanschluß) Flensburg, Lübeck, Lauenburg, Braunschweig, Coburg, Bayer. Eisenstein

Von der deutsch-dänischen Grenze bei **Kupfermühle** verläuft der E6 gemeinsam mit dem E1 (siehe auch dort) über **Flensburg**, **Schleswig** und **Kiel** entlang der Ostsee, dann durch Ostholstein und die sogenannte Holsteinische Schweiz nach **Lübeck**, bis sich die Wege hinter Mölln bei Güster trennen und der E6 bei **Lauenburg** die Elbe erreicht. Auf dem Elbdeich geht es ein Stück flußaufwärts, bis die Route nach Süden in die Wälder des Naturparkes Elbufer-Drawehn und der Göhrde abschwenkt. Die weitgehend offene Landschaft am Elbe-Seitenkanal tangiert später **Braunschweig**, führt nach

Wolfenbüttel und erreicht bei **Goslar** den Harz. Durch das reizvolle Okertal, den Ostharz und über den Großen Knollen führt der E6 nach Scharzfeld, und über die **Rhumspringe** wandern wir weiter nach **Duderstadt**. Hier geht es kurz nach Westen über Göttingen hinaus bis **Hannoversch Münden** zum Weserbergland und zur Werra. Wieder in südöstlicher Richtung unterwegs, berühren wir vor **Eschwege** mehrfach unmittelbar die frühere Grenze des Eisernen Vorhangs. Bei **Schenklengsfeld** erreicht der Weg die Rhön, wo sich nahe der Milseburg der E3 für ein Stück anschließt. Es folgt der Aufstieg zur Wasserkuppe (950 m). Weitere Etappen führen über **Gersfeld**, **Mellrichstadt** zum Bayernturm und in südöstlicher Richtung nach **Coburg** und Oberfranken. Im Bereich des Fichtelgebirges, bei **Marktredwitz**, besteht die Möglichkeit, auf die Variante durch Tschechien zu wechseln. Diese führt durch das Egerland und den Böhmerwald über **Cheb** (Eger), **Mariánské Lázně** (Marienbad) nach **Železná Ruda** (Eisenstein), und die alte Route wird nach ca. 200 km bei Bayerisch Eisenstein wieder erreicht.

In der Oberpfalz wandert man auf dem Nurtschweg weiter. Durch den Bayerischen Wald führt der Weg über den Kaitersberg, den Kleinen und Großen Arber (1456 m), über Falkenstein, Rachel, Lusen, weiter zum Dreisesselberg und zum Anschluß in das Mühlviertel in Österreich.

Blick auf die Werra bei Eschwege

INFO

Ergänzende Verkehrsmittel Bahn- u. Busverbindungen, Schiffsverkehr in der Holsteinischen Schweiz (vor Ort erkunden)

Übernachtungshinweise Möglichkeiten verschiedener Preiskategorien in jeden größerem Ort. Gastgeberverzeichnisse der Fremdenverkehrsverbände anfordern

Informationsstellen Betreuende Mitgliedsvereine des Verbandes Deutscher Gebirgs- und Wandervereine, Wilhelmshöher Allee 157–159, D-34121 Kassel, Tel. 0049/561/93873-0, Fax 0049/561/93873-10

Wichtigste Karten Topographische Karten der versch. Landesvermessungsämter im Maßstab 1:50 000, Kompaß-Wanderkarten, Fritsch-Wanderkarten (Bereich Thüringen, Bayern)

Sehenswürdigkeiten am Weg Schleswig (Schloß Gottorp, Wikinger-Museum), Eutin, Lübeck, Naturpark Lauenburgische Seen mit Ratzeburg u. Mölln, Gifhorn, Wolfenbüttel, Goslar, Göttingen, Hann. Münden, Coburg mit Feste, Rhön mit Wasserkuppe und Milseburg, Nationalpark Bayerischer Wald

Besonders zu beachten In ländlichen Bereichen, kleinen Orten und im Nationalpark Bayerischer Wald keine Beherbergungsmöglichkeiten – bei der Planung berücksichtigen

Praktische Tips Quartiervorbestellung, Mitnahme von ausreichendem Tagesproviant (Getränke), in Schleswig-Holstein an der Küste und im Binnenland mehrfach Bademöglichkeiten. Die Landschaft bis zum Harz bietet sich auch für eine Radwanderung an, der Weg ist jedoch nicht immer problemlos zu befahren

E6

E6 Österreich: Mühlviertel – Wachau – Radlpaß

Tourenlänge Etwa 680 km

Durchschnittlicher Zeitbedarf
Vier Wochen

Wegmarkierungen Kamm weiß-blau-weiß (NWKW), dann Querbalken rot-weiß-rot mit Nummern der Weitwander-wege

Landschaftscharakter Mittelgebirge, Nie-derungsgebiet der Wachau mit Weinbau, Mittelgebirge, übergehend in alpine Berei-che mit Höhen über 2000 m

Günstige Wanderzeit Ende April bis Oktober, für den alpinen Teil August, September

Steigungen In den Wegteilen sehr ver-schieden: von unerheblich bis zu alpinen Belastungen

Mögliche Ausgangs- bzw. Zielorte (Bahn-anschluß) Aigen-Schlägl, Freistadt, Otten-schlag, Spitz, Melk, Leoben

Nahe beim Dreisesselberg treffen die Grenzen Deutschlands, Österreichs und Tschechiens zusammen, und wir wechseln hier auf den Nordwaldkamm-weg ins österreichische Hoheitsgebiet. Meist recht grenznah zu Tschechien überwandern wir auf dem Stiftersteig mehrfach Höhen von über 1000 m; ebene Waldwege wechseln mit steini-gen Pfaden, Feld- und Wiesenwegen ab. Von **Haslach** geht es steil nach oben zum Sternstein (1122 m) mit seiner wunderbaren Aussicht, und über **Bad Leonfelden** und **Freistadt** erreichen wir **Karlstift**, um mit Rast und Quartier auf dem Nebelstein (1015 m) die Wanderung auf dem

Nordwaldkammweg abzuschließen. Der Nord-Süd-Weg 05, der uns bis Eibiswald ganz im Süden des Landes begleiten wird, führt wieder über Karl-stift in das Mühl- und Waldviertel. Über Wiesen und Ackerflächen, kleine Waldgruppen und Siedlungen erreichen wir **Schönbach**, **Traunstein**, dann **Ottenschlag**, und über das Plateau des Jauerlings (959 m) steigen wir nach **Spitz** ab und überqueren die Donau. Flußaufwärts passieren wir die Wall-fahrtskirche Marie-Langegg und die Burgruine Aggstein, bis **Melk** mit dem berühmten Stift erreicht ist. Nächstes Ziel ist **St. Leonhard** am Forst, von wo wir nahezu schattenlos bis zu den Voralpen gelangen. Von **St. Anton** an der Jesnitz geht es durch den Naturpark der Vorderen Tormäuer, dann am Fuße des Ötschers nach **Lackenhof**. Über den Riffelsattel und

Blick auf den Ötscher in den Eisenwurzen

die Gemeindealpe mit dem Terzerhaus (1623) ziehen wir weiter zum Wallfahrtsort **Mariazell** (868 m). Nun kündigen sich weitere Anstrengungen an: zunächst zur Herrenbodenalm, dann

Gingatzwiesel; zwischen Latschen blicken wir auf die Wände der Hohen Veitsch und zum Graf-Meran-Haus. Hier stoßen wir auf den Nordalpenweg, Wegteil des E4, treffen beim Seebergsattel auf das Europäische Fernwanderkreuz und kommen nach **Seewiesen**. Nach dem schwierigem Weg über den Hochschwab (2277 m) betreten wir später beim Präbichlpaß die Eisenerzer Alpen, gelangen in die Nähe von **Trofaiach**, dann nach **Leoben** im Murtal. Nach weiteren Tagesetappen in der Bergwelt, über St. Oswald und die Koralpe mit dem Großen Speikkogel (2141 m), erreichen wir **Eibiswald** (361) kurz vor der Grenze zu Slowenien.

INFO

Ergänzende Verkehrsmittel Busverbindungen (vor Ort erkunden)
Übernachtungshinweise Möglichkeiten verschiedener Preiskategorien in jedem größeren Ort, unterwegs Landgasthöfe und Hütten. Gastgeberverzeichnisse durch regionale Fremdenverkehrsverbände
Informationsstellen OeAV, Sektion Weitwanderer, Thaliastr. 159/3/16, A-1160 Wien, Tel. 0043/1/4938408; Österr. Fachverband f. Sportwandern, Pamessergasse 13, A-2103 Langenzersdorf, Tel. 0043/2244/3536, Fax 0043/2244/35364; Österreich-Werbung, Wien: Tel. 0043/1/5872000, Taufkirchen/München: Tel 0049/89/66670100 (Katalog »Wandern in Österreich«)
Wichtigste Karten Topographische Karten mit Wanderwegen 1:50 000 Bundesamt f. Vermessung Österreich, Karten des Verlages Freytag & Berndt; Kompaß-Wanderkarten
Sehenswürdigkeiten am Weg Bad Leonfelden, Freistadt, Spitz, Melk, Mariazell, Seewiesen, Leoben a.d. Mur
Besonders zu beachten Einige alpine Wegteile (z. B. Hochschwab) sind nur bei guter Wetterlage zu begehen, Alternativstrecken sind teilweise in Wegbeschreibungen angegeben
Praktische Tips Wegebeschreibungen über den NWKW und den Nord-Süd-Weitwanderweg 05 sind über den OeAV erhältlich. Vorbestellen von Unterkünften in Ferienzeiten ist ratsam. Für den alpinen Bereich Ratschläge der ortsansässigen Bevölkerung berücksichtigen und Wetterlagen richtig einschätzen. Tagesproviant und ausreichend Getränke mitführen

E6

E6 Slowenien: Pohorje-Gebirge – Save-Tal – Adria

Tourenlänge Etwa 300 km

Durchschnittlicher Zeitbedarf
Zwei Wochen

Wegmarkierungen Ab Radlpaß rot-gelber
Kreis mit Hinweisen E6

Landschaftscharakter Alpines Gelände,
mittelgebirgige Karstlandschaft, weite
offene, auch landwirtschaftlich genutzte
Flächen und Weinbau mit kleinen Ortschaften

Günstige Wanderzeit Juni bis Oktober

Steigungen Teilweise erheblich und mühsam, später nachlassend, zum Snežžnik
(1796 m) wieder vermehrt

**Mögliche Ausgangs- bzw. Zielorte (Bahn-
anschluß)** Eibiswald, Ljubljana (mit
Busanschluß n. Moravče u. Grosuplje),
Ilirska Bistrica, Koper

Noch nördlich des Radlpasses, in
Eibiswald, beginnen wir die Wanderung nach Slowenien und müssen zur
nahen Grenze zunächst auf Straßen
und Fahrwegen, dann aber auf Pfaden
steil aufwärts zur Paßhöhe (670 m)
steigen. Was uns in den nächsten Tagen
oft begegnet, sind Gedenkstätten der
Partisanenkämpfe, gastliche Bauernhöfe für Rast und mitunter Quartier, auch
Hütten. Nach Überquerung des Drau-
Tales erreichen wir das Wintersportgebiet Mala Kopa und die Berghütte Sle-
me (1088 m) im Pohorje (Bacher-
Gebirge). Weiterhin im kräftigen Auf
und Ab kommen wir auf der Čreta-
Hochfläche zur Wallfahrtskirche Marija
Čreta, später zur Wallfahrtskirche Sv.
Jost, bis wir **Motnik** erreichen – der

nächste größere Ort ist **Moravče**. Hier
kann man sich gut für den Weiterweg
rüsten. Wieder sind Steigungen zu bewältigen, zu den Ortschaften geht es
abwärts in die Täler und letztlich nach
Grosuplje, von wo sich ein evtl. mehr-
tägiger Besuch von **Ljubljana** anbietet;
die Verkehrsverbindung ist günstig, die
Entfernung zum Stadtzentrum beträgt
etwa 20 km.
Über Dörfer und Kirchen, deren
Wehrcharakter noch zu erkennen ist,
erreichen wir die Iška-Schlucht bei der
Siedlung **Veliki Ločnik**, später gelangen wir nach **Želimlje**. Über eine
bewaldete Hochfläche geht es in das
Iška-Tal, und nach mehrfachem Durchwaten des Iška-Baches (bei Hochwas-
ser problematisch, aber Ausweichmög-
lichkeit vorhanden), das man besser
gleich barfüßig angeht, gelangt man
sehr uneben aufwärts zur Partisanen-
gruft, auf die Zavrh-Hochfläche und

durch Wald zum Forsthaus **Mačkovec**. Auf der Hochfläche geht es weiter bis nach **Stari trg**. Der Aufstieg zum Veliki Snežnik, zum Schneeberg, mit seinen 1796 m und dem Bergschutzhaus steht uns jetzt bevor – doch der Blick vom Gipfel läßt uns schon das Ziel erkennen: die Adria!

Entgegen früheren Beschreibungen hat sich die Wegführung geändert: Zunächst zum Ausflugsort **Sviščaki**, dann zum Kozlek mit der Berghütte und abwärts nach **Ilirska Bistrica** mit der sehenswerten alten Stadtmitte. Dann folgt **Pregarije**, später geht es an der Karsthöhle Dimnica vorbei zum Dorf **Markovščina**. Wieder liegt ein Gipfel vor uns, der 1028 m hohe Slavnik. Nun nach **Hrastovlje** mit dem Kunstdenkmal Sv. Trojica, der Kirche

Im Pohorje (Bacher-Gebirge)

oberhalb des Ortes. Wir durchwandern das Dorf **Kubed**, gehen weiter nach **Dolane**, wo wir **Koper** erblicken können, und **Pomjan**. Einige weitere Ortschaften folgen, bis wir in **Strunjan** die Kuranlage erreichen und damit das Ende der slowenischen Strecke.

INFO

Ergänzende Verkehrsmittel Busverbindungen (vor Ort erkunden)

Übernachtungshinweise Teilweise angegeben im Informationsmaterial der Kommission bzw. des Betreuers

Informationsstellen Komisija za evropske pespoti (= Kommission für Europäische Fernwanderwege Slowenien), Planinska zveza Slovenije, Dvoržakova 9, SLO-1000 Ljubljana, Tel. 00386/61/312553, Fax 00386/61/1322140; Turistična zveza Slovenije (= Slowenischer Touristenverband), Miklošičeva cesta 38, SLO-1000 Ljubljana

Wichtigste Karten Aktuelles Kartenmaterial z. Zt. in Druck, erfragen bei Betreuer, für Grenzbereich Österreich Karten von Freytag & Berndt oder Kompaß-Karten Nr. 217/218

Sehenswürdigkeiten am Weg Wallfahrtskirche Marija Čreta, (Ljubljana), Iška-Schlucht, Höhle Dimnica, Schloß Snežnik, Ilirska Bistrica, Kirche Sv. Trojica bei Hrastovlje

Besonders zu beachten Teilweise sehr einfache Beherbergungen (Bauern, Berghütten). Bei ungünstigen Wetterlagen schwierige Wegverhältnisse

Praktische Tips Leichtschlafsack gehört zur Ausrüstung, Erkundigungen zwecks offener Berghütten (oft nur im Sommer). Mindestproviant und Getränke mitnehmen, trotz vielfacher Verpflegungsmöglichkeit bei Bauernhöfen (genügend Kleingeld bereithalten!), Mindestwortschatz aneignen

E 6

E6 Griechenland: Ionisches Meer – Makedonien – Ägäis

Tourenlänge Etwa 900 km

Durchschnittlicher Zeitbedarf
Sechs Wochen

Wegmarkierungen Tafeln mit Hinweis E6 und gelb-schwarze Farbmarkierungen

Landschaftscharakter Mediterrane, dünnbesiedelte, auch bewaldete Gebirgsregion (Pindos) mit tief eingeschnittenen Flußtälern, Makedonien mit dem Niederungsgebiet des Flusses Axios, Mittel- u. Hochgebirge (Ausläufer der Rhodopen)

Günstige Wanderzeit Augustende bis Oktober

Steigungen In den Bergregionen erheblich (höchster Punkt 2295 m)

Mögliche Ausgangs- bzw. Zielorte (Bahnanschluß) Igoumenitsa, Florina, Thessaloniki, Xanthi, Alexandroupolis

Eine Landverbindung nach Griechenland war geplant, ist jedoch wegen der gegenwärtigen politischen Verhältnisse derzeit nicht realisierbar. Daher ist die Fortführung der Wanderung ab **Igoumenitsa**, einer kleinen Hafenstadt in Nordgriechenland östlich der Insel Korfu, erst nach einer Schiffsreise (von Koper oder Ancona) möglich. Der erste Wegabschnitt von der Küste in das Hinterland führt über die mittelalterliche Stadt **Paramythia** und die antike Siedlung **Dodoni** mit altgriechischer Kultstätte. Ein Orakel über den Verlauf der Wanderung wird wenig nützen, und so setzen wir die Tour fort nach **Ioannina**, der Hauptstadt von Epirus mit wechselvoller Geschichte und vielen Sehenswürdigkeiten.

Nun geht es über **Megali Gotista** zum Gipfel des Peristeri (2295 m), dann nach **Metsovon**. Nach langer und anstrengender Wanderung durch das Pindos-Gebirge erreichen wir **Kastoria** am gleichnamigen See – Gasthöfe und Hotels können hier der Erholung dienen. Über **Agios Germanós**, östlich vom Kleinen Préspa-See gelegen, erreichen wir **Florina** im Grenzland zu Albanien und Jugoslawien. Gemeinsam mit dem E4 führt der E6 in sehr einsame Bereiche; erst nach etwa 160 km, in **Archangelos**, kann man zwischen

Ein seltener Gast am Wegesrand

Gasthof und Klosterherberge wählen. **Polykastron** am Axios ist der nächste größere Ort, gefolgt von **Néon Petritsi**, wo der E4 nach Bulgarien abschwenkt. Nun über den Strymon nach **Sidirókastron**, der alten byzantinischen Stadt

mit den Festungsresten nördlich der makekonischen Hauptstadt Serrä. Die Wanderung führt uns über **Kato Nefrokopion** zum Falakron-Gebirge (Wintersportgebiet) und nach **Livaderon**. Durch die Südrhodopen und das Thrakische Grenzgebirge gelangen wir nach **Xhanthi** und **Komotini**, der Hauptstadt von Thrakien mit Festungsüberresten aus dem 4. Jahrhundert n. Chr. und weiteren Sehenswürdigkeiten. Nur noch 70 km trennen uns vom Ziel des E6, das wir über die Ausgrabungen von **Marónia** erreichen: Die moderne und lebhafte Hafenstadt **Alexandroupolis** ist nach solcher Wanderung schwer zu verkraften – eine gewisse Zeit der Umstellung wird man wohl brauchen!

INFO

Ergänzende Verkehrsmittel Sehr eingeschränkter Busverkehr
Übernachtungshinweise Siehe unter Informationstellen; Mitnahme eines Zeltes erforderlich. Nur in größeren Ortschaften Beherbergungsmöglichkeiten, in Städten Hotels, Gasthöfe oder Pensionen. Bei Etappen von etwa 30 km trifft man in der Regel auf Herbergen
Informationsstellen EOOA (Verband der Bergsteigervereine Griechenlands), 5, Milioni Str., GR-10673, Athina, Tel. 0030/1/3645904, Fax 0030/1/3644687; Griechische Zentralen für Fremdenverkehr, Adressen siehe unter E4
Wichtigste Karten Wanderkarten sind z.Zt. nicht erhältlich
Sehenswürdigkeiten am Weg Kultstätte Dodoni, Ioannina mit Festung und

Moscheen, Sidirókastron, Komotini, Ausgrabungen von Marónia
Besonders zu beachten Einzelwanderer gehen erhebliche Risiken ein, Gruppenwanderung empfohlen; Wanderungen über längere Distanzen mit dem Verband EOOA absprechen (Anfragen in Deutsch werden bearbeitet).
Zu den Grundkenntnissen der griechischen Sprache gehört auch Wissen über das Alphabet, da einem andernfalls manche Wegweisung rätselhaft bleibt
Praktische Tips Für ausreichend Proviant und Getränke (in den Bergen häufig Quellen) sorgen; die Hunde der Hirten, wenn man auf Schafherden trifft (häufig!), sind sehr aggressiv, daher einen festen, mittellangen Wanderstock mitführen (ähnlich den Schäfern). Die oft bescheidenen Versorgungsmöglichkeiten zum Ergänzen der Vorräte nutzen

E6

Europäischer Fernwanderweg 7

Von der Iberischen Halbinsel nach Südungarn

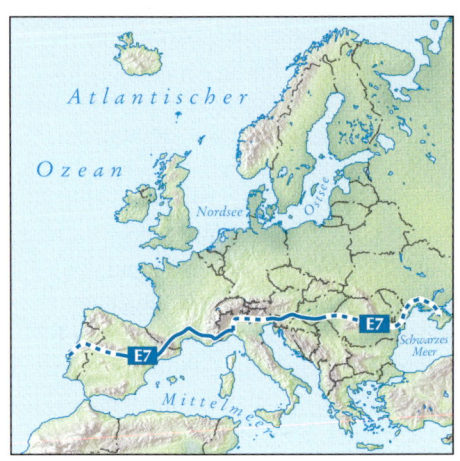

Gesamtlänge Etwa 4200 km
Durchwanderte Regionen
Madrid – Pyrenäen – Provence – Ligurien
– Julische Alpen – Prekmurje – Südungarn
Besonderheiten Dieser Weg ist noch
nicht durchgehend angelegt und markiert.
Eine Erweiterung nach Portugal ist lang-
fristiges Projekt, die Ostausdehnung über
Rumänien in die Ukraine nicht abzuse-
hen. Für alle eröffneten Strecken ist nicht
immer ausreichendes Kartenmaterial vor-
handen
Wichtige Städte am Weg Madrid – Nice
(Nizza) – Génova (Genua) – Piacenza –
Ljubljana – Pécs – Szeged

Zur Einführung

Der Europäische Fernwanderweg 7
sollte, so die Überlegungen, den Atlantik mit dem Schwarzen Meer verbinden und in westöstlicher Richtung
im wesentlichen südlich der großen
Alpenkämme verlaufen. Die drei
deutschsprachigen Länder Schweiz,
Deutschland und Österreich berührt
er daher nicht. Derzeit befindet der
E7 sich noch im Aufbau, erst einzelne
Teilabschnitte sind im endgültigen Zustand vorhanden. Es ist daran gedacht,
ihn in einem großen Bogen von Süd-
westeuropa nach Südosteuropa zu
führen: von der Iberischen Halbinsel
(Portugal und Spanien) durch das südliche West- und nördliche Südeuropa
bis auf die östliche Balkanhalbinsel
(Slowenien, Südungarn) und über das
rumänische Südkarpatenland zum

Donaudelta oder durch Moldawien
und die Ukraine zur Krim.
In manchen Bereichen sind die Arbeiten erst schrittweise im Gange, in anderen erfordern Naturereignisse und politische Veränderungen Korrekturen.
Einige Länder lassen mit dem Wegeauf-
bau noch auf sich warten.
Gesichert ist der Weg bisher von Spanien nahe Madrid bis in den Südosten
Ungarns, lediglich in Italien besteht ab
Piacenza eine Unterbrechung. Bieten
die Streckenverläufe quer durch Spaniens Mitte, Südfrankreich und Oberitalien schon für sich eine Perlenschnur
reizvollster süd(mittel)europäischer
Landschaften, so lockt das Besondere
der östlichen Gebiete um so mehr.
Gegenwärtig beginnt der E7 in San
Martín de Valdeiglesias westlich von

In der Provence: kahler Feigenbaum

das katalanische Bergland mit dem eindrucksvollen Bergstädtchen Morella (1070 m) und dem malerischen Ort Paüls (378 m) zieht er zunächst küstenparallel nordostwärts. Pinós und Salsona bestimmen dann die Richtung nach Norden, direkt in die Pyrenäen hinein.

Das hoch gelegene Andorra bringt den E7 zur Nordseite der östlichen Pyrenäen, nach Frankreich. In der Region Languedoc-Roussillon gehen die Pyrenäen in Mittelgebirge über, durch das der E7 nordwärts Castelnaudary (165 m) am Rand der vom Canal du Midi genützten Ebene aufsucht. Im Bergland der Montagne Noire, über Lodéve (165 m) und den ebenfalls mittelgebirgigen Parc des Cévennes (Nationalpark Cevennen) setzt er sich – nach einem kurzen Zusammenschluß mit dem E4 vom Col de Tap bis hierher – südostwärts zum Flußlauf des Gardon fort. Beaucaire und Tarascon liegen schon an der Rhône. Mit dem Lubéron, dem Plateau de Valensole, Hauptgebiet des Lavendelanbaus, und den Alpes de Provence (Provenzalischen Alpen) erhebt er sich nun in der Provence wieder in Hügel- und Bergland. Nordostwärts zieht er zur Côte d'Azur, in die klimatisch verwöhnte Küstenstadt Menton und zur italienischen Grenze.

Madrid. Vorbei an der berühmten Klosteranlage San Lorenzo de El Escorial, von Philipp II. aus Dankbarkeit über den Sieg gegen die französischen Truppen in Auftrag gegeben, und durch die Sierra de Guadarrama verläuft der Weg bis Cogolludo (895 m) nach Nordosten. Nun südostwärts, überschreitet er nach Jadraque und Cifuentes den aus der Sierra de Albarracín kommenden Tajo, der Spanien und Portugal durchfließt. Von der Region Madrid und Castilla La Mancha wechselt der E7 nach Aragonien, wo er von Orihuela del Tremedal aus die drei Gebirgszüge Sierra de Albarracín (zu dem an einen felsigen Abhang gebauten, als Denkmal geschützten Städtchen Albarracín), Montes Universales und Sierra de Javalambra überwindet. Dabei bewegt er sich meist in Höhen um mindestens 1500 m, mit dem Pico de Javalambra steigt er auf 2020 m. Über

E7

In Italien ist die bisher eingerichtete und markierte Route nicht lang. Sie führt von Ventimiglia am Ligurischen Meer über die bergsteigerisch ernstzunehmende Alta Via dei Monti Liguri (den Ligurischen Höhenweg) zunächst nach Norden an die französische Grenze. Nach der Besteigung des Saccarel (2200 m) geht der Weg nordostwärts von den noch zu den Westalpen zählenden Alpi Liguri (Ligurischen Alpen) zum Appennino Ligure (den Ligurischen Apennin) über. In Praglia nimmt der E7 den E1 für eine kurze gemeinsame Strecke auf. Über einige Aussichtsgipfel senkt er sich zur Poebene, in die Emilia-Romagna, hinab und ist etwa 30 km vor Piacenza an seinem gegenwärtigen Ziel angekommen. Der weitere Abschnitt über Comer See, Gardasee, die Provinz Belluno und Friaul ist im Gespräch, eine Verwirklichung aber noch außer Reichweite.

Slowenien ist es inzwischen gelungen, den E7 durch das ganze Land für Wanderer zu öffnen. Ein erster Teil, von der Soča (Isonzo) bis zur Sotla (bei Krško), wurde der Öffentlichkeit 1986 übergeben, zur ungarischen Grenze hin wurde er 1995 fertiggestellt. Von den Julischen Alpen wendet er sich zunächst über Tolmin (700 m) südost-, dann bis Škofja Loka (337 m) ostwärts. Durch Mittelgebirge südwärts bis Vrhnika (294 m), dann in Richtung Südosten über Krka (267 m) und Dolenjske Toplice (180 m), verläuft er im Gorjanci-Gebirge nahe der Grenze zu Kroatien.

Weiterhin im Mittelgebirge, aber auch durch Flußlandschaften und Weingärten legt der E7 die Strecke über Krško (166 m), den Kurort Rogaška Slatina (228 m) und Ljutomer (179 m) zurück. Das breite Tal der Mura (Mur) überschreitet er nordostwärts, um – entgegen der früheren Planung, die Kroatien und Serbien als Anschlußländer bis Rumänien vorsah – mit Hodoš an die ungarische Grenze zu gelangen.

In Ungarn kann der E7 sich auf zwei bereits vorhandene nationale »blaue« Weitwanderwege stützen: Den ersten Abschnitt übernimmt die west- und südlich des Balaton (Plattensees), durch Hügel- und Bergland geführte Dél-

In Nordost-Slowenien an der Mura

INFO

Weglänge pro Land (ca.)

Spanien	1250 km
Andorra	80 km
Frankreich	1200 km
Italien	300 km
Slowenien	570 km
Ungarn	800 km

Ausrüstung Feste, bewährte Wanderschuhe mit knöchelhohem Schaft, Sonnen-, Kälte- und Regenschutz, Taschenlampe (und Reservebatterie), Tagesrucksack, etappenbedingt Verpflegung, reichlich Getränk, Erste-Hilfe-Ausstattung; für die ostspanischen Gebirge, den Ligurischen Höhenweg und die Julischen Alpen außerdem feste Bergschuhe und Bergausrüstung

Vorbereitung Rechtzeitig Übersichts-, Detailkarten, Informationsmaterial und Unterkunftsverzeichnisse besorgen. Mindestwortschatz in den Landessprachen zusammenstellen und aneignen

Wichtige übergreifende Adressen

Europäische Wandervereinigung (EWV), Wilhelmshöher Allee 157–159, D-34121 Kassel, Tel. 0049/561/93873-0, Fax 0049/561/93873-10, E-Mail dt.wanderverband@t-online.de

Karten, Literatur

Homepage »Walking in Europe« http://www.gorp.com/gorp/activity/europe/Epaths.htm; Gorges, Hans-Jürgen, »Auf Tour in Europa« (1999), Deutscher Wanderverlag; Länderkarten und -führer siehe Teilstrecken

dunántúli Kék-túra (der Südpannonische Blau-Weitwanderweg), über Nagykanizsa (150 m), den Raum Kaposvár und Pécs (Fünfkirchen) bis Baja. Daran schließt die Aföldi Kék-túra (der Tiefebene-Blau-Weitwanderweg) zum Großen Tiefland bis Mindszent in Südungarn an. Von hier zieht der E7 in die bekannte Universitätsstadt Szeged an der Tisza (Theiß) und nach Nagylak an der Grenze zu Rumänien. Der Bogen, der gedanklich einmal bis zum Schwarzen Meer gespannt wurde, muß wohl noch länger verkürzt bleiben. In Südungarn ist der E7 zu Ende, eine Fortsetzung in überschaubarer Zeit nicht zu erwarten.

E7

Gedenkstätte in Ópusztaszer

E7 Spanien: Kastilien – Aragonien – Katalonien

Tourenlänge Etwa 1250 km

Durchschnittlicher Zeitbedarf
Neun Wochen

Wegmarkierungen Querbalken weiß-rot, z.T. mit der Nummer des jeweiligen GR-Weges (Sendero de Gran Recorrido)

Landschaftscharakter Überwiegend gebirgig, mit Höhen bis über 2000 m, eindrucksvollen Felsformationen, Schluchten, Wäldern, Terrassenkulturen, malerischen Bergdörfern Stauseen und Flußlandschaften

Günstige Wanderzeit Frühjahr (in höheren Lagen oft Frühsommer) und Herbst

Steigungen Bis auf die Flußtäler häufig, da der Weg zahlreiche Gebirge durchschreitet

Mögliche Ausgangs- bzw. Zielorte (Bahnanschluß) El Escorial (Madrid), Cogolludo, Reus (Barcelona)

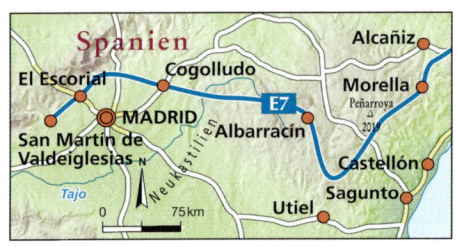

Mit **San Martín de Valdeiglesias** beginnt der E7 auf dem nationalen Weitwanderweg GR10 in der Region Madrid. Aus diesem Bereich der Meseta (Hochfläche) wendet er sich zunächst nach **El Escorial** im Nordosten. Am Südhang der Sierra de Guadarrama, auf etwa 1000 m Höhe, ließ Philipp II. hier die monumentale Klosteranlage San Lorenzo erbauen. Der seit der Antike benützte Übergang Puerto de la Fuenfría (1754 m) bringt uns über Ferienorte nach **Manzanares el Real** am 1969 errichteten Santillana-Stausee. Die malerische Kulisse des Ortes bilden die etwa 3 km entfernten, eigenwillig geformten Granitfelsen La Pedriza. Von **Torrelaguna** ist es nicht weit zu dem Gebirgsdorf **Patones de Arriba** mit seinen niedrigen Häusern aus rohem Gestein. **Tamajon** und **Cogolludo** (895 m) gehören bereits der Region Castilla La Mancha an. Von hier zieht der E7 nun nach Südosten, bringt uns über **Jadraque** und **Cifuentes** (892 m) zum Tajo, dem längsten Fluß der Iberischen Halbinsel, und über **Orea** in die Region Aragón (Aragonien). Von **Orihuela del Tremedal** erreichen wir über die Sierra de **Albarracín** den unter Denkmalschutz stehenden, malerischen Ort Albarracín (1184 m). Bei **Villel** berühren wir die Montes Universales, und über den Pico

INFO

Ergänzende Verkehrsmittel Bus, eventuell auch Taxi (vor Ort erkunden)

Übernachtungshinweise Etappen so planen, daß Unterkünfte gesichert sind (in den Gebirgen oft länger keine Möglichkeit); Informationen bei spanischen Fremdenverkehrsämtern (z.B. in Frankfurt, Wien, Zürich oder in Spanien selbst) und in den als »Turismo« erkennbaren Zweigstellen in kleineren Orten Spaniens

Informationsstellen

Federación Española de Deportes de Montaña y Escalada, Floridablanca, 75, entlo. 2a, E-08015 Barcelona, Tel. 0034/93/4264267, Fax 0034/93/4263387, E-Mail fedme_bcn'@interfad.es

Wichtigste Karten und Führer

Topographische Karten 1:50 000 vom I.G.N. (Instituto Geográfico Nacional) und »topoguias« (Wanderführer mit topographischen Kartenausschnitten, in spanischer Sprache); »Guía de Senderos del Estado Español, Gran Recorrido«, 3. Aufl. 1998 (in spanischer Sprache, erschienen bei Prames S.A., Zaragoza)

Sehenswürdigkeiten am Weg

El Escorial, La Pedriza, Patones de Arriba, Albarracín, Bezas, Morella, Paüls, La Seu d'Urgell

Besonders zu beachten Gekreuzte Balken als Wegzeichen (»X«) zeigen an, daß man diesen Weg nicht begehen soll. Freies Zelten ist nicht erlaubt

Praktische Tips Manche Strecken verlaufen in einsamen Gebirgsgegenden, möglichst nicht alleine durchwandern. Gegebenenfalls Trillerpfeife mitnehmen. Vorsicht vor Stieren und Hunden!

de Javalambra (2020 m) im gleichnamigen Gebirgszug gelangen wir nach **Arcos de Salinas** und nach **Andilla** in der Communidad Valenciana. Nun setzt der Weg sich auf dem spanischen GR7 nordostwärts fort, und zwar (wie der E4) über **Montanejos** in das Bergstädtchen **Morella** (1070 m) mit seiner imposanten Burg und nach **Fredes** (Trennung vom E4). Nicht weniger eindrucksvoll präsentiert sich das von schroffen Kalkbergen umgebene **Paüls** (378 m) in Catalunya (Katalonien). Das Tal des Ebro überquerend, verläßt der E7 ab **La Mussara** die küstenparallele Nordostrichtung. **Pinós** und **Solsona** weisen schon den Weg nach Norden in die fruchtbare Ebene, in der Segre und Valira zusammenfließen. Nun immer weiter Richtung Norden, allerdings stetig ansteigend in die Ostpyrenäen hinein. In **La Seu d'Urgell** (Seo de Urgel, 700 m) sind noch einmal alte Fassaden und romantische Laubengänge zu bewundern, bevor wir uns auf den Weg ins hoch gelegene Andorra machen.

E7

Der Palacio Real in Madrid

E7 Andorra und Frankreich: Pyrenäen – Côte d'Azur

Tourenlänge Etwa 1200 km

Durchschnittlicher Zeitbedarf
Acht Wochen

Wegmarkierungen Querbalken weiß-rot, z.T. mit der Nummer des jeweiligen GR-Weges (Sentier de Grande Randonnée)

Landschaftscharakter Alpin bis mediterran, langgestreckte Bergzüge, Ebenen und Hügel mit Weinanbau und Olivenbäumen, Garrigues (offenen Gebüschformationen mit niedrigen, teils aromatisch duftenden Sträuchern), Lavendelfeldern

Günstige Wanderzeit Frühjahr und Herbst

Steigungen Vor allem in den Pyrenäen, der Montagne Noire und den Cevennen, sonst hügelig

Mögliche Ausgangs- bzw. Zielorte (Bahnanschluß) Quillan, Mazamet, Tarascon, Manosque, Grasse

Mit dem Fluß Valira kommen wir nach Andorra, dem Kleinstaat in den Ostpyrenäen, durchstreifen die Hauptstadt **Andorra la Vella** (1047 m) und halten uns ostwärts, um mit dem GR7 den Hauptkamm der Pyrenäen und die Grenze zu Frankreich zu überschreiten. Auf 220 km schlängelt sich der Weg nordwärts – weiterhin mit dem E7 – durch Roussillon nach **Castelnaudary** (165 m) am beschaulichen Canal du Midi hinunter, nordwestlich von Carcassonne gelegen. Über das Mittelgebirgsmassiv Montagne Noire gelangen wir nach **Mazamet** (241 m) und durchqueren den Parc du Haut Languedoc (Naturpark) mit seinen grünen Eichen-

wäldern. Am Col de Tap tritt der E4 hinzu, und gemeinsam ziehen beide Wege bis **Lodève** (165 m), dann nordwärts bis **L'Esperou** und auf den Mont Aigoual (1565 m) im Parc des Cévennes (Nationalpark Cevennen). Der E7 trennt sich hier vom E4 und dem GR7 und benützt den GR6 150 km südostwärts zum teilweise ausgetrockneten Flußbett des Gardon, an diesem entlang, am Pont du Gard vorbei, nach **Beaucaire** und **Tarascon**, wo wir auf die Rhône treffen – nach weiteren rund 460 km.

Nun durchstreifen wir auf dem GR6 die vielgerühmte Provence: von den Alpilles in das Naturschutzgebiet des Lubéron mit seinen typischen »bories«, igluähnlichen Steinhütten, zu den Fontaines de Vaucluse. Wir bewundern **Gordes**, das idyllisch gelegene Künstlerdorf, und die farbintensiven Ockersteinbrüche bei **Roussillon** (im Lubéron). Nach etwa 200 km wechseln wir bei **Oppedette/Manosque** auf den GR4 und wandern – nördlich des Verdon mit seinen Schluchten und Stauseen – durch die Alpes de Provence (Provenzalischen Alpen) und ihre ausgedehnten Lavendelfelder in den Süd-

trum der Duftstofferzeugung (natürlich auch der Lavendelprodukte!).
Auf dem GR51 wendet der E7 sich nun nord-ostwärts über küstenparallele Höhenzüge der italienischen Grenze zu

osten des Landes. Über **Riez**, **Moustiers-Ste. Marie** (631 m), **Castallane** (724 m) nach **Grasse** (333 m) sind weitere 230 km zurückgelegt. Diese Strecke durchläuft übrigens das Zen und läßt berühmte Orte wie Nice (Nizza) und Monaco im Süden liegen. Erst nach weiteren 105 km, in **Menton** an der Côte d'Azur, trifft der E7 auf das Meer – und Italien.

INFO

Ergänzende Verkehrsmittel Bus (vor Ort erkunden)
Übernachtungshinweise Unterkünfte jeder Preiskategorie in allen größeren Orten; ein Verzeichnis der »Gîtes d'etape« (einfacher Wanderunterkünfte abseits großer Zentren) ist bei der »Gîtes de France« (Sachsenhäuser Landwehrweg 108, 60599 Frankfurt/Main, Tel. 0049/69/683599, Fax 0049/69/686236) oder der FFRP erhältlich
Informationsstellen Andorra: Federació Andorrana de Muntanyisme, Carrer Bra. Riberaygua 39, 5è, AND-Andorra la Vella, Tel. 00376/867444, E-Mail fam@andorra.ad; Frankreich: Fédération Française de la Randonnée Pédestre (FFRP), 14, rue Riquet, F-75019 Paris, Tel. 0033/1/44899393, Fax 0033/1/40358567

Wichtigste Karten Topographische Karten 1:25 000 und 1:100 000 vom IGN (Institut Géographique National); »topoguides« der FFRP (Wanderführer in französischer Sprache mit topographischen Kartenausschnitten)
Sehenswürdigkeiten am Weg
Carcassonne, Les Baux de Provence, Gordes, Roussillon, Grand Canyon du Verdon, Grasse, Nice
Besonders zu beachten Derzeit ist kein »topo-guide« über den Abschnitt von Andorra nach Castelnaudary erhältlich. Doppelzimmer sind in aller Regel mit dem großen Doppelbett (»grand lit«) ausgestattet, das vielen Gästen ungewohnt ist. Wer ein Doppelzimmer mit getrennten Betten (»chambre à deux lits«) haben möchte, muß extra danach fragen
Praktische Tips Unterkünfte für Ferienzeiten im voraus buchen

E7

E7 Italien: Ligurien – Venetien – Friaul

Tourenlänge Etwa 300 km (Ventimiglia bis Piacenza)

Durchschnittlicher Zeitbedarf Zwei bis drei Wochen

Wegmarkierungen Querbalken weiß-rot, manchmal Hinweis »E7«

Landschaftscharakter Küste, Hochgebirge, teilweise sehr kuppiges (und baumloses) Berg- und Hügelland, mit Weinbau, Ölbaum- und Obstkulturen, Wäldern, Wiesen, Weiden; in der Poebene landwirtschaftliche Flächen mit Gemüse-, Obst-, Wein-, Tabak- und Getreideanbau, Grünland

Günstige Wanderzeit Frühjahr und Herbst

Steigungen In nahezu der gesamten bisher eröffneten Strecke (Hoch- und Mittelgebirge)

Mögliche Ausgangs- bzw. Zielorte (Bahnanschluß) Ventimiglia, Génova, Piacenza

An Liguriens Riviera, gleich an der Grenze zu Frankreich, liegt der Bade- und Winterkurort **Ventimiglia** (9 m) mit mittelalterlichem Stadtkern. Lohnend ist auch ein Abstecher zu dem 6 km entfernten Botanischen Garten »Giardino Hanbury« und seiner bunten Blütenpracht. Dann aber wenden wir uns von Ventimiglia auf der Alta Via dei Monti Liguri, dem Ligurischen Höhenweg, nach Norden an die französische Grenze zum Saccarel (2200 m) in den Ligurischen Alpen. In steten, teilweise schwierigen Auf- und Abstiegen erreichen wir in Richtung Nordosten über den Colle Scravaion (820 m) die Stadt **Altare** (343 m). Von hier geht es gleich wieder aufwärts in den Appennino Ligure (Ligurischen Apennin), und über den Monte San Giórgio (840 m) und den Monte Béigua (1287 m) erreichen wir – im Prinzip dem Küstenbogen folgend – den kleinen Ort **Praglia** direkt nördlich von Genua (Génova). Auf seinem Weg von bzw. nach Genua gesellt sich für ein kurzes Stück der E1 zum E7. Gemeinsam ziehen sie in diesem Berg- und Hügelland zum Passo della Bocchetta (772 m). Vom Passo dei Giovi (472 m) hält der E7 nordostwärts, um zum Monte Penice (1460 m) zu gelangen. Der Gipfel gewährt einen schönen Blick auf das nahe **Bóbbio**. Als weiteren Gipfel besteigen wir den Monte Lazzaro (987 m). Und bald, nämlich etwa 30 km vor der Provinzhauptstadt Piacenza, enden Markierung und E7 derzeit. **Piacenza** (61 m) liegt bereits in der fruchtbaren Tiefebene, am rechten Ufer des Po, und gehört der Emilia-Romagna an.

Die weitere Strecke bis Slowenien befindet sich noch im Planungsstadium. Es bestehen Überlegungen, sie nach Norden bis **Lecco** (206 m) am

INFO

Ergänzende Verkehrsmittel Bus (vor Ort erkunden)

Übernachtungshinweise In größeren Orten Unterkünfte jeder Preiskategorie

Informationsstellen
Federazione Italiana Escursionismo, Via La Spezia 58 r, I-16149 Genova, Tel. und Fax 0039/010/463261, E-Mail fienazit@tin.it

Wichtigste Karten Carta topografica d'Italia 1:50 000 und 1:25 000 des I.G.M. (Istituto geografico militare; am besten in Italien bzw. vor Ort besorgen)

Sehenswürdigkeiten am Weg Giardino Hanbury (nahe Ventimiglia), Piacenza; Parco Giardino Sigurtà (Garten-Park Sigurtà, 8 km südlich Peschiera/Gardasee), Schio

Besonders zu beachten Der Weg ist nicht durchgehend angelegt, Streckenführung und Markierung enden derzeit etwa 30 km vor Piacenza. Der Ligurische Höhenweg ist ein ernstzunehmender und stellenweise nicht ungefährlicher Alpenweg, der Bergerfahrung, Trittsicherheit und Schwindelfreiheit voraussetzt

Praktische Tips Unterkünfte für Ferienzeiten im voraus buchen; nicht vergessen, daß in Italien im August Hauptferienzeit ist. Rechtzeitige körperliche Vorbereitung erhöht die Sicherheit im Gebirge und das Wandervergnügen

Südostufer des Comer-See-Arms Lago di Lecco fortzusetzen und dann ostwärts zum Lago di Garda (Gardasees) zu führen. Über das hübsche, vom Orolo durchflossene Städtchen Schio (193 m) mit bekannten Wollspinnereien soll der E7, nordostwärts, in die Provinz Belluno eintreten, die ja bereits Anteil an den Dolomiten hat. **Feltre** (325 m) in Venetien (Veneto) besitzt nicht nur Seidenspinnereien, sondern zeigt auch gotische, mit Fresken bemalte Hausfassaden. Immer noch am Nordrand der insgesamt 400 km langen und an der Adria 150 km breiten Poebene, wird der Tagliamento überschritten. Und von **Gemona di Friuli** (272 m), dessen Domfassade ein übergroß wirkender Christophorus ziert, ist die Grenze zu Slowenien nicht mehr weit.

In Dolceácqua, einem ligurischen Bergdorf

E7

E7 Slowenien: Soča-Tal – Gorjanci-Gebirge - Prekmurje

Tourenlänge Etwa 570 km

Durchschnittlicher Zeitbedarf
Vier Wochen

Wegmarkierungen Rot-gelbe Farbmarkierung, teilweise als Kreis

Landschaftscharakter Überwiegend Mittelgebirge, auch Hügelland und Niederungen; mit Karstbergen und -höhlen, Almen,
Wäldern, Mooren, Wiesen, Feldern,
Bächen, Flüssen, Schluchten, Seen, Weingärten, Einzelgehöften und kleinen
Ansiedlungen

Günstige Wanderzeit Frühjahr/Frühsom-
mer und Herbst

Steigungen In den Mittelgebirgen im
gesamten Verlauf

**Mögliche Ausgangs- bzw. Zielorte (Bahn-
anschluß)** Kobarid, Škofja Loka, Vrhnika,
Krško, Ormož

Ausgangspunkt in Slowenien ist der
Grenzort **Robič** (230 m), nur 10 km
vom nächstgrößeren **Kobarid** (234 m)
entfernt. Hinter Kobarid bringt uns die
alte Napoleon-Brücke über die Soča
(den Isonzo), dann steigt der Weg auf
1124 m an und passiert mehrere
Almen. **Tolmin** (700 m) mit seinem
alten Stadtkern liegt wieder etwas tiefer, und über den Triglavski narodni
park (Nationalpark Triglav) und kleine
Ortschaften kommen wir zur Planina
Razor (Razor-Alm, 1333 m). Alte
militärische Maultierpfade führen uns
weiter in abwechselndem Auf und
Ab nach **Petrovo brdo** und steil auf
den Aussichtsgipfel des Porezen (auf
1630 m, 85 km von Kobarid). Über

weitere Gipfel und an der Karsthöhle
Kevderc (740 m) vorbei steigt der E7
steil zur sehenswerten Stadt **Škofja
Loka** (348 m) ab. Südwestwärts nach
Črni Vrh, ostwärts über **Vrhnika**
(294 m), den Geburtsort des Schriftstel-
lers Ivan Cankars, und über **Pokojišče**
oder **Dražica** nach **Mačkovec** (Selo pri
Robu, 810 m), sind vom Porezen etwa
120 km zurückgelegt.

Hier trifft der E7 auf den E6, zwischen
Boštetje und **Naredi** gehen sie wieder
auseinander. Über **Krka** (267 m), in
dessen Umgebung der gleichnamige
Fluß entspringt, und den Kurort
Dolenjske Toplice (180 m) nähern wir
uns mit dem Gospodična na Gorjancih
(841 m) der Grenze zu Kroatien (88 km
von Mačkovec). Über das Gorjanci-
Gebirge und seinen höchsten Gipfel,
den Trdinov vrh (1178 m), wandern wir
nun nordwärts, hinab zu Sloweniens
einzigem noch bewohntem Kartäuserkloster, Pleterje (240 m), und zum mittelalterlichen Städtchen **Kostanjevica
na Krki** (151 m). Nur 15 km sind es
bis **Krško** (166 m) und weitere 26 km
bis **Bistrica ob Sotli** (215 m). **Olimje**
(265 m) hat die älteste Apotheke Sloweniens aufzuweisen, und nordöstlich

INFO

Ergänzende Verkehrsmittel Busverbindungen in viele kleine Orte; vor Ort erkunden

Übernachtungshinweise Adressen in »Hinweisen für die Wanderer am Wanderweg E7 SLO«, über den Slowenischen Touristenverband (s. u.) beziehbar; nur in größeren Orten mehrere Möglichkeiten, sonst Gasthöfe oder entsprechende Guts- und Bauernhöfe, Schutzhütten

Informationsstellen Komisija za evropske pespoti (= Kommission für europäische Fernwanderwege Slowenien), Planinska zveza Slovenije, Dvoržakova 9, SLO-1000 Ljubljana, Tel. 00386/61/312553, Fax 00386/61/1322140; Turistična zveza Slovenije (= Slowenischer Touristenverband), Miklošičeva cesta 38, SLO-1000 Ljubljana

Wichtigste Karten Slovenija pregledna karta občin 1 : 50 000; in größeren Buchhandlungen vor Ort meist verschiedene Kartentypen erhältlich

Sehenswürdigkeiten am Weg Tolminska korita, Zadlaška, Hudičev most (Klamm, Dante-Höhle, Teufelsbrücke, alle nahe Tolmin), Karstquellen der Ljubljanica (nahe Močilnik), Pekel (Wasserfälle nahe Okonica), Pleterje, Kastanjevica na Krki, Olimje, Rogatec, Ljutomer

Besonders zu beachten In den Bergen um Tolmin einige heikle, aber gesicherte Stellen. Während des Winters sind wenige Wegabschnitte unpassierbar (z.B. Razor – Stržišče, Ravna gora – Kobila-Tal)

Praktische Tips Unterkünfte für Ferienzeiten im voraus buchen. Etappen auch nach Einkaufsmöglichkeiten (Proviant) planen. Detaillierte Angaben zum Wegverlauf in der »Kurzbeschreibung des slowenischen Teils des E7« (ebenfalls bei der Kommission für europäische Fernwanderwege erhältlich, s.o.)

davon belohnt der Aussichtsgipfel **Donačka gora** (652 m) den Abstecher mit artenreicher Alpen- und Steppenflora. Von einem 70 m hohen Felsen oberhalb der Drau aus beherrscht die Burg Borl ihre Umgebung. Ältere Fundamente besitzt jedoch die barock-klassizistische Burg von **Ormož** (220 m). Bis **Ljutomer** (179 m) begleiten uns immer wieder Weingärten, und mit **Veržej** (183 m) befinden wir uns bereits am rechten Ufer der Mura (Mur). Den Kurort

Moravske Toplice (200 m) trennen noch 27 km von **Hodoš**, dem Grenzübergang nach Ungarn.

Bei Škofja Loka in den Julischen Alpen

E7 Ungarn: Balaton – Donau – Ungarisches Tiefland

Tourenlänge Etwa 800 km

Durchschnittlicher Zeitbedarf
Sechs Wochen

Wegmarkierungen Querbalken weiß-blau
und weiß-rot-weiß

Landschaftscharakter Mit Ausnahme des
Berglandes zwischen Kaposvár und Pécs
weites, flaches Tiefland, Flußebenen,
Weideland

Günstige Wanderzeit Frühjahr und Frühsommer, Spätsommer und Herbst

Steigungen Im Mecsek-Gebirge mittelmäßig, sonst nur Flachland

**Mögliche Ausgangs- bzw. Zielorte (Bahn-
anschluß)** Nagykanizsa, Kaposvár, Pécs,
Baja, Szeged

Ursprünglich war geplant, den E7 von
Slowenien aus durch Kroatien und Serbien (Teilrepublik der Bundesrepublik
Jugoslawien) nach Rumänien verlaufen
zu lassen. Wegen des dortigen Kriegsge-
schehens wurde jedoch die Route
durch Südungarn bevorzugt, und wir
haben so die Gelegenheit, schönstes
»echtes« Ungarn jenseits der Touristen-
zentren kennenzulernen.
Vom slowenischen Grenzort **Hodoš**
gelangen wir auf ungarischer Seite
nach **Bajansenye**. Von dort sind es –
folgen wir der weiß-blau-weißen Quer-
balken-Markierung des ungarischen
Weitwanderweges – etwa 140 km bis
Nagykanizsa (150 m), das 50 km südwestlich des Balaton (Plattensees) liegt.
Von hier aus könnten wir den Balaton
durch einen Abstecher erreichen, vor
allem Keszthely, den größten Ort am
See. Setzen wir von Nagykanizsa aber
auf dem »Déldunántúli Kék-túra« (dem
Südpannonischen Blau-Weitwanderweg) als Teil des E7 unseren Weg fort,
gelangen wir nach weiteren etwa 150 km
in den Raum **Kaposvár** (141 m). Nahe
dieser Bezirksstadt führt der E7 über
das Mecsek-Gebirge (das Fünfkirchner
Bergland) etwa 140 km weit nach **Pécs**
(Fünfkirchen, 160 m). Aus der römi-
schen Siedlung Quinque Ecclesiae
hervorgegangen, weist die Großstadt
heute viele Sehenswürdigkeiten auf,
allen voran die Kathedrale und zwei
Moscheen.
Von hier aus haben wir noch etwa
120 km bis zur Duna (Donau) zu
gehen – ein Bogen nach Norden führt
uns zunächst nach **Szekszárd** und wieder südlich über den Donau-National-

park nach **Baja** (99 m, mit klassizistischem Rathaus). Ab hier bedient der E7 sich der »Alföldi Kék-túra« (des Tiefebene-Blau-Wanderwegs) und durchschreitet die Ebenen des Großen Ungarischen Tieflandes – das sogenannte »Pannonische Becken« nimmt den größten Teil Ungarns ein. Über **Kunfehértó** und **Öttömös** bringt uns der Weg von der Donau zu ihrem gut 150 km weiter östlich verlaufenden Nebenfluß, der Tisza (Theiß), die wir bei **Mindszent** erreichen. Hier orientieren wir uns flußabwärts und kommen nach **Szeged** an der Theiß (84 m), eine Universitätsstadt mit vielen Sehenswürdigkeiten (u.a. dem romanischen Demetrius-Turm). Nur noch 90 km, die im wesentlichen nahe dem Fluß Maros verlaufen, trennen uns von der Grenze zu Rumänien – letzter ungarischer Ort ist **Nagylak**. Auf rumänischer Seite besteht derzeit keine Fortführung des E7. Auch auf dieser Wanderreise sind Abenteuerlust, Eigeninitiative und Orientierungsfähigkeit gefragt; im übrigen sollte man gut ausgerüstet sein.

Fähre über die Theiß bei Mindszent

INFO

Ergänzende Verkehrsmittel Bus (vor Ort erkunden)

Übernachtungshinweise Hotels, Pensionen und Privatquartiere in allen größeren Orten

Informationsstellen Magyar Természetbarát Szövetség (= Ungarische Naturfreunde), Bajcsy-Zsilinszky út 31. II. em. 3, H-1065 Budapest, Tel. 0036/1/311-9289, Fax 0036/1/153-1930, E-Mail mtszhir@c3.hu

Wichtigste Karten Große Länderkarte, Ungarn, 1:300 000, RV Reise- und Verkehrsverlag; vom selben Verlag auch topographische Karten 1:25 000 und 1:100 000 für ganz Ungarn, dort Gebietswanderkarten 1:40 000 bzw. 1:50 000 erhältlich

Sehenswürdigkeiten am Weg Wer den Abstecher zum Balaton auf sich nimmt, findet hier nicht nur ein Urlaubsparadies, sondern viel Sehenswertes in der alten Kulturlandschaft rund um einen der größten und schönsten Seen Europas. In den genannten großen Städten, besonders Pécs, Baja, Szeged und ihrer Umgebung zahlreiche Sehenswürdigkeiten. Naturparks, u.a. Szeged, Fehér-See

Besonders zu beachten Schutzhütten für Wanderer sind zum Teil in schlechtem Zustand oder unbrauchbar

Praktische Tips Unterkünfte für Ferienzeiten im voraus buchen. Badesachen nicht vergessen (Bademöglichkeiten in den heißen Quellen). Schon zu Hause Grundkenntnisse in der Landessprache aneignen

E7

Europäischer Fernwanderweg 8

Von der Irischen See nach Bulgarien

Zur Einführung

Der Europäische Fernwanderweg 8 verläuft im Süden der grünen Insel Irland, überquert England etwa in der Mitte und zieht anschließend weiter über den Kontinent in südöstlicher Richtung durch die Niederlande, durch Deutschland und Österreich bis in die Slowakei und nach Polen. Eine durchgehende Strecke nach Bulgarien ist derzeit noch nicht denkbar, die Wegführung weist also mit der Ukraine und Rumänien eine Lücke auf. Erst südlich von Sofija beginnt erneut ein markierter Abschnitt bis an die türkische Grenze. Der E8 bietet mit seinen unterschiedlichen Gebirgsregionen, den vielen Flußläufen und kulturträchtigen Stätten eine reizvolle Richtschnur durch Europa.
Er startet im Südwesten Irlands, wo es

Gesamtlänge Etwa 4900 km
Durchwanderte Regionen Hügelige Hochebenen Irlands, Englands Tiefebene um Liverpool, Höhenrücken der Pennines, niederländisches Polderland, Flußtäler, Eifel, Rhein, Mosel, Hunsrück, Spessart, Pfälzer Wald, Odenwald, Bayrischer Wald, Donau, österreichisches Mühl-, Wald- und Weinviertel, Wien, slowakisches Nordkarpatenland, Niedere Tatra, Slowakisches Erzgebirge, polnische Beskiden, bulgarisches Rila-Gebirge, Rhodopen
Besonderheiten In England wird die Wegmarkierung voraussichtlich nicht vor dem Jahr 2000 abgeschlossen sein. Die Hauptstrecke Rotterdam – Bratislava ist durchgehend markiert. Mit gutem Kartenmaterial und entsprechender Vorbereitung bilden die weiteren Strecken eine Herausforderung für erfahrene Wanderer. Die Lücke in der Wegführung zwischen Polen und Bulgarien (Ukraine und Rumänien) ist als Weiterführung vielleicht später einmal denkbar.
Wichtige Städte am Weg Killarney, Dublin, Liverpool, Hull, Rotterdam, Nijmegen, Aachen, Koblenz, Rothenburg ob der Tauber, Passau, Wien, Bratislava, Košice, Sofija, Smoljan, Svilengrad

auf alten Hirten- und Butterwegen durch hügelige Hochebenen, über Treidelpfade und Schaffarmen bis zur Ostküste nach Dublin geht. Die gut belegten Regionalwanderwege sind hier so gut wie lückenlos zum Europäischen Weitwanderweg verknüpft. Die Überfahrt mit dem Schiff nach England bietet eine natürliche Verschnaufpause, bevor sich der Fußweg von Liverpool aus in westöstlicher Richtung über den Gebirgsrücken der Pennines fortsetzt. Noch ist diese Etappe des E8 nicht durchgehend markiert, es bestehen mehrere Lücken, die jedoch bis ins Jahr 2000 geschlossen werden sollen. Die Vielfalt der Strecke, über Heide und Hügel, durch Tunnels stillgelegter Bahnstrecken, über zerklüftete Berge und durch Flußtäler, sollte jedoch schon jetzt mit gutem Kartenmaterial und entsprechender Erfahrung gemeistert werden können. In Hull wartet dann die Fähre nach Europoort/Rotterdam. In den Niederlanden können Fernwanderer dann zeigen, was in ihren Beinen steckt: Durchs flache Marschland, das die erfahrenen holländischen Deichbauer dem Meer abgerungen haben, kann man in diesem Fahrradparadies auf oft schnurgeraden Wegen auch zu Fuß rasant vorankommen. In meist westöstlicher Richtung an Flußläufen und Kanälen entlang, vermögen nur die schmucken, gemütlichen kleinen Orte mit ihren einladenden Gasthäusern den Lauf zu hemmen. Im Nu ist die niederländisch-deutsche Grenze erreicht, und schon beginnt der Weg anzusteigen. Über Xanten verfolgt der E8 die Spuren der Römer, windet sich weiter nach Aachen und verlangt dem Wanderer mit ersten steilen Aufstiegen in der Eifel schon einige Schweißtropfen ab. Auch der an-

Saftiges Grün in den Yorkshire Dales

schließende Rheinhöhenweg hat es in sich: Felsig verläuft er bergauf und bergab bis endlich Koblenz erreicht ist. Über den Hunsrück mit hervorragenden Ausblicken auf die unten liegende Flußlandschaft von Rhein und Mosel windet sich der Weg durch Obstbaugebiete und Weinberge nach Worms. Es geht durch den Odenwald, durch kleine Orte, die mit Straßen- oder Gaststättennamen an die Nibelungen erinnern, in tiefen, finsteren Wald hinein. Reste des Limes am Wegesrand zeigen uns, daß die Römer immer schon vorher da waren. Durch Hochwald zum Hauptkamm des Bayrischen Waldes, bieten einige Lichtungen wunderbare Ausblicke über das weite Land. Der erste Tausender wird mit dem Hirschenstein (1095 m) erreicht, über weitere Gipfel und durch Skigebiete schlängelt sich der Pfad in das Obstbaugebiet Lallinger Winkel. Durch das

E8

Die Heiliggeistkirche in Heidelberg

INFO

Weglänge pro Land (ca.)

Irland	600 km
England	320 km
Niederlande	250 km
Deutschland	1600 km
Österreich	550 km
Slowakei	770 km
Polen	200 km
Bulgarien	600 km

Ausrüstung Wanderstiefel, Sonnen-, Kälte-, Regenschutz, ausreichend Getränk und Verpflegung, Erste-Hilfe-Ausstattung, Taschenlampe. Für die wenig besiedelten Gebiete Biwakausrüstung

Vorbereitung Rechtzeitig Übersichts- und Detailkarten besorgen, sowie Infomaterial, Unterkunftsverzeichnis und genaue Streckenbeschreibungen. Grundwortschatz der jeweiligen Länder aneignen. Einreisebestimmungen beachten

Wichtige übergreifende Adressen Europäische Wandervereinigung (EWV), Wilhelmshöher Allee 157–159, D-34121 Kassel, Tel. 0049/561/938730, Fax 0049/561/9387310, E-Mail dt.wanderverband@t-online.de

Karten, Literatur Homepage »Walking in Europe« http://www.gorp.com/gorp/activity/europe/Epaths.htm; Gorges, Hans-Jürgen, »Auf Tour in Europa« (1999), Dt. Wanderverlag; weiteres Material: siehe Teilstrecken

romantische Ilztal ist alsbald Passau erreicht und damit auch schon die Grenze nach Österreich. Durchs Mühlviertel in Oberösterreich über Buchberg und Braunberg, erreichen wir das Waldviertel in Niederösterreich und sind von wunderbarer Ruhe umgeben. Stundenlang kein Lärm aus menschlichen Siedlungen, Stille, nur Vogelgezwitscher und ab und zu ein knackender Zweig unter den Stiefeln sind der Lohn für manche Anstrengung.

Hoch oben am Gipfelkreuz des Nebelsteines (1017 m) treffen sich mehrere Fernwanderwege und manchmal auch ihre Begeher.

Nach Hardegg, der kleinsten Stadt Österreichs, folgt als nächster Superlativ Retz, die Stadt mit dem größten unterirdischen Weinkeller Österreichs. Da dürften auch manche Fernwanderer schwach werden und sich nach tagelangen Wasserrationen erst einmal einen guten Tropfen im kühlen Dunkel genehmigen – vor der Weiterwanderung nach Wien. An der Porta Hungaria, dem Donaudurchbruch bei Hainburg, ist die Stammstrecke des E8 geschafft, vor uns liegt die Slowakei mit ihrer Hauptstadt Bratislava. Nach eingehender Besichtigung kann der Aufstieg durch das slowakische Nordkarpatenland beginnen. Wenn das viel besuchte Skigebiet Donovaly erreicht ist, erhebt sich vor uns der erste zu bezwingende Zweitausender, der Ďumbier, mit 2043 m höchster Berg der Niederen Tatra. Immer weiter durch die Ostslowakei durchzieht der E8 das Slowakische Paradies, einen Nationalpark unter strengem Natur- und Landschaftsschutz mit tiefen Schluchten und reißenden Wasserfällen. Über Košice und Prešov wird schließlich am Dukla-Paß die Grenze zu Polen erreicht. Es beginnt die vorläufig letzte Etappe durch die Wildnis der polnischen Beskiden, 200 Kilometer unberührte Natur. An der Grenze zur Ukraine ist das Ziel erreicht, eine Weiterführung durch die ukrainischen Waldkarpaten, durch Rumänien mit Transsilvanien und der Walachai ist zur Zeit noch nicht realisierbar. Siebzig

Kilometer südlich von Sofjia im Gebirgskurort Borovec können Unermüdliche die Wanderung wieder aufnehmen. Nahezu zwei Tage und Nächte dauert die umständliche Bahnfahrt in die bulgarische Hauptstadt; es empfiehlt sich daher, hier einen Schnitt zu machen und per Flugzeug erneut anzusetzen, um im Rila-Gebirge und in den Rhodopen die zerklüftete einsame Bergwelt Bulgariens kennenlernen. Ein Satz von sieben Wanderkarten mit Streckenbeschreibungen und mehreren Wegvarianten kann bergerfahrenen Fernwanderern Unterstützung bei ihrer Weg- und Quartiersuche bieten. Entbehrungen, aber sicher auch lohnende Erlebnisse, ein neuer Grad an Offenheit und Bescheidenheit werden die Wanderer auszeichnen, die schließlich die türkische Grenze bei Svilengrad erreichen und damit das derzeit endgültige Ziel des E8.

Blick auf die Hohe Tatra in Polen

E 8

E8 Irland: Dursey Island – Killarney – Dublin

Tourenlänge Etwa 620 km
Durchschnittlicher Zeitbedarf
Gut vier Wochen
Wegmarkierungen Die regionalen Wanderwege sind einheitlich markiert: gelber Pfeil, gelbes Wanderer-Piktogramm, meist an Pfählen
Landschaftscharakter Berglandschaften, durchzogen von Seen und Flußtälern, Moore, Schaffarmen, wenig Wald, einsame, hügelige Hochebenen
Günstige Wanderzeit Frühjahr bis Herbst
Steigungen Unerheblich
Mögliche Ausgangs- bzw. Zielorte (Bahnanschluß) Killarney, Mallow, Waterford, Wicklow, Dublin

Die etwa 620 km lange Strecke auf regionalen Wanderwegen führt im Süden des Landes durch herrliche Berglandschaften, kleine Orte, auch an Flüssen entlang – bis zur Ostküste nach Dublin. Die Wege sind fast durchgehend gut markiert, fehlende Wegweiser durch Sturmschäden müssen wie immer einkalkuliert werden.
Ganz im Südwesten des Landes auf einer Landzunge bzw. einer vorgelagerten kleinen Insel beginnt unser Weg:

Der Béara Way führt von **Dursey Island** über Allihies, Castletownbere und Glengarriff an vielen historischen und archäologischen Überresten vorbei nach **Kenmare** und **Killarney**. Die prächtigen Rhododendren und Azaleen, die vielen Fuchsien, Palmen und Erdbeerbäume vermitteln einen geradezu südländischen Eindruck. Wir setzen den Weg nach **Shrone** fort, wo der Blackwater Way beginnt. Durch dünn besiedeltes Land windet sich der Weg 168 km lang über die Nagle Hills durch **Millstreet** und **Mallow**, durch das Blackwater Valley, an großen Farmen vorbei, nach Clogheen unter den Hängen der Knockmealdown Mountains. Von hier an beschreiten wir den East Munster Way, der durch das malerische Dorf **Newcastle** nach **Clonmel** führt und über einen alten Treidelpfad am River Suir entlang nach **Carrick-on-Suir**.
Dort nimmt uns der South Leinster Way auf. Er durchquert ein weites, einsames Hochland und öffnet den Horizont bis **Waterford** und **Tipperary**. Eine hübsche Brücke aus dem 18. Jahrhundert und die mittelalterliche Abteikirche kündigen an, daß wir bereits in **Graiguenamanagh** gelandet sind und nun entlang

eines weiteren Treidelpfades am Barrow River nach **Borris** kommen. Von dort über die Nordhänge des Mount Leinster nach **Kildavin**, wo mit **Clonegal** unsere letzte Etappe von 132 km, der Wicklow Way, nach Dublin beginnt. Historische Stätten, geborgen gelegene Farmen, das Tal von **Glendalough** mit seinen romantischen, alpin anmutenden Wicklow Mountains: Dieser Weg zeichnet sich durch seine Vielseitigkeit aus, bevor er die Hauptstadt **Dublin** erreicht. Fast 800 Pubs bieten hier Stärkung, bevor oder während man sich die Sehenswürdigkeiten der Stadt zu Gemüte führt. Von der Fähre aus, die uns nach Liverpool übersetzt, können wir einen letzten Blick auf die durchwanderte Insel werfen, die von den Iren auch liebevoll als grüner Smaragd im blauen Ozean bezeichnet wird.

Irische Küste bei Castletownbere

INFO

Ergänzende Verkehrsmittel Busverbindungen (vorher erkunden); zum Teil privater Transport- bzw. Abholservice von den Unterkünften

Übernachtungshinweise Hotels aller Preiskategorien in allen größeren Orten, Bed & Breakfast, Herbergen

Informationsstellen National Waymarked Ways Committee, Department of Tourism, Sports and Recreation, Frederick Buildungs, South Frederick Street, IRL-Dublin 2, Tel. 00353/1/6621444, Fax 00353/1/6799285; Killarney Tourist Office, Beech Road, IRL-Killarney, Co. Kerry, Tel. 00353/64/31633; The Mountaineering Council of Ireland, House of Sport, Longmile Road, Wilkinstown, IRL-Dublin 12, Tel. 00353/1/4509845

Wichtigste Karten »The Irish Coast to Coast or E8 path« (vollständiger Satz von fünf Kurzführern mit Karten im Maßstab 1:50 000), als Übersichtskarten die Ordnance Survey Maps für Irland Süd und Irland Ost, Maßstab 1:250 000

Sehenswürdigkeiten am Weg Graiguenamanagh, Tal von Glendalough, Dublin

Besonders zu beachten Gute Regenkleidung und wasserfeste Schuhe (evtl. Ersatzpaar) sind obligatorisch!

Praktische Tips Kurzführer, Karten und Unterkunftsinformationen entlang der markierten Wanderwege sind erhältlich bei: East West Mapping, Ballyredmond, Clonegal, IRL-Enniscorthy, Co. Wexford, Tel. und Fax 00353/54/77835, http://homepage.tinet.ie/~eastwest

E8

E8 England: Liverpool – Pennines – Hull

Tourenlänge 320 km
Durchschnittlicher Zeitbedarf
Gut zwei Wochen
Wegmarkierungen Noch lückenhaft,
gelbe Farbmarkierungen
Landschaftscharakter Tieflandebene,
Hügel und Berge, Höhenrücken der
Pennines, Flußtäler, Heidelandschaft
Günstige Wanderzeit Frühjahr bis Herbst
Steigungen In den Pennines mittelmäßig,
sonst vorwiegend leicht hügelig und flach
**Mögliche Ausgangs- bzw. Zielorte (Bahn-
anschluß)** Liverpool, Stockport, Donca-
ster, Selby, Hull

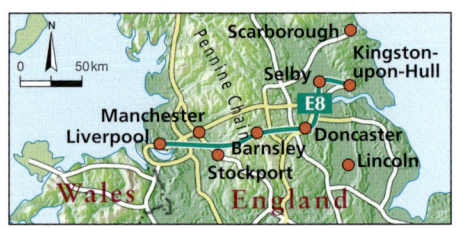

Beginnend an der Mersey-Mündung
bei Liverpool, führt der E8 quer über
die Insel zur Mündung des Humber bei
Kingston upon Hull und vermittelt
dabei einen kontrastreichen Eindruck
von der Landschaft zwischen der Irischen See und der Nordsee. Seit der
Eröffnung im Jahre 1996 wird an der
Markierung des E8 gefeilt; etwa ab dem
Jahr 2000 kann mit richtig durchgehen-
der Markierung gerechnet werden.
Die Weiterführung durch Wales zur
Fähre in Holyhead ist geplant, aber
noch nicht komplettiert.
Wir starten also in **Liverpool** und wandern in östlicher Richtung nach **War-
rington** am Nordufer des River Mersey
zwischen den Großstädten des Indu-
striegürtels hindurch. Hier im Westen
des Landes bringen frische atlantische
Seewinde viel Regen mit sich – der englische Rasen dankt es mit leuchtendem
Grün. Es geht durch Wälder, maleri-

sche Flußtäler und Heideland: Über
den Longendale Trail steigt unser Weg
zu den Pennines an, die als langge-
strecktes, von Nord nach Süd verlau-
fendes Mittelgebirge auch als Rückgrat
von England bezeichnet werden und
eine Höhe bis 893 m erreichen. Ein
beliebter und durchwegs gut markierter nationaler Fernwanderweg, der
Pennine Way (387 km), durchzieht
es in seiner ganzen Länge, wobei der
südliche Teil, Peak District, Nationalpark ist.
Unser Trans Pennine Trail ist hingegen
recht kompliziert – da bedarf es briti-
scher Gelassenheit und eines guten
Orientierungsvermögens, um ohne all-
zu lange Umwege ans Tagesziel zu
gelangen. Mal muß der Durchschlupf
durch eine zugewachsene Hecke
gesucht werden, auch Tunnel stillgelegter Bahnlinien sind zu durchschreiten
und manchmal geht es plötzlich über
eingefriedetes Farmland: Es empfiehlt
sich, Karten mit detailliertem Maßstab
vor Ort zu besorgen und den Kompaß
zu konsultieren.
In **Barnsley** – beginnend mit dem Dove
Valley Trail – führt der Weg weiter nach
Osten bis **Doncaster**, von wo er hart
nach Norden in Richtung **Selby**

INFO

Ergänzende Verkehrsmittel Busverbindungen (vorher erkunden)

Übernachtungshinweise Breites Angebot aller Preislagen, Bed & Breakfast, Campingplätze, Jugendherbergen; Countrywide Holiday Association, Grove House, Wilmslow Road, Didsbury, GB-Manchester M20 2HU Tel. 0044/161/448 7112, Fax 0044/161/4487113

Informationsstellen Long Distance Walkers Association (LDWA) Secretary, 21 Upcroft, Windsor, GB-Berkshire SL4 3NH, Tel. 0044/1753/866685, Internet http:// www.ldwa.org.uk; The Ramblers' Association, 1/5 Wandsworth Road, GB-London SW8 2XX, Tel. 0044/171/3398500, Fax 0044/171/3398501, Internet http://www.ramblers.org.uk; Trans Pennine Trail Project Officer, Dept of Planning, Barnsley MBC, Central Offices, Kendray ST, GB-Barnsley S70 2TN

Wichtigste Karten Long Distance Walkers Handbook, mit Beschreibungen und Informationen zu Fernwanderwegen in England; topographische Karten von Ordnance Survey: 1:50 000 (mit allgemeinen Reiseinformationen), oder 1:25 000

Sehenswürdigkeiten am Weg Liverpool, Stockport, Barnsley, Selby, Kingston upon Hull

Besonders zu beachten Informationsmaterial ist noch dürftig, der Weg ist nicht in Karten eingezeichnet, möglicherweise wird er sogar noch verlegt. Mit guten Karten und Kompaß wird man jedoch von Küste zu Küste gelangen. Lohnendes Informationsangebot im Internet!

Praktische Tips Gute Regenkleidung und wasserfeste Schuhe sollte man hier ständig mit sich führen. Auch eine Taschenlampe ist für die Tunnelstrecken ein wichtiger Begleiter

abknickt, dessen prachtvolle Abbey Church zu den besterhaltenen Klosterkirchen Englands gehört. In östlicher Richtung wandern wir von dort nach **Hull**. Dieser drittgrößte Hafen Englands nach London und Liverpool liegt am hier fast fünf Kilometer breiten Humber, 30 km vom offenen Meer entfernt. Schon Robinson Crusoe, der Held aus Daniel Defoes gleichnamigen Roman, hat von Hull aus seine Reise angetreten. Auch wir können uns hier einschiffen, um von Rotterdam aus die nächsten Etappen zu starten.

An der Mersey-Mündung in Liverpool

E8 Niederlande: Rotterdam – Rhein – Koblenz

Tourenlänge Etwa 600 km

Durchschnittlicher Zeitbedarf
Vier Wochen

Wegmarkierungen Niederlande: weiß-rote Querbalken; Deutschland: unterschiedlich, je nach betreuendem Wanderverein. Übergeordnet von Zeit zu Zeit Hinweise auf Fernwanderweg E8

Landschaftscharakter Eingedeichtes Marschland, Heide, Wald, leicht hügeliges Flachland, Mittelgebirge, Rhein, Mosel

Günstige Wanderzeit Frühjahr bis Herbst

Steigungen Bis Aachen unerheblich, in der Eifel steiler

Mögliche Ausgangs- bzw. Zielorte (Bahnanschluß) Rotterdam, Leerdam, Nijmegen, Xanten, Aachen, Bonn, Koblenz

Die Stammstrecke des E8 begann früher in Amsterdam und führte durch Polder und Heide zum Utrechter Heuvelrug. Mit Aufnahme der Fährverbindung nach und von Hull können wir auch weiter südlich im Hafen von Rotterdam, Europoort, bzw. in **Hoek van Holland** starten. Über **Maassluis** und **Maasland** kommen wir nach **Rotterdam**. Wasser und Wind sind die bestimmenden Elemente, die das Land prägen. Immer in Richtung Westen auf dem Oeverloperpad Hoek van Holland – Leerdam, kommen wir durch viele gepflegte kleine Ortschaften wie **Nieuwerkerk**, **Gouderak**, **Bergambracht** nach **Schoonhoven**, wo wir mit der Fähre den Lek überqueren. Nach 145 km ist **Leerdam** erreicht, wo wir auf den Lingepad wechseln. Dieser

»Lange-Afstand-Wandelpad« (LAW) nimmt viele Schleifen der Linge mit, führt durch **Buren** und **Kerk**, bis uns das rot-weiße Wanderzeichen an Bäumen und Pfählen über **Hemmen** und **Zetten** schließlich nach **Nimwegen (Nijmegen)**, einer der ältesten Städte der Niederlande, geleitet. Noch etwa 10 km, und die niederländisch-deutsche Grenze ist in **Wyler** erreicht. Der Weg steigt an – wir erklimmen den 106 m hohen Klever Berg und genießen die Aussicht. Über **Kalkar** durch einen schönen Hochwald kurvt der Weg nach Süden in die Dom- und Siegfried-Stadt **Xanten** mit ihrem mittelalterlichen Stadtkern und dem eindrucksvollen archäologischen Park. Parallel zum Niederrhein gelangen wir zum Kloster Kamp, wo der schöne Barockgarten und ein guter Klosterlikör zur Rast einladen. Über den Talweg nach **Vluyn** geht es durch grüne

Niederländische Kornmühle in Herveld

Bruchlandschaft zum Maas-Schwalm-Nette-Naturpark und von dort auf alter Römerstraße nach **Nettetal**. Wir gelangen durch die Krickenbecker Seenplatte an Sumpf- und Auland vorbei ins Schwalmtal. **Brüggen**, **Heinsberg**, **Geilenkirchen**, **Herzogenrath**: Nach etwa 400 km erreichen wir flußaufwärts an der Wurm entlang **Aachen**.

Durch den Deutsch-Belgischen-Naturpark führt der Weg weiter in die Eifel, wo nach steilen Aufstiegen auf wenig bewaldeten Höhen der weite Blick genossen werden kann. Die Landschaft wird dann wieder flacher, und durch einen großen Forst erreichen wir **Bad Godesberg**, von wo aus uns der Rheinhöhenweg mit steilen, felsigen Auf- und Abstiegen, mal im Tal, mal auf der Höhe, an die Mosel und nach **Koblenz** bringt.

INFO

Ergänzende Verkehrsmittel Bus- und Bahnverbindungen, vorher erkunden
Übernachtungshinweise Möglichkeiten jeder Preiskategorie in jedem größeren Ort, Campingplätze, Jugendherbergen, Naturfreundehäuser
Informationsstellen Stichting Wandelplatform - LAW, Postbus 846, NL-3800 AV Amersfoort, Tel. 0031/33/4653660, Fax 0031/33/4654377; Eifelverein e.V., Stürtzstraße 2-6, D-52349 Düren, Tel. 0049/2421/13121, Fax 0049/2421/13764
Wichtigste Karten Niederlande: Wanderführer LAW 6-1 Oeverloperpad, Hoek von Holland – Leerdam; Wanderführer LAW 6-2 Lingepad, Leerdam – Nijmegen; Deutschland: topographische Karten 1:50 000; Wanderführer »Europäischer Fernwanderweg E8« von Gert Trego, Verlag der Weitwanderer (Beschreibung des holländischen Streckenabschnitts stimmt nicht mit zwischenzeitlich geänderter Wegführung ab Rotterdam überein)
Sehenswürdigkeiten am Weg Amsterdam, Xanten, Barockgarten im Kloster Kamp, Kempen, Aachen, Bonn, Koblenz
Besonders zu beachten Die Wanderführer der Stichting LAW in holländischer Sprache enthalten gute topographische Kartenausschnitte und auch deutschsprachige Erklärungen. Eine Übersichtskarte der holländischen Wanderwege ist ebenfalls bei der Stiftung erhältlich
Praktische Tips Opernliebhaber können im Amphitheater in Xanten eine Freiluftaufführung miterleben; rechtzeitig Karten besorgen. Im Herbst zur Zeit der Weinfeste, besonders an Wochenenden, Übernachtungsengpässe in den Weinanbaugebieten!

E 8

E8 Deutschland: Koblenz – Rothenburg – Passau

Tourenlänge Etwa 1000 km

Durchschnittlicher Zeitbedarf
Sieben Wochen

Wegmarkierungen Gut durchmarkiert,
Wegemarken unterschiedlich, je nach
betreuendem Wanderverein. Übergeordnet von Zeit zu Zeit: Täfelchen mit Hinweis auf Fernwanderweg E8

Landschaftscharakter Wald, Mittelgebirge, Weinbaugebiet, Flußtäler

Günstige Wanderzeit Frühjahr bis Herbst

Steigungen Teilweise beträchtlich, auf
knapp über 1000 Meter hoch. Höchster
Punkt des E8: Breitnauriegel (1114 m) im
Bayrischen Wald

**Mögliche Ausgangs- bzw. Zielorte (Bahn-
anschluß)** Koblenz, Worms, Rothenburg
ob der Tauber, Regensburg, Passau

Koblenz mit Schloß Stolzenfels und
Festung Ehrenbreitstein ist Ausgangspunkt der etwa 1000 km langen Etappe
bis zur österreichischen Grenze.
Zunächst führt der E8 nach Süden hinauf in den Hunsrück, wo sich am Küh-
kopf (381 m) eine vorzügliche Sicht auf
Rhein, Mosel und Koblenz bietet. Weiter geht es an die Nahe – Obstbaugebiete und Weinberge wechseln sich ab
– und zurück an den Rhein bei **Worms**.
Über die Nibelungenbrücke schreiten
wir nach Hessen und gelangen durch
flaches Land zur Bergstraße. Durch
den Odenwald schlängelt sich der Weg
hinauf zum Felsberg (514 m), kreuzt
den E1 (Nordsee – Mittelmeer) im Fel-
senmeer und zieht weiter nach **Michel-
stadt**. Durch tiefen Wald, an Resten des

Limes vorbei, führt der Weg über den
Main in den südlichen Spessart bergauf
zum Kloster Engelberg. Gestärkt von
einer deftigen Klostermahlzeit, nähern
wir uns über wechselnde Steigungen
Wertheim, gelangen durchs Taubertal
nach **Tauberbischofsheim** und schließlich – nach etwa 450 km – ins typisch
mittelalterliche **Rothenburg ob der
Tauber**. Mal steil den Hang empor,
mal durch wegloses Gelände, dann auf
breitem Forstweg kommen wir nach
Dinkelsbühl an der Romantischen
Straße. Nach dem Hesselberg (689 m)
schließen sich die Täler von Jagst,
Wörnitz und Altmühl an. Den E8 kann
man fast in »Flußwanderweg« umtau-
fen, so viele Flüsse haben wir bereits
seit Rotterdam kennengelernt. Über
Eichstätt führt der E8 nach **Kelheim**
und erreicht nach etwa 750 km
Regensburg an der Donau.
Weiter geht es durch Hochwald in steilen Auf- und Abstiegen über **Wörth**
nach **Konzell** zum Hauptkamm des
südlichen Bayrischen Waldes, von wo
aus man an mehreren Aussichtspunk-
ten herrlich weite Blicke genießt. Nur
noch wenige Kilometer trennen uns

INFO

Ergänzende Verkehrsmittel Bus- und Bahnverbindungen, vorher erkunden

Übernachtungshinweise Möglichkeiten jeder Preiskategorie in jedem größeren Ort, außerdem Jugendherbergen, Naturfreundehäuser, Berghütten

Informationsstellen Verband Deutscher Gebirgs- und Wandervereine e.V., Wilhelmshöher Allee 157-159, D-34121 Kassel, Tel. 0049/561/93873-0, Fax 0049/561/93873-10 (Anschriftenverzeichnis der Regionalvereine dort erhältlich)

Wichtigste Karten Topographische Karten 1:50 000; Wanderführer »Europäischer Fernwanderweg E8« von Gert Trego, Verlag der Weitwanderer (teilweise abweichende, ältere Wegführung)

Sehenswürdigkeiten am Weg Koblenz, Worms, Schloß Auerbach (Ruine), Kloster Engelberg, Rothenburg ob der Tauber, Regensburg, Passau

Besonders zu beachten Vor Worms gibt es eine Alternative über Speyer am Rhein und Heidelberg am Neckar, die eine landschaftlich besonders schöne Strecke über den Naturpark Pfälzer Wald, Hochspeyer und den südlichen Odenwald beinhaltet. In Tauberbischofsheim stoßen beide Varianten wieder zusammen

Praktische Tips Ausreichend Zeit für Stadtbesichtigungen einplanen!

vom ersten Tausender am E8, dem Hirschenstein (1095 m), der Schritt für Schritt auf steil ansteigendem Pfad durch den Wald und schließlich über Felsen bezwungen wird. Ein grandioser Fernblick belohnt die Mühe, bevor es südöstlich weitergeht. Über **Vogelsang** und **Oberbreitnau** (1018 m) wandern wir südlich durch die moorige Hochfläche an Berghotel und Skihütte vorbei nach **Lalling**, dem Hauptort des Obstbaugebietes Lallinger Winkel. Durchs Ilztal, wo im Sommer der gelbe Sonnenhut das Flußufer leuchten läßt, gelangen wir schließlich nach **Passau**.

Der Wanderer kann zuschauen, wie die Touristen die Donauschiffe in Richtung Wien besteigen, er selbst macht sich zu Fuß auf die letzte Etappe bis zur österreichischen Grenze über **Kropfmühl** nach **Oberkappel**. 1000 Kilometer sind geschafft.

Sonnenhut-Pracht im Ilztal

E8

E8 Österreich: Mühlviertel – Waldviertel – Donautal

Tourenlänge Etwa 550 km

Durchschnittlicher Zeitbedarf
Vier Wochen

Wegmarkierungen Senkrechte Streifen rot-weiß-rot, zusätzlich in größeren Abständen Täfelchen »Europäischer Fernwanderweg E8«

Landschaftscharakter Flußtäler, Wiesen, Felder, Mittelgebirge, Hochwald, Hochmoor, Weinberge, Donauauen

Günstige Wanderzeit Frühjahr bis Herbst

Steigungen Stärkere Steigungen nach Liebenstein (986 m) und zum Nebelstein (1017 m), viele Auf- und Abstiege im Mühlviertel, am Donaudamm flach

Mögliche Ausgangs- bzw. Zielorte (Bahnanschluß) Passau, Linz, Haugsdorf, Wien

Vom Grenzort **Oberkappel** geht es auf dem Mühlviertler Mittellandweg Nr. 150 bergauf in den Wald. Schon von weitem haben wir einen herrlichen Blick auf den Ameisberg (940 m), den wir bald erklommen haben. Wir kreuzen den E10 (Ostsee – Böhmerwald – Mittelmeer), wandern weiter durchs Tal der Großen Mühl, die diesem Viertel ihren Namen gibt, und wechseln nach etwa 80 km, kurz vor **Kefermarkt**, auf den Mühlviertler Naturfreunde-Wanderweg Nr. 170, der uns auf den Kamm des Buchbergs (813 m) und anschließend auf den Braunberg führt. Hier tangieren wir einmal mehr den E6 (Ostsee – Wachau – Adria). Durch Wiesen und Felder, bald auf steinigem Weg bergab und anschließend durch dichten Fichtenwald wieder steil berg-

auf, bis endlich nach anstrengender Wanderung **Liebenstein** (986 m) erreicht ist. Über den Kamm des Koblbergs (1046 m) geht es auf den Brockenberg (1053 m), mit lohnendem Fernblick nach Böhmen. Wir gelangen nach **Liebenau** und überschreiten an einem Bächlein die Grenze nach Niederösterreich. Hier beginnt nun das Waldviertel, wo der E8 mit dem E6 in herrlicher Ruhe durchs Hochmoor nach **Karlstift** und zum Nebelstein (1017 m) führt. Unser Weg erreicht mit dem regionalen Thaya-Talweg den Naturpark Blockheide bei **Gmünd**; wer hier innehält und einen Rundgang durch den Park macht, kann ein Stückchen an Skandinavien erinnernde Landschaft kennenlernen und mit eigener Hand riesige, tonnenschwere Wackelsteine in Bewegung bringen. Nächste Station ist **Waidhofen** an der Thaya: Pfarrkirche und Barockkapelle laden zur Besichtigung ein.
Über den Naturpark Dobersberg geht's nach **Raabs** und durchs östliche Thaya-Hochland über **Drosendorf** nach **Hardegg**, das als Grenzstadt romantisch an der Thaya liegt. Nur

noch wenige Kilometer, und wir erreichen durch Rebhänge an einer Windmühle vorbei **Retz**, die Grenzstadt mit dem größten unterirdischen Weinkeller Österreichs.

Noch gut 100 km liegen vor uns, bis wir auf dem ostösterreichischen Grenzlandweg 07 durch Ackerland und Weingärten und durch den Naturpark Leiser Berge im Südosten **Wien** vor uns sehen. Immer donauabwärts weiterwandernd, gelangen wir durch die Lobau nach **Orth** an der Donau, schließlich nach **Hainburg** und nach weiteren 10 km bei **Berg** an die Grenze zur Slowakei. Hier endet auch die Stammstrecke des E8 – seit Rotterdam liegen über 2000 km hinter uns.

Auf dem Weg durchs hügelige Mühlviertel kommt man auch an diesem Kirchlein in Wienau vorbei

INFO

Ergänzende Verkehrsmittel Busverbindungen, vorher erkunden
Übernachtungshinweise Pensionen, Hotels unterschiedlicher Kategorien in allen größeren Orten, Berghütten, Jugendherbergen
Informationsstellen
Österreichischer Fachverband für Sportwandern (ÖFS), Pamessergasse 13, A-2103 Langenzersdorf, Tel. 0043/2244/3536, Fax 0043/2244/35364; Oesterreichischer Alpenverein, Sektionsverband Niederösterreich, Steinergasse 9/3/16, A-3100 St. Pölten; Oesterreichischer Alpenverein, Sektion Weitwanderer, Thaliastraße 159/3/16, A-1160 Wien, Tel. 0043/1/4938408, Mobiltel. 0664/2737242, E-Mail weitwanderer@sektion.alpenverein.at

Wichtigste Karten Regionale österreichische Kartenblätter im Maßstab 1:50 000, Weitwanderkarte Österreich, Wanderführer »Europäischer Fernwanderweg E8« von Gert Trego, Verlag der Weitwanderer
Sehenswürdigkeiten am Weg Viele kleine Städtchen mit historischem Ortskern, Kefermarkt (Pfarrkirche mit gotischem Flügelaltar), Drosendorf (über Oberthürnau kann man durch Tschechien nach Retz gelangen), Retz, Wien, Hainburg
Besonders zu beachten Die Kellergassen im Weinviertel lohnen eine Besichtigung. Ohne Abstützungen sind sie in feuchten, gepreßten Sand gegraben
Praktische Tips Im Herbst, zur Zeit der Weinlese und Weinfeste, rechtzeitig um Unterkünfte bemühen. Sonnenschutz bereithalten für die vielen, vielen Dammkilometer

E8

E8 Slowakei, Polen: Karpaten – Ostbeskiden

Tourenlänge Slowakei 770 km, Polen 200 km

Durchschnittlicher Zeitbedarf Gut sieben Wochen

Wegmarkierungen Slowakei und Polen: Querbalken, meist weiß-rot-weiß

Landschaftscharakter Tiefland, Obst- und Weingärten, Laubwald, wechselhafte Gebirgsregionen, meist mittelgebirgig, in der Niederen Tatra (Ďumbier 2043 m) auch hochgebirgig

Günstige Wanderzeit Frühjahr bis Herbst, Bergregionen im Sommer

Steigungen Mittelmäßig bis beträchtlich.

Mögliche Ausgangs- bzw. Zielorte (Bahnanschluß) Slowakei: Bratislava, Trenčín, Zvolen, Košice, Prešov; Polen: Krosno, Sanok

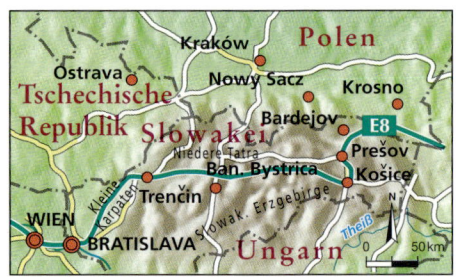

An der Hainburger Pforte beginnt der etwa 400 km lange Abschnitt durch das slowakische Nordkarpatenland. Vom Grenzort **Berg** gelangen wir gleich zu Anfang unserer Wanderung in die Hauptstadt **Bratislava** mit ihrem mächtigen Burgschloß. Unser Weg führt uns nordöstlich durch die Kleinen Karpaten (Malé Karpaty); an den unteren Hängen liegen Obst- und Weingärten, die höheren Lagen werden von Laubwald bestimmt. Helle Jurakalke im dunkleren Sandstein geben den Weißen Karpaten (Nízke Karpaty) ihren Namen. Wir gelangen über die kleine Stadt **Myjava** und die Aussichtspunkte Velká Javorina und Machnac nach **Trenčín** am linken Ufer der Waag. Durch die Kleine und Große Fatra erreichen wir nahe der Stadt **Banská Bistrica** das Touristenzentrum Donovaly bei **Zvolen**, arbeiten uns noch höher hinauf zum Ďumbier (2043 m), dem höchsten Berg der Niederen Tatra (Nízke Tatry) und auch dem des E8. Weiter geht es ostwärts auf etwa 370 km durch das nördliche Slowakische Erzgebirge (Slovenské rudohorje) und das sogenannte Slowakische Paradies (Slovensky raj), das als Nationalpark unter strengem Naturschutz steht. Wir erreichen Košice, den kulturellen Mittelpunkt der östlichen Slowakei, um dann direkt nach Norden über **Prešov**, das mittelalterlichen **Bardejov** und **Svidnik** zum Dukla-Paß (502 m) zu gelangen, den wir gemeinsam mit dem E3 nach Polen überschreiten.

Auf den 200 km der letzten Etappe schlängelt sich der E8 durch die wilde Natur der polnischen Beskiden in den äußersten Südostzipfel Polens. Gut ausgerüstet, geht es über **Rymanów-Zdrój**, **Cisna** und **Ustrzyki Górne** durch unberührte Natur, von den Einheimischen auch »Sibirien Polens« genannt. Schmale Pfade durch dichte Wälder, in deren Schutz noch Wisente,

INFO

Ergänzende Verkehrsmittel Ein dichtes Netz von Buslinien durchzieht die Slowakische Republik, fast alle Orte sind per Bus zu erreichen. In Polen verkehren die staatlichen Busse der PKS

Übernachtungshinweise Slowakei: Unterkünfte verschiedener Kategorien in allen größeren Orten; Jugendherbergen. Polen: In größeren Orten Hotels und Pensionen, sonst PTTK-Berghütten und Biwakplätze

Informationsstellen Slowakei: KST (Klub Slovenskych Turistov), Junacká 6, SK-83280 Bratislava, Tel. 0042/1/7492 49223, Fax 0042/1/7492 49569; Polen: PTTK (Polskie Towarzystwo Turystyczno-Krajoznawcze), Zarząd Główny, ul. Senatorska 11, PL 00-075 Warszawa, Tel: 0048/22/8262251, Fax: 0048/22/8262505

Wichtigste Karten Slowakei: Wanderkarten 1:100 000 oder 1:50 000 mit Wegführung vom Verlag Vojensky kartograficky ústav, SK-97603 Harmanec, http://www.vku.sk/wturmap.html; Polen: Informationen und Karten über PTTK, Warschau

Sehenswürdigkeiten am Weg Slowakei: Bratislava mit viertürmigem Burgschloß, Trenčin mit Burg, Košice, Prešov, Flächen-Gedenkstätte Dukla-Paß; Polen: Denkmäler volkstümlicher Architektur der ruthenischen Hochländer: Lemki, Bojki, Bieszczady Nationalpark

Besonders zu beachten Der Weg führt durch riesige schwach besiedelte Gebiete wilder Natur: reichlich Proviant und entsprechende Spezialausrüstung mitführen! In kleinen Dörfern werden die Läden auch mal nach Ladenschluß geöffnet, wenn man sich darum bemüht

Praktische Tips Für die Verständigung mit jungen Leuten ist meist Englisch ausreichend; besonders in den Bergregionen ist es jedoch empfehlenswert, Begrüßung und wenigstens einige Brocken der Landessprache zu beherrschen

Luchse, Bären und Wölfe leben, sowie weite Bergweiden charakterisieren den Nationalpark Bieszczady. Vor der Grenze zur Ukraine am Beskidenpaß (786 m) ist der E8 vorläufig zu Ende – bevor er in Bulgarien wieder aufgenommen wird. Eine Weiterführung zu den Waldkarpaten der Ukraine und durch Rumänien ist später vielleicht einmal denkbar.

Im polnischen Nationalpark Bieszkady

E8

E8 Bulgarien: Westbalkan – Rila – Rhodopen

Tourenlänge 600 km

Durchschnittlicher Zeitbedarf
Gut vier Wochen

Wegmarkierungen Rote Bänder, Farbmarkierungen

Landschaftscharakter Stark zerklüftete
Mittel- bis Hochgebirge, Wälder, Weinberge, Ackerland

Günstige Wanderzeit Mai bis September

Steigungen Auf den meisten Etappen
beträchtliche Steigungen von Berghütte
zu Berghütte

**Mögliche Ausgangs- bzw. Zielorte (Bahn-
anschluß)** Sofija, Svilengrad

Bulgarien, die Wiege des kyrillischen
Alphabetes, weist mit Sprache, Schrift
und seiner zerklüfteten, wilden Berg-
landschaft einen besonderen Schwie-
rigkeitsgrad auf. Viel Abenteuergeist,
ein Visum und eine gehörige Portion
Entbehrungsbereitschaft, was Unterkunft und Verpflegung betrifft, muß
mitbringen, wer die etwa 550 km lange
letzte Etappe des E8 bis hin zur türkischen Grenze beschreiten will.
1993 eröffnet, beginnt der Wanderweg
im Gebirgskurort **Borovec** im Rila-
Gebirge, etwa 70 km südlich von
Sofija. Hier, im Skizentrum, starten wir
die Wanderung über den Rila-See
(2730 m) auf schwierigem Pfad zum
höchsten Gipfel Bulgariens, dem
Musala (2925 m). Per Kabinenseilbahn
kann man sich den Weg zum Gipfel
einfacher gestalten, bevor es von Hütte
zu Hütte weitergeht. Etwa 25 km westlich des Gipfels befindet sich das Rila-

Kloster, das mit dem E4 direkt »erwan-
dert« werden kann.
Zavračica-, Belmeken-, Smirnenski-
und Jundola-Hütte: Unser Pfad in süd-
östliche Richtung ist teilweise schwierig
und steil. Über **Avramovo** und durch
Wald geht es zum Hauptkamm der
Rhodopen und auf den Velijca-Gipfel
(1711 m): Der Blick schweift über das
Pirin-Gebirge im Westen und das
nordwestlich gelegene Rila-Gebirge.
In südlicher Richtung geht es bergauf
ins Dorf **Medeni Poljani**, über die
Paßhöhe Černovrǎh zum Stausee
Kolarov und der Unterkunftsmöglichkeit Beglika. Von dort führt der E8 zur
Berghütte Orfej und weiter zum Dorf
Mugla. In steilen Serpentinen geht es
immer höher durch dichten Fichtenwald am Gipfel Perelik (2191 m) vorbei
zur Hütte Studenec bei **Pamporovo**,
dem größten Skizentrum der Rhodopen direkt nördlich von **Smoljan**. Über
den Rožen-Paß (1430 m) und zur Hütte
Svoboda geht es auf immer beschwerli-
cherem Weg weiter; der Gipfel Momčil
(1943 m) belohnt dafür mit einer der
schönsten Aussichten der Rhodopen.

Durchs Quellgebiet des Boroviza führt der Pfad dann steil bergab. Der bisher beherrschende Nadelwald wird von Laubwald und saftigen Gebirgswiesen abgelöst. An Kultstätten aus thrakischer Zeit und verlassenen Bergbauminen vorbei, geht es ins Dorf **Sirakovo** und zum Stausee Trakiec. Durch Eichenwald führt uns der Weg schließlich in ein Weinbaugebiet und anschließend durch Äcker nach **Careva Poljana** und **Kladenec**. Von dort geht es wieder steiler bergan über den malerischen Gebirgskamm Gorata auf den Gipfel des Šejnovec. Nach wenigen Kilometern erreichen wir das Dorf **Mesek** mit seiner Festung aus dem 11./12. Jh. und einem gut erhaltenen, thrakischen Grabmal. Von hier aus gibt es eine Busverbindung ins sechs Kilometer entfernte **Svilengrad**. Wer mit Karte, Kompaß, Farbmarkierungen und der Hilfe der Einheimischen die vielen Kilometer durch Bulgarien bewältigt hat, wird unvergeßliche Eindrücke mit nach Hause nehmen.

Im 1147 m hoch gelegenen Rila-Kloster

INFO

Ergänzende Verkehrsmittel Selten Busverbindungen, vorher erkunden

Übernachtungshinweise In den Skizentren Borovec und Pamporovo: Angebot verschiedener Kategorien. Sonst Berghütten

Informationsstellen
Bulgarischer Touristenverband, 75, Vassil Levski Blvd., BG-1000 Sofija, Tel. 00359/2/873409, Fax 00359/2/802414

Wichtigste Karten Siebenteilige Wanderkarte »Euroweg E8«, 1:100 000, mit deutschsprachiger Wegbeschreibung auf der Rückseite und eingezeichnetem E8-Verlauf mit Hütten und Hotels

Sehenswürdigkeiten am Weg
Rila-Kloster: das schönste und größte Kloster Bulgariens; Smoljan: ethnographisches Museum der rhodopischen Bevölkerung; Mesek: Festung, thrakisches Grabmal. Am Wegesrand: kultische Felsendenkmäler der Thraker

Besonders zu beachten Unterkünfte für Ferienzeiten im voraus buchen. Wegen Privatisierungsmaßnahmen können einige Hütten geschlossen sein. Vorsicht vor Schafhütehunden. Freies Zelten ist nicht gestattet

Praktische Tips Rechtzeitig über Ein- und Ausreisebestimmungen informieren, schon zu Hause die kyrillischen Schriftzeichen und einen Grundwortschatz lernen. Für gute Bergausrüstung, Sonnenschutz (Kopfbedeckung!) und Mückenschutz sorgen. Möglichst nicht alleine aufbrechen, Hochgebirgsabschnitte nur bei sicherem Wetter angehen!

E8

Europäischer Fernwanderweg 9

Internationaler Küstenweg Atlantik – Ostsee

Gesamtlänge Etwa 4400 km
Durchwanderte Regionen
Bretagne, Normandie, Flandern, Zeeland, Holland, Friesland, Groningen, Niedersachsen, Hamburg, Schleswig-Holstein, Mecklenburg-Vorpommern, Pommern, Pomerellen
Besonderheiten Der Gedanke des küstenverbindenden E9 nahm erst teilweise Form an. Und obwohl er von der Bretagne bis Polen als durchgehend bezeichnet wird, muß stellenweise mit Unterbrechungen oder Hindernissen (Wasserläufen, Deichtoren) gerechnet werden. Er verläuft vielfach auf landesinternen Weitwanderwegen
Wichtige Städte am Weg Lorient, Saint-Brieuc, Saint-Malo, Avranches, Le Havre, Oostende, Brugge, Hoek van Holland, Den Haag, Wilhelmshaven, Bremerhaven, Hamburg, Lübeck, Wismar, Stralsund, Świnoujście, Kołobrzeg, Łeba, Gdańsk, Elblag, Frombork

Zur Einführung

Eine spannende Idee – die Küsten europäischer Länder und so drei Meere (Atlantik, Nord- und Ostsee) miteinander zu verbinden. In Portugal soll die Wanderung eines Tages beginnen können und an der Atlantikküste über Spanien nach Frankreich führen. Über Belgien und die Niederlande erreicht der E9 schon die Nordsee und über Deutschland und Polen die Ostsee. Nach Rußland, Litauen und Lettland besteht derzeit keine Fortsetzungsmöglichkeit. Nur in Estland wurde 1995 ein erster Wegteil des E9 der Öffentlichkeit übergeben (siehe gesonderten Infokasten), inzwischen kamen weitere Strecken hinzu. – Eine Variante wird an der englischen Küste entstehen und von Plymouth bis Ramsgate führen. Sie ist gerade in Vorbereitung.

Derzeit nimmt der E9 in Frankreich seinen Anfang, ein Großteil des Küstenwegs ist dort bereits eingerichtet. Im Südwesten, ab Hendaye nach der spanischen Grenze, über Biarritz, die Bucht von Arcachon, Royan, Rochefort, La Rochelle, St-Nazaire und Lorient ist die Route nur teilweise auf GR-Wegen (Weitwanderwegen, Sentiers de Grande Randonnée) begehbar. Ab Lorient läßt er sich (zunächst auf dem GR34) als E9 verfolgen. Bei der Pointe du Raz schließt der E5 sich ihm an. Nach der Trennung der beiden Wege (bei Huelgoat) gelangt der E9 nach Saint-Brieuc an der Côte de Granit Rose. Ab Dinard verlaufen E5 und E9 wieder gemeinsam, über Saint-Malo und die berühmte Klosterfestung Mont-Saint-Michel erreichen sie die Normandie. Bei Avranches schlagen beide Wege verschiedene Richtungen ein. Der E9 bleibt an der Küste, wo er über Cherbourg zu den Badeorten und Häfen an den Flach- und Steilküsten des Ärmelkanals zieht – Honfleur, Le Havre, Dieppe, Le Tréports, Dunkerque und Calais sind nur einige davon. In Bray-Dunes wird die Grenze nach Belgien überschritten.

In Flandern steuert der E9, nun an der Nordseeküste, mit dem Seebad De Panne gleich auf Belgiens breitesten Strand zu. Hier gesellt sich der E2 dazu, verläßt den E9 bei Oostende (Ostende), Belgiens größtem Küstenhafen, aber wieder. De Haan und Brugge (Brügge) verwöhnen schließlich mit schöner Bausubstanz und reichen Kunstschätzen.

In den Niederlanden folgt der E9 im wesentlichen dem LAW (Lange Afstand-Wandelpad) 5, dem Niederländischen Küstenweg. Nach dem Grenzübertritt sieht man sich in Sluis starken Festungswällen gegenüber. Und schon bald sorgen Fähren und Dämme für die Verbindungen, die der E9 auf seinem Weg nach Vlissingen, Hoek van Holland und in die Regierungsstadt Den Haag benötigt. Bei Zandvoort kreuzt der E11, und der große Ab-

Das Rathaus in Leer/Ostfriesland

schlußdeich – er schnitt die frühere Nordseebucht »Zuidersee« vom Meer ab – ermöglicht den weiteren Verlauf an der Küste nach Harlingen und Holwed. Über Lauwersoog, Delfzijl und Nieuweschans wird schließlich Deutschland erreicht.

In Ostfriesland werden bis Wilhelmshaven Weide-, Polder- und Fehnlandschaften durchwandert. Der Jadebusen, in den auch die Halbinsel Butjadingen hineinragt – ein Teil der Route verläuft hier –, gehört dem Nationalpark Niedersächsisches Wattenmeer an. Für die Flußquerung nach Bremerhaven ist die Weserfähre vorgesehen, nach Glückstadt die Elbfähre. Von Hamburg,

E9

Der Ostseestrand bei Usedom mit seinen Fischerbooten lädt zu ausgiebigen Wanderungen ein

INFO

Weglänge pro Land (ca.)

Frankreich	2000 km
Belgien	200 km
Niederlande	650 km
Deutschland	900 km
Polen	650 km

Ausrüstung Feste, bewährte Wanderschuhe mit knöchelhohem Schaft, Sonnen-, Kälte- und Regenschutz, Taschenlampe (und Reservebatterie), Tagesrucksack, etappenbedingt Verpflegung, reichlich Getränk, Erste-Hilfe-Ausstattung, Badesachen, eventuell (leichtes) Zelt

Vorbereitung Rechtzeitig Karten, Informationsmaterial und Unterkunftsverzeichnisse besorgen. Mindestwortschatz in den Landessprachen zusammenstellen und aneignen. Konditions- und Ausdauertraining nicht vergessen

Wichtige übergreifende Adressen
Europäische Wandervereinigung (EWV), Wilhelmshöher Allee 157–159, D-34121 Kassel, Tel. 0049/561/938730, Fax 0049/561/9387310, E-Mail dt.wanderverband@t-online.de (dort ist auch ein Adressenverzeichnis der einzelnen Regional- und Landesverbände erhältlich)

Karten, Literatur Homepage »Walking in Europe« http://www.gorp.com/gorp/activity/europe/Epaths.htm; Gorges, Hans-Jürgen, »Auf Tour in Europa« (1999), Dt. Wanderverlag; weiteres Material: siehe Teilstrecken

Deutschlands großer Hafenstadt und zugleich Bundesland, zieht auch der E1 durch den Naturpark Lauenburgische Seen zur Hansestadt Lübeck, um sich dort vom E9 zu trennen. Die Lübecker Bucht gehört bereits zur Ostsee. Vom Klützer Winkel mit seinen Kornfeldern, mannshohen Hecken und reetgedeckten Bauernhäusern (Boltenhagen) setzt der E9 sich zur Hansestadt Wismar und in den Nationalpark Vorpommersche Boddenlandschaft fort. Nach Fischland, Darß und Zingst kreuzt der E9 in Stralsund den E10, um dann die Sandstrände und stillen Dörfer der zweitgrößten Insel Deutschlands, Usedom (mit gleichnamigem Nationalpark), aufzusuchen. In ihrem östlichsten Teil liegt Swinemünde, doch damit begibt der E9 sich bereits auf polnischen Boden.

Hier heißt Swinemünde Świnoujście und Usedom Uznam. Durch den Nationalpark Wolin, der einen Teil der an Usedom anschließenden Insel Wolin (Wollin) beansprucht, zieht der

Weg weiter über Handelsstädte und die früher schon beliebten Bade- und Urlaubsorte Pommerns – wie Trzebiatów, Kołobrzeg (Kolberg), Mielno (Mühlen), Darłowo (Rügenwalde) und Ustka (Stolpmünde). Nur 30 Meter über dem Meeresspiegel liegen die Seen im Nationalpark Słowinski. Zu seinen Besonderheiten zählen die großen Wanderdünen, die in früherer Zeit ein Dorf unter sich begruben. Statt dessen wurde das heutige Łeba mehr in das Landesinnere verlegt. Von Dębki kürzt der E9 durch das waldreiche Hügelland der Kaschubischen Berge südostwärts nach Puck an der Danziger Bucht ab. Von Gdańsk (Danzig) folgt der E9 weiterhin der Danziger Bucht, bis zur schmalen Nehrung, der Halbinsel Wiślana mit ihren Ferienorten. Die Fähre überquert Zalew Wiślany, das Frische Haff, nach Elblag (Elbing). Von Frombork (Frauenburg), dem Wohnort Nikolaus Kopernikus', liegt die Grenzstadt Braniewo (Braunsberg) nur knappe 13 km entfernt. Die bis hierher (außer eventuellen kleinen Unterbrechungen) durchgehende Strecke des E9 endet nun. Von den übrigen schon genannten Staaten hat bisher Estland den Gedanken an eine Weiterführung konkreter aufgegriffen.

Der E9 in Estland

In Estlands äußerstem Südwesten, in der Grenzstadt Ikla, soll er beginnen und nach Norden zum Finnischen Meerbusen führen, dann bis zur russischen Grenze (über Tallinn) der Küstenlinie nach Osten folgen. Kleine Teile dieses Plans sind verwirklicht. Informationen bei der Estnischen Wandervereinigung: Eesti Matkaliit, Raekoja plats 18, EST-Tallinn EE-0001, Internet http://www.matk.ee/Inglese/do/path/E9map.htm

E9-Variante in England

Die Anbindung der englischen Südküste als Variante des internationalen Küstenwegs über die verschiedenen Fährhäfen oder auch neuerdings den »Chunnel«, den Eurotunnel unter dem Ärmelkanal, liegt nahe. Auch in England wird der E9 vor allem an bereits vorhandene Weitwanderwege anknüpfen. Der bisher geplante Verlauf führt von Plymouth nach Ramsgate. Nähere Informationen bei der Long Distance Walkers Association.

Am Grenzübergang Ahlbeck/Świnoujście

E9

E9 Frankreich: Bretagne – Normandie – Ärmelkanal

Tourenlänge Etwa 2000 km

Durchschnittlicher Zeitbedarf
Vierzehn bis fünfzehn Wochen

Wegmarkierungen Querbalken weiß-rot, GR-Nummerierungen (Sentier de Grande Randonnée)

Landschaftscharakter Küstenlandschaft, von der schroff-klippigen und stark gegliederten Felsküste bis zur langgestreckten Sandküste mit Dünen

Günstige Wanderzeit Frühjahr bzw. Frühsommer bis Herbst

Steigungen Keine wesentlichen

Mögliche Ausgangs- bzw. Zielorte (Bahnanschluß) Lorient, Brest, Roscoff, Saint-Malo, Avranches, Cherbourg, Villers-sur-Mer, Le Havre, Dieppe, Boulogne-sur-Mer, Calais, Dunkerque

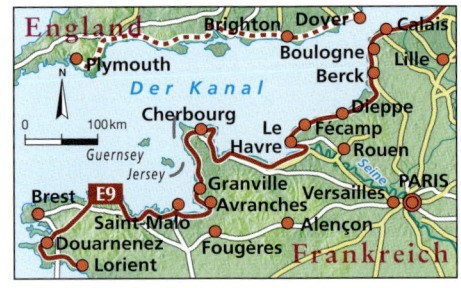

Seinem Namen »Internationaler Küstenweg« wird er gerecht. Ab Lorient in der Südbretagne verläuft er im Prinzip nach Nordosten bis zur belgischen Grenze – und immer weiter. Die Strecke von Lorient nach Süden, über die Loire-Mündung hinweg an den Golf von Biskaya, ist noch nicht vollständig eingerichtet und in Planung. Auf den dort vorhandenen, untereinander noch unverbundenen Abschnitten der GR-Wege (Weitwanderwege, Sentiers de Grande Randonnée) erschließen sich die faszinierenden, zum Teil unter Schutz gestellten Landschaften der West- und Südwestküste.

Nach ihren früheren Handelsbeziehungen mit Indien und China erhielt die Stadt **Lorient** (16 m), die an der gemeinsamen Mündung von Scorff und Blavet liegt, ihren Namen. Von hier erreicht der E9 zunächst die (bis auf Besucherströme) einsame Pointe du Raz, Frankreichs westlichsten Punkt, wo er auf den E5 trifft. Bei **Huelgoat** läuft der E5 vorübergehend nach Westen, während der E9 direkt nördlich an die Côte de Granit Rose führt und über den Fischerort **Roscoff** in **Saint-Brieuc** einlangt. In **Dinard** schließt der E5 sich wieder an, und gemeinsam erreichen sie auf dem GR34 über **Saint-Malo** den berühmten Klosterberg Mont-Saint-Michel, der bereits auf dem Boden der Normandie steht. Bei **Avranches** (102 m) trennen die Wege sich. Die französischen Weitwanderwege GR223, 224, 2, 23 und 21 teilen sich die weitere Strecke des E9. Nach dem einstigen »strategisch« günstig gelegenen Kriegshafen **Cherbourg** genießen wir um **Villers-sur Mer** die flachen Sandstrände der Côte Fleurie, und über **Honfleur** bestaunen wir in der Hafenstadt **Le Havre** die 9 km breite Seine-Mündung. **Dieppe** ist Frankreichs ältestes Seebad und war einst für seine Elfenbeinschnitzereien bekannt.

INFO

Ergänzende Verkehrsmittel Bus, Schiff
(vor Ort erkunden)

Übernachtungshinweise Möglichkeiten
jeder Preiskategorie in jedem größeren
Ort; ein Verzeichnis der »Gîtes d'etape«
(einfache Wanderunterkünfte abseits
großer Zentren) ist z.B. bei der Gîtes de
France, Frankfurt/Main, oder der FFRP
erhältlich

Informationsstellen FFRP Fédération
Française de la Randonnée Pédestre,
14, rue Riquet, F-75019 Paris,
Tel. 0033/1/44899393,
Fax 0033/1/40358567;
Gîtes de France, Sachsenhäuser Land-
wehrweg 108, 60599 Frankfurt/Main,
Tel. 0049/69/683599,
Fax 0049/69/686236

Wichtigste Karten Übersichtskarte
1:1 000 000 »France, Grande
Randonnée«, Nr. 903 (7. Auflage 1996;
mit Hinweisen in Deutsch); topographische Karten 1:25 000 und 1:100 000
vom IGN (Institut Géographique National); »topo-guides« der FFRP (Wanderführer in französischer Sprache mit
topographischen Kartenausschnitten)

Sehenswürdigkeiten am Weg Saint-
Brieuc, Saint-Malo, (auch Aquarium und
Exotarium), Mont-Saint-Michel, Le Havre

Besonders zu beachten Für einige
Abschnitte ist derzeit kein »topo-guide«
erhältlich. Doppelzimmer bieten meist
das große Doppelbett (»grand lit«), das
vielen Gästen ungewohnt ist. Nach einem
Doppelzimmer mit getrennten Betten
(»chambre à deux lits«) muß man extra
fragen

Praktische Tips Unterkünfte für Ferienzeiten im voraus buchen. Außer Badesachen auch wärmende Kleidung,
Wind- und Regenschutz (vor allem für
die Bretagne und den Nordwesten) nicht
vergessen

Und vom Kalvarienberg
(100 m) **Le Tréports** ver-
liert der Blick sich über
die Steilküste hinweg in
der Weite des Meeres.
Calais (mit Fährverkehr
nach England) und
Dunkerque (Dünkir-
chen) in der Picardie,
Frankreichs drittgrößter
Hafen und nach seiner
Kirche in den Dünen
benannt, liegen noch
auf unserem Weg zum
Grenzort gegen Belgien,
Bray-Dunes.

Abendstimmung am Ärmelkanal

E9

E9 Belgien, Niederlande: Flandern – Friesland

Tourenlänge Etwa 850 km

Durchschnittlicher Zeitbedarf
Sechs Wochen

Wegmarkierungen Belgien und Niederlande: Querbalken weiß-rot; Kreuz aus weißem und rotem Querbalken bedeutet »hier nicht gehen, falsch«.
Belgien: GR-Numerierung (GR = Grote Routepad), weitere weiß-rote Zeichen für Richtungsänderung, Abzweigung und Unterbrechung der Markierung; Niederlande: LAW-Numerierung (LAW = Lange Afstand-Wandelpad), Doppelmarkierung weiß-rot-weiß-rot für Richtungsänderung

Landschaftscharakter Teils geradlinige, teils durch oft große Flußmündungen unterbrochene, überwiegend touristisch erschlossene Flachküste mit Sandstränden und bewachsenen Dünen, Häfen, Fischerorten; dahinter als Anbauflächen oder Weiden genutztes Marsch- und Polderland

Günstige Wanderzeit Sommer

Steigungen Keine wesentlichen

Mögliche Ausgangs- bzw. Zielorte (Bahnanschluß) Oostende, Brugge, Den Haag, Zandvoort, Harlingen, Delfzijl, Nieuweschans

In Belgien ist das Seebad **De Panne** mit Belgiens breitestem Strand, Dünen, Wald und einem Naturreservat der erste Ort, den der E9 auf seiner Küstenwanderung durch Flandern erreicht. Hier schließt sich ihm der E2 an, und gemeinsam ziehen sie über **Middelkerke** in das Weltbad **Oostende** (Ostende). Dieser größte Küstenhafen

Belgiens (Fährverbindung nach England) ist Geburtsort des belgischen Malers James Ensor. Nun setzt der E9 (hier auch GR5A) den Weg auf dem 66 km langen Küstenstreifen allein fort. Über das elegante **De Haan** mit seinen bewaldeten Dünen erreichen wir das an Kanälen, schöner Bausubstanz und Kunstschätzen (z.B. Michelangelos »Brügger Madonna«) reiche **Brugge** (Brügge). Ein Abstecher von hier nach Antwerpen lohnt bestimmt.

In den Niederlanden treffen wir in dem von alten Festungswällen umschlossenen **Sluis** im südlichsten Teil Zeelands ein. Auf dem ersten Abschnitt des Küstenwegs LAW 5, also auf dem LAW 5-1, bringt uns der E9 mit der Fähre von **Breskens** nach **Vlissingen**, dem einzigen niederländischen Hafen am Meer. Der Weg überschreitet einige Dämme, kreuzt im historischen Städtchen **Goedereede** den E2 und nimmt hinter **Vlaardingen** (berühmte alte Fischbank) den E8 bis **Hoek van Holland** mit auf. Nun setzt er sich auf dem LAW 5-2 entlang der Küste bis

Der 85 m hohe Belfried zu Brügge

zum Regierungssitz **Den Haag** (auch noch 's Gravenhage) fort. Nahe und sehenswert ist Delft. Und von **Zandvoort** (hier kreuzt der E11) sind Haarlem und Amsterdam nicht weit. Von **Den Oever** an folgt der Weg dem Bogen der vorgelagerten westfriesischen Inseln. Die Verbindung nach **Zurich** bildet der 32 km lange und 90 m breite Afsluitdijk (Abschlußdeich), der Ijsselmeer und Nordsee trennt. Der LAW 5-3 wies uns bis hierher, der LAW 5-4 verläuft über die romantische Stadt **Harlingen** nach **Holwerd** und **Lauwersoog**. Der LAW 5-5 übernimmt die weitere Strecke über **Delfzijl** (Meeres-Aquarium) nach **Nieuweschans** (»Neuschanz«) an der Grenze zu Deutschland.

INFO

Ergänzende Verkehrsmittel Bus, Fähre
Übernachtungshinweise Möglichkeiten verschiedener Preiskategorien in jedem größeren Ort, Naturfreundehäuser, in Belgien auch Etappenhäuser (Etappehuis) und Etappenhütten (Trckkershut)
Informationsstellen
Belgien: Grote Routepaden, Van Straalenstraat 40, B-2060 Antwerpen, Tel. 0032/3/2327218, Fax 0032/3/2318126; Niederlande: Stichting Wandelplatform-LAW, Postbus 846, NL-3800 AV Amersfoort, Tel. 0031/33/4653660, Fax 0031/33/4654377
Wichtigste Karten
Belgien: Topographische Karten 1:25 000, 1:50 000 und 1:250 000 des NGI (nationaal geografisch instituut); »topogids« (Wanderführer mit topographischen Kartenausschnitten, nicht in Deutsch); Niederlande: Topographische Karten 1:25 000 von Topografische Dienst, Übersichtskarte 1:500 000 von Stichting Wandelplatform-LAW; »topogids« s. o. (mit Benutzerhinweisen und Wörterliste in Deutsch); erhältlich bei den Informationsstellen (siehe dort)
Sehenswürdigkeiten am Weg Brugge, Antwerpen, Den Haag, Delft, Wassenaar (Erholungs- und Vergnügungspark Duinrell), Lisse (Nationale Blumenausstellung Keukenhof, April/Mai), Amsterdam
Besonders zu beachten Unterkünfte für Ferienzeiten im voraus buchen
Praktische Tips Badesachen und guten Sonnenschutz, aber auch wärmende Kleidung, Wind- und Regenschutz nicht vergessen. Im Rucksack bzw. Gepäck Wäsche zum Schutz vor hoher Luftfeuchte extra verpacken

E9

E9 Deutschland: Ostfriesland – Lübeck – Usedom

Tourenlänge Etwa 900 km

Durchschnittlicher Zeitbedarf
Sechs bis sieben Wochen

Wegmarkierungen Von der niederländischen Grenze bis Wilhelmshaven wechselnd; bis Elmshorn gelber, teilweise grün gerandeter Richtungspfeil; bis Lübeck weißes Andreaskreuz, teilweise schwarz gespiegelt; bis Travemünde Querbalken weiß-blau-weiß; Küstenbereich Mecklenburg-Vorpommern Querbalken weiß-rot-weiß oder weiß-blau-weiß

Landschaftscharakter Polder- und Fehnlandschaft, Förden, Haffs, Sandstrände und Steilufer, sanftwelliges Hügelland mit Weilern oder reizvollen Seen, stark gegliederte Boddenküste

Günstige Wanderzeit
Frühsommer bis Herbst

Steigungen Keine wesentlichen

Mögliche Ausgangs- bzw. Zielorte (Bahnanschluß) Leer, Wilhelmshaven, Bremerhaven, Hamburg, Lübeck, Wismar, Rostock, Stralsund, Greifswald, Wolgast, Ahlbeck

Vielfach durch Weideland gelangen wir von der holländischen Grenze in die ostfriesische Hafenstadt **Leer**. Polderlandschaft und das moorige Gelände der ostfriesischen Fehne begleiten uns über **Aurich** bis **Wilhelmshaven**. Die Stadt ist Einspeisepunkt für die Ölpipeline und liegt am Jadebusen, der dem Nationalpark Niedersächsisches Wattenmeer angehört. Auf der Marschhalbinsel Butjadingen benützt der E9 den Butjadinger Wanderweg. Die Weserfähre bringt uns nach **Bremerhaven**, wo die Weser in die Nordsee mündet. Zusammen mit Bremen bildet es Deutschlands kleinstes Bundesland.

Über **Bad Bederkesa**, **Wingst** und **Wischhafen** (111 km von Bremerhaven) erreichen wir die Elbfähre zur ehemaligen Festungsstadt **Glückstadt**. Als dänische Gründung zeigt das Stadtbild diesen Einfluß noch heute. Flußaufwärts führt der Weg gemeinsam mit dem E1 zu der an Kanälen reichen Hansestadt **Hamburg**. Hinter Hamburg folgt auch der E6 der Route über **Mölln** im Naturpark Lauenburgische Seen, am Ratzeburger See vorbei zur Hansestadt **Lübeck** (11 m) mit ihrem prachtvollen Stadtbild (etwa 550 km von der holländischen Grenze). Hier trennen E1 und E6 sich vom E9, der – nun an

INFO

Ergänzende Verkehrsmittel Bus, Fähre (vor Ort erkunden)

Übernachtungshinweise Unterkünfte jeder Preiskategorie in allen größeren Orten; entlang der Küste nicht immer in geeigneten Etappen

Informationsstellen
Wanderverband Norddeutschland e.V., Spaldingstr. 160 B, D-20097 Hamburg, Tel. 0049/40/230086, Fax 0049/40/230148

Wichtigste Karten Topographische Karten 1:25 000, 1:50 000 und 1:100 000 der Landesvermessungsämter Niedersachsen, Hamburg, Schleswig-Holstein und Mecklenburg-Vorpommern; Kompaß-Spezial-Wanderkarten für den Küstenbereich Ostsee

Sehenswürdigkeiten am Weg Leer, Aurich, Bad Bederkesa, Glückstadt, Hamburg, Mölln, Ratzeburg, Lübeck, Klütz, Wismar, Stralsund, Greifswald, Heringsdorf

Besonders zu beachten Naturliebhaber erhalten bei Fremdenverkehrsverbänden oder den Nationalparkverwaltungen Informationen über Lehrpfade, Exkursionen, Vorträge und Infozentren

Praktische Tips Unterkünfte rechtzeitig planen und für Ferienzeiten im voraus buchen. Pullover, Wind- und Regenschutz nicht vergessen

der Ostsee – in **Travemünde** die Fähre zum Priwall vorsieht. Im Klützer Winkel, mit **Pötenitz** und **Boltenhagen**, nimmt eine sanftwellige Landschaft uns auf. Schön sind die vielgestaltigen Giebel in der Hansestadt **Wismar**, und von **Warnemünde** aus, das wir über die Bäderküste erreichten, bietet sich ein Abstecher in die Hansestadt Rostock an, wo das drittgrößte Buch der Welt aufbewahrt wird, der »Rostocker Atlas«. Die sich anschließenden schmalen Landzungen Fischland, Darß und Zingst zählen teilweise zum Nationalpark Vorpommersche Boddenlandschaft. Nach dieser 50 km langen Strecke treffen wir in der Universitätsstadt **Stralsund** (12 m) ein, wo der E9 den E10 kreuzt. Über **Greifswald**, die einstige »Perle Vorpommerns«, treten wir mit Deutschlands zweitgrößter Insel, Usedom, in den gleichnamigen Nationalpark ein (etwa 350 km von Lübeck). Sandstrände, Badeorte und stille Fischerdörfer hält sie für uns bereit, eine langgestreckte Ostsee- und eine stark gegliederte Binnenküste. **Swinemünde**, das nächste Ziel, liegt bereits jenseits der Grenze zu Polen.

Das Rathaus von Stralsund

E9

E9 Polen: Pommern – Danziger Bucht

Tourenlänge Etwa 650 km

Durchschnittlicher Zeitbedarf
Etwa fünf Wochen

Wegmarkierungen Querbalken weiß-rot-weiß, auch andere Farben

Landschaftscharakter Kliff- und Flach-küste mit Sandstränden und Dünen, Nehrungen, Haffs, Strandseen; bewaldetes Hügelland

Günstige Wanderzeit Frühsommer und Herbst

Steigungen Keine wesentlichen

Mögliche Ausgangs- bzw. Zielorte (Bahn-anschluß) Świnoujście, Trzebiatów, Kołobrzeg, Darłowo, Ustka, Łeba, Gdańsk, Elblag, Braniewo

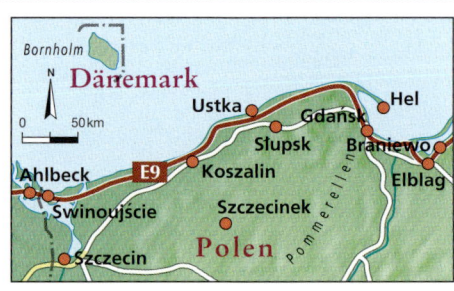

Świnoujście (Swinemünde) auf Uznam (Usedom) wurde durch ihre Zuteilung an Polen zu einer kleinen Enklave auf der deutschen Insel. Hier beginnt der E9 auf polnischem Boden. Er führt auf die zwischen der Pommerschen Bucht und dem Stettiner Haff gelegenen Insel Wolin (Wollin), die teilweise National-park ist. Über 90 m hohe Kliffs fallen zum Meer hin ab, und nacheiszeit-liche Seen geben der Landschaft ihren besonderen Reiz.

In Pommern erreicht der Weg über **Dziwnówek** nach etwa 100 km **Trzebiatów** an der Rega, einst wohlhabende Handelsstadt. Nur 35 km ist der Bade-ort **Kołobrzeg** (Kolberg), vormals einer der bedeutendsten deutschen Urlaubs-orte, entfernt. Über **Mielno** (Mühlen) und **Darłowo** (Rügenwalde) an der Wipper lädt der beliebte Urlaubsort

und Kurort **Ustka** (Stolpmünde, 160 km von Trzebiatów) mit schönen Stränden zum Baden ein. Im National-park Słowinski, den wir nun durch-wandern, trennen breite Sanddünen die flachen, salzhaltigen Seen, die sich etwa 30 km entlang der Küste aufrei-hen, von der Ostsee. Eine reiche Fauna (vor allem Vogelfauna) und Flora trägt zur Vielfältigkeit dieses Biosphärenre-servats bei. Wegen ihrer Wanderdünen und der Erosion mußte das hübsche Fischerdorf **Łeba**, an der Mündung des gleichnamigen Flusses, mehr ins Lan-desinnere verlegt werden. Seine Strän-de sollen die saubersten an der Ost-seeküste sein.

In **Dębki** (98 km von Ustka) verläßt der E9 die Küste, kehrt aber dann durch waldreiches Hügelland, über **Żarnowiec** und **Krokowa** in **Puck** zu ihr zurück. Puck und **Mrzezino** liegen auf der Route nach **Gdańsk** (Danzig, etwa 150 km von Dębki), der Univer-sitätsstadt mit den eleganten Bürger-häusern. Im Zweiten Weltkrieg zerstört, wurde Gdańsk während der Nach-kriegszeit neu aufgebaut. Es unterhält Schiffsverbindungen nach Dänemark,

Wanderdünen im Słowinski-Nationalpark

Kaiser Wilhelm II. ein Gestüt. **Frombork** (Frauenburg), wo der Astronom Nikolaus Kopernikus wohnte, lassen wir hinter uns, um den E9 in **Braniewo** (Braunsberg, 128 km von Gdańsk), der letzten polnischen Stadt vor der russischen Grenze, zu beschließen.

INFO

Ergänzende Verkehrsmittel Bus, Fähre (vor Ort erkunden)

Übernachtungshinweise Unterkünfte verschiedener Preiskategorien in jedem größeren Ort (PTTK-Hotels, private Hotels, Pensionen, Herbergen, Privatzimmer, Campingplätze)

Informationsstellen PTTK (Polskie Towarzystwo Turystyczno-Krajoznawcze), Zarząd Główny, ul. Senatorska 11, PL-00-075 Warszawa, Tel. 0048/22/8262251, Fax 0048/22/8262505

Wichtigste Karten
Topographische Karten 1:100 000, auch 1:200 000 der NWZK; Übersichtskarte 1:750 000 (PPWK, 1993) mit eingetragenen E-Wegen und Unterkunftsverzeichnis sowie Wander-Informationsbroschüre beim PTTK in Warschau erhältlich

Sehenswürdigkeiten am Weg
Nationalparks Wolin und Słowinski, Łeba, Gdańsk, Frombork

Besonders zu beachten Freies Zelten ist in Polen streng untersagt

Praktische Tips Rechtzeitig Information über alle Unterkunftsmöglichkeiten besorgen, Unterkünfte für Ferienzeiten im voraus buchen. Ausreichend Getränke für die Wanderungen mitnehmen

Finnland und Rußland. Noch zu sehen ist das ehemalige deutsche Konzentrationslager bei **Sztutowo** (Stutthof). Über **Kąty Rybackie** mit seinen langen Sandstränden treffen wir im größten Ferienort der Halbinsel Wiślana, dem Kurort **Krynica Morska** ein. Die schmale, langgestreckte Nehrung grenzt an die Danziger Bucht und schließt Zalew Wiślany (das Frische Haff) ein.

Mit der Fähre setzen wir südwärts nach **Elblag** (Elbing) über und befinden uns nun im Gebiet des Wzniesienie Elblasky (Plateaus von Elbing) mit seinen Moränen, das bis zur russischen Grenze ausstrahlt. Die Stadt mit der Nikoleikirche hat eine bewegte Geschichte. In **Kadyny** (Cadinen) hatte

E9

Europäischer Fernwanderweg 10

Von der Ostsee zum Mittelmeer

Zur Einführung

Er wird als »mitteleuropäischer« Weg bezeichnet – aber das Mittelmeer ist dabei noch nicht in Sicht. Von Deutschlands Ostseeinsel Rügen verläuft der E10 (mit einer Lücke) südostwärts, durch die Tschechische Republik und Österreich – hier wieder südwestwärts – bis nach Südtirol in Norditalien.

Mittelfristig ist an eine Erweiterung nach Finnland im Norden und langfristig durch Italien nach Frankreich und Spanien im Süden gedacht.

In Finnlands dünnbesiedelter Landschaft sollen bereits bestehende Wanderrouten zu provinzübergreifenden Weitwanderwegen, »Finnwegen«, untereinander verbunden werden und sich an das Netz der europäischen Fernwanderwege anschließen. Noch

Gesamtlänge Etwa 2380 km (eingerichtete Strecke)

Durchwanderte Regionen Rügen – Ostseeküste – Mecklenburgische Seenplatte – Spreewald – Lausitz – nordböhmisches Bergland – Mittelböhmen – Südböhmen – Mühlviertel – Innviertel – Flachgau – Berchtesgadener Alpen – Hohe Tauern – Drautal – Gailtaler Alpen – Karnische Alpen – Pustertal – Eisacktal – Sarntaler Alpen

Besonderheiten Dieser Weg ist nicht durchgehend angelegt und markiert; Erweiterung nach Finnland ist mittelfristig geplant, durch Italien nach Frankreich und Spanien langfristiges Projekt. Ausreichendes Kartenmaterial ist für alle eröffneten Strecken erhältlich

Wichtige Städte am Weg Bergen – Stralsund – Potsdam – Praha (Prag) – České Budějovice (Böhmisch Budweis) – Salzburg – Spittal an der Drau – Brixen (Bressanone) – Bozen (Bolzano)

fehlt aber oft die Infrastruktur dazu. Vorgesehen ist eine E10-Strecke, die, vom Süden des Landes aus betrachtet, von der Hauptstadt Helsinki zunächst östlich entlang der Küstenlinie nach Hamina und dann nördlich nach Lappeenranta, Imatra und Kitee führt. Vom Ostrand der Finnischen Seenplatte ist der Weiterweg durch Karelien über Joensuu und Nurmes geplant. Anschließend geht es durch Mittelfinnland über Vuokatti, Kajaani in die Universitätsstadt Oulu am Bottnischen Meerbusen. Wieder der Küste folgend, wird er nordwärts bis Kemi und Tornio an der Grenze zu Schweden ziehen (siehe auch Teilkarte und Informationen zu Finnland beim E6). Grob geschätzt, summieren sich ab Helsinki etwa 750 km.

Die Anbindung an Deutschland gewährleistet Rügen, wo der E10 bisher offiziell beginnt und markiert ist. Auf dieser vielgestaltigen Ostseeinsel Mecklenburg-Vorpommerns verläuft er vom Kap Arkona südwestwärts über Bergen und den Rügendamm nach Stralsund. Hier hört die weiß-blau-weiße Markierung auf, denn die Fortsetzung über Bad Sülze, Güstrow und die Mecklenburgische Seenplatte nach Strasen wird erst vorbereitet. Nach dieser Unterbrechung weisen Weg und Markierung ab Strasen südwestwärts in das brandenburgische Rheinsberg. Mit Oranienburg (36 m), Wustermark und Werder (38 m) an der Havel bleibt der E10 weiterhin in Brandenburg. Nächstes Ziel ist Potsdam, nur einen »Katzensprung« von der Bundeshauptstadt Berlin entfernt. Südostwärts geht es über Trebbin weiter – auch im Spreewald und bis Cottbus ist die überwiegend flache Landschaft weiterhin von Seen, Flüssen und Kanälen geprägt. Mit Bad Muskau nahe der polnischen Grenze befinden wir uns bereits in Sachsen und über die Muskauer Heide südostwärts bald in Niesky. Von Löbau erreicht der E10 durch das Lausitzer Gebirge bei Seifhennersdorf schließlich die Grenze zur Tschechischen Republik.

Böhmen durchschreitet der Weg mehr oder weniger richtungstreu von Norden nach Süden. Vom Grenzort Varnsdorf (Warnsdorf) bewegt er sich durch das nordböhmische Bergland nach Česká Lípa (Böhmisch Leipa). Burgen und Schlösser, Weinberge und die Flußlandschaften von Labe (Elbe) und Vltava (Moldau) begleiten den E10 nach Mělník und bis zur tschechischen Hauptstadt Praha (Prag). Zwischen Hügeln verbirgt sich die im Innern reich ausgestattete Burg Karlštejn (Karlstein), die Kaiser Karl IV. erbauen ließ. Mittelböhmen läßt der E10 bald zurück, um über Orlík (Worlik) und Písek (Pisek, 378 m) den südböhmischen Verwaltungssitz České Budějovice (Böhmisch Budweis, 384 m) zu erreichen. Das Zisterzienserkloster von

An der Nordmole in Stralsund

Zlatá Koruna (Goldenkron) lohnt den Besuch. Nicht erst bei Česky Krumlov (Böhmisch Krumau, 509 m) mit Böhmens zweitgrößtem Schloß ist der Böhmerwald spürbar. Und vom hübsch gelegenen Städtchen Frymburk (Friedberg, 730 m) sind es nur noch 30 km bis zum Grenzort Studánky.

Ebenfalls vom Böhmerwald bzw. seinen Ausläufern geprägt ist die Mühlviertler Landschaft, in der sich der E10 in Österreich (gemeinsam mit dem E6) auf dem Nordwaldkammweg 05 bis Aigen-Schlägl grenznah fortsetzt. Dann benützt er den bis in die Karnischen Alpen eingerichteten Rupertiweitwanderweg 10. Bei Oberkappel (511 m), gegen Bayern hin, kreuzt er den E8, danach tritt der E10 in das Innviertel ein. Hausruck und Kobernaußerwald, die Erhebungen um Oberndorf im Salz-

Windmühle bei Mikkeli in Finnland

burger Flachgau, der aussichtsreiche Haunsberg (835 m) und der Blick vom Wallfahrtsort Maria Plain (530 m) kündigen das nahe Hochgebirge an. Südlich Salzburgs (420 m) ragt der Untersberg (1972 m), österreichisch-deutscher Grenzberg, auf. Über sein latschenbewachsenes Karstplateau führt der E10 in das bayerische Berchtesgaden (572 m) und zum berühmten Königssee. Das Kalkplateau des Steinernen Meeres (Berührung mit dem E4 alpin) bringt den E10 wieder auf österreichischen Boden. Von Rauris und dem Gasteinertal aus überschreitet er die Hohen Tauern bis in die Kärntner Orte Mallnitz (1190 m) und Spittal an der Drau (554 m). In den Gailtaler Alpen um den Weißensee sind die Höhen sanfter. Von Hermagor (590 m) im Gailtal steigt der E10 über Naßfeld (nun auf dem Südalpen-Weitwanderweg 03) und Plöckenpaß in die Karnischen Alpen auf. Nach mehr Pässen und Seen ist der Grenzort Sillian (1090 m) im Osttiroler Pustertal willkommen. Auf italienischer Seite bleibt der E10 im Pustertal, wo er um den Wintersportort Toblach (Dobbiaco, 1210 m) und in Bruneck (Brunico, 835 m) auch kulturelle Sehenswürdigkeiten anzubieten hat. Besonders trifft dies dann für die Bischofsstadt Brixen (Bressanone, 560 m) im Eisacktal zu. Durch die Sarntaler Alpen und an den Erdpyramiden des Ritten vorbei legt der E10 seinen Weg zur Provinzhauptstadt Bozen (Bolzano, 265 m) zurück, wo er mit dem E5 zusammentrifft und vorläufig endet. Die weitere Routen-

Morgenstimmung am Steinernen Meer

führung steht noch nicht genau fest, eine Verwirklichung ist nicht absehbar. In Frankreich, wo eine Küstenstrecke von der Côte d'Azur bis zu den Pyrenäen im Gespräch war, ist die Situation nicht anders. Und das gleiche gilt für Spanien, wo ein Küstenweg bis Gibraltar erwogen wurde. Doch sind alle diese Gedanken noch nicht zu aktiven Vorhaben ausgereift und entsprechende Tatsachen außer Reichweite.

INFO

Weglänge pro Land (ca.)

Deutschland	750 km
Tschechische Republik	490 km
Österreich	900 km
Italien (bis Bozen)	240 km

Ausrüstung Feste, bewährte Wanderschuhe mit knöchelhohem Schaft, Sonnen-, Kälte- und Regenschutz, Mückenschutz, Taschenlampe (und Reservebatterie), Tagesrucksack, etappenbedingt Verpflegung, reichlich Getränk, Erste-Hilfe-Ausstattung, Badesachen; für das Hochgebirge außerdem feste Bergschuhe und vollständige Bergausrüstung

Vorbereitung Rechtzeitig Karten, Informationsmaterial und Unterkunftsverzeichnisse besorgen. Mindestwortschatz in den Landessprachen zusammenstellen und aneignen. Konditions- und Ausdauertraining nicht vergessen

Wichtige übergreifende Adressen Europäische Wandervereinigung (EWV), Wilhelmshöher Allee 157–159, D-34121 Kassel, Tel. 0049/561/938730, Fax 0049/561/9387310, E-Mail dt.wanderverband@t-online.de

Karten, Literatur Homepage »Walking in Europe« http://www.gorp.com/gorp/activity/europe/Epaths.htm; Gorges, Hans-Jürgen, »Auf Tour in Europa« (1999), Dt. Wanderverlag; weiteres Material: siehe Teilstrecken. Den Fortschritt der finnischen Wegearbeiten (siehe auch E6) kann man in Helsinki erfragen: Suomen Latu ry, Fabianinkatu 7, FIN-00130 Helsinki, Tel. 00358/9/170101, Fax 00358/9/663376, Internet http://www.dlc.fi/~eeromari/auf.htm

E 10

E10 Deutschland: Rügen – Seenplatte – Lausitz

Tourenlänge Etwa 750 km

Durchschnittlicher Zeitbedarf
Fünf bis sechs Wochen

Wegmarkierungen Vorwiegend
Querbalken weiß-blau-weiß

Landschaftscharakter Küstenlandschaft
mit Buchten, Kreidefelsen und Sandsträn-
den; Endmoränenlandschaft mit Seen und
Flüssen, saftigen Wiesen und Feldern;
Feuchtgebiete, Heiden und Kiefernwälder,
Talauen mit Laubmischwald

Günstige Wanderzeit
Frühsommer bis Frühherbst

Steigungen Im Hügelland

**Mögliche Ausgangs- bzw. Zielorte (Bahn-
anschluß)** Stralsund, Rheinsberg, Potsdam, Cottbus, Löbau

Nationalpark, Naturpark und Biosphärenreservat – Rügen, Deutschlands
größte Insel ist mit ihren Hügeln, Tälern, Wäldern, Halbinseln, Buchten,
Kreidefelsen und weißen Sandstränden
wohl auch die schönste. Vom Kap
Arkona, wo noch Reste des Walls um
die slawische Jaromarsburg zu sehen
sind, verläuft der Weg zum einstigen
Heringsumschlagplatz **Vitt**. Schatten-
spendender Mischwald umgibt uns am
Königsstuhl in der Stubbenkammer.
Und in **Bergen** läßt sich die Marien-
kirche als Rügens ältestes Bauwerk
bestaunen. Südwestwärts wenden wir
uns in der Umgebung von Putbus zum
Rügendamm und nach **Stralsund**, der
angeblich schönsten norddeutschen
Stadt. Bis hierher weist die weiß-blau-
weiße Markierung.

Der Weiterweg ist erst in Vorbereitung.
Er wird sich über die im 13. Jahrhundert gegründete Stadt **Bad Sülze** nach
Güstrow, dem Wirkungsort des Künst-
lers und Dichters Ernst Barlach, fortsetzen. Die Stadt besitzt Mecklen-
burgs bedeutendstes erhaltenes Renaissanceschloß. Nach Süden durch **Rei-
mershagen** (mit jungsteinzeitlichen
Megalithgräbern) und den Naturpark
Nossentiner-Schwinzer Heide in der
Mecklenburgischen Seenplatte soll er
über **Karow** südostwärts **Röbel** an der

INFO

Ergänzende Verkehrsmittel Bus (vor Ort
erkunden)
Übernachtungshinweise Unterkünfte ver-
schiedener Preiskategorien in jedem
größeren Ort, sonst auch Privatzimmer
Informationsstellen Verband Deutscher
Gebirgs- und Wandervereine e.V.,
Wilhelmshöher Allee 157–159,
D-34121 Kassel, Tel. 0049/561/93873-0,
Fax 0049/561/93873-10,
E-Mail dt.wanderverband@t-online.de
Wichtigste Karten Topographische
Karten 1:25 000, 1:50 000 und 1:100 000

Sehenswürdigkeiten am Weg
Kap Arkona, Saßnitz (Kreidefelsen),
Bergen, Putbus, Stralsund, Bad Sülze,
Güstrow, Röbel, Rheinsberg, Werder an
der Havel, Zossen, Lübben, Lübbenau,
Bad Muskau, Löbau
Besonders zu beachten Der Weg ist noch
nicht durchgehend angelegt und markiert
(Unterbrechung zwischen Stralsund und
Strasen, Verbindung ist in Vorbereitung)
Praktische Tips Unterkünfte für Ferien-
zeiten im voraus buchen (empfiehlt sich,
außer bei Privatzimmern, auch außerhalb
der Ferienzeiten); Pullover, Wind- und
Regenschutz nicht vergessen

Müritz erreichen. Noch südöstlicher, in
Strasen am Großen Pälitzsee wird der
E10 erneut aufgenommen. Südwestlich
davon liegt **Rheinsberg** mit dem gleichnamigen Schloß am See, das Friedrich
der Große als Kronprinz bewohnte. In
Tornow schlägt der Weg die Südrich-
tung nach **Oranienburg** (36 m) ein, das
nur 25 km von Deutschlands Haupt-

Ein berühmtes Motiv: Steilküste auf Rügen

stadt Berlin entfernt ist. Berlin wird
aber westlich über **Wustermark** und
Werder (38 m) an der Havel umgan-
gen. Ebenfalls an der Havel befindet
sich **Potsdam**, das vom kleinen
Fischerdorf zur Residenzstadt der
Preußenkönige aufstieg. Südostwärts
gelangen wir nach **Trebbin** und von
dort ostwärts nach **Zossen** am Nette-
kanal. Im Biosphärenreservat Spreewald wandern wir durch **Köthen**,
Lübben, **Lübbenau** und **Burg**.
Cottbus (72 m), nahe einem Braun-
kohle-Abbaugebiet, entstand 1156 als
planmäßig errichtete Marktsiedlung in
der Niederlausitz. Wieder südostwärts,
treffen wir über **Lieskau** in **Bad Muskau** ein. In der Muskauer Heide, wie
schon zuvor, nehmen die Höhen zu.
Und **Niesky** liegt bereits 180 m über
Meereshöhe. Über **Löbau** nähern wir
uns schließlich **Seifhennersdorf** bzw.
Varnsdorf jenseits der Grenze zur
Tschechischen Republik.

E 10

E10 Tschechische Republik: Böhmen – Moldauland

Tourenlänge Etwa 490 km

Durchschnittlicher Zeitbedarf
Drei bis vier Wochen

Wegmarkierungen Markierungsfarbe
ändert sich; Querbalken weiß-farbig-weiß
mit mehrfachem Farbwechsel, »E10« in
Weiß auf der Markierungsfarbe

Landschaftscharakter Überwiegend
Hügelland, mit Wäldern, Seen, Teichen,
Flüssen, Weinbergen, Hochmooren

Günstige Wanderzeit Frühjahr/Frühsom-
mer (Obstbaumblüte ab Mitte April) und
Herbst

Steigungen Vielfach Hügelland, also vorhanden

**Mögliche Ausgangsorte bzw. Zielorte
(Bahnanschluß)** Varnsdorf, Novy Bor,
Česká Lípa, Mělník, Praha, Písek, České
Budějovice, Vyšší Brod

Die Grenzstadt **Varnsdorf** (Warnsdorf)
hat noch Anteil am Lausitzer Gebirge,
nach Süden zu, in Richtung **Novy Bor**
(Haida), steigen die Höhen weiter an.
Die weltberühmte Glasbläserstadt liegt
am Fuß des 760 m hohen Klíč (Kleiß-
bergs). **Sloup** (Burgstein), 4 km südöstlich von Novy Bor, verbindet man hingegen mit Spiegeln. Südwestwärts von
hier erreichen wir die zwischen Kup-
pen vulkanischen Ursprungs und Krei-
desandsteinberge eingebettete Industriestadt **Česká Lípa** (Böhmisch
Leipa). Über **Zahrádky** (Neugarten),
Jestřebi (Habichstein), **Starý Slavy**
(Thammühl) und **Bezděz** (Schloß
Bösig) erreichen wir die gotische Burg
Kokořín (Kokorschin). Sie ragt im

wildromantischen Naturschutzgebiet
17 km nordöstlich von **Mělník** (Mel-
nik) auf. Weinberge und ein gleichna-
miges Schloß laden den Besucher dieser Stadt an der Mündung der Vltava
(Moldau) in die Labe (Elbe) ein. Von
weitem schon ist das mit Sgraffiti verse-
hene Renaissanceschloß von **Nelahozeves** (Mühlhausen an der Moldau),
Geburtsort des Komponisten Antonín
Dvořák, zu erkennen. Die Industriestadt **Kralupy nad Vltavou** (Kralup an
der Moldau) lassen wir zurück, um die
»Goldene Stadt«, **Praha** (Prag, etwa
170 km von Varnsdorf), zu sehen.
Wegen seiner prachtvollen Bauwerke
aus allen Stilepochen und des landschaftlichen Reizes seiner Lage gilt
Prag als eine der schönsten Städte der
Welt. Bei **Karlštejn** (Karlstein) steht die
von Kaiser Karl IV. errichtete, im Mit-

telalter unbezwingbare Feste gleichen Namens, Böhmens schönste Burg. Etwa 30 km beträgt die Wanderstrecke von hier bis **Dobříš** (Dobrschisch, 370 m), der »Stadt der Handschuhmacher«. Und nach rund weiteren 58 km blicken wir von **Orlík** (Worlik) an seinem Westufer über einen der größten tschechischen Stauseen. In **Písek** (Pisek, 378 m) führt Böhmens älteste

Deckel-Fels »Pokličky« im Kokořin-Tal

INFO

Ergänzende Verkehrsmittel Bus (vor Ort erkunden)
Übernachtungshinweise Unterkunftsmöglichkeiten verschiedener Preiskategorien in jedem größeren Ort; sonst auch Privatzimmer
Informationsstellen Klub českych turistu, Archeologická 2256,
CZ-155 00 Praha 5 Luziny,
Tel./Fax 00420/2/65145-29 oder -31
Wichtigste Karten Wanderkarten 1:50 000 mit eingezeichneten E-Wegen, zu beziehen z. B. beim Klub českych turistu, s.o.
Sehenswürdigkeiten am Weg
Kokořín, Nelahozeves, Praha, Karlštejn, Písek, České Budějovice, Zlatá Koruna, Česky Krumlov, Frymburk
Besonders zu beachten Juli und August sind die regenreichsten Monate
Praktische Tips Unterkünfte für Ferienzeiten und in touristischen Zentren (auch außerhalb der Ferienzeiten) im voraus buchen. Vor allem im Sommer wetterfeste Kleidung und Regenschutz mitnehmen. Schon zu Hause Grundwortschatz in Tschechisch aneignen

Steinbrücke über die Otava (Wottawa), und **Tyn nad Vltavou** (Moldautein) zählt zu ältesten Siedlungen Südböhmens. Dessen Metropole **České Budějovice** (Böhmisch Budweis, 384 m, etwa 220 km von Prag) ist zwar Industriestadt, besitzt aber in seinem Marktplatz einen der schönsten Plätze Europas und eine als Denkmal geschützte Altstadt. Auch das Zisterzienserkloster von **Zlatá Koruna** (Goldenkron) ist ein nationales Kulturdenkmal. Nahezu völlig von der Vltava (Moldau) umflossen ist das mittelalterliche **Česky Krumlov** (Böhmisch Krumau, 509 m, 35 km von Budweis) mit dem zweitgrößten Schloß Böhmens. Malerisch auf einer Halbinsel des Údolní nádrž Lipno (Lippener Stausees) liegt das von den Rosenbergern gegründete Städtchen **Frymburk** (Friedberg, 730 m). Von **Vyšší Brod** (Hohenfurth) – die berühmte »Hohenfurther Madonna« wird seit 1945 in Prag aufbewahrt – trennen uns noch 20 km und nur weitere 9 km vom Grenzort **Studánky**.

E 10

E10 Österreich: Mühlviertel – Salzburg – Osttirol

Tourenlänge Etwa 900 km

Durchschnittlicher Zeitbedarf
Sieben Wochen

Wegmarkierungen E10-Täfelchen (vereinzelt), 05, 10, 03 (Nummern der österreichischen Weitwanderwege), Querbalken rot-weiß-rot

Landschaftscharakter Hügelland, Mittel- bis Hochgebirge, mit Flüssen, Seen, Feuchtgebieten, Wäldern, Wiesen, Weiden, Almen, steilen Rasen, Fels- und Geröllhängen, Firnrinnen und Schneefeldern

Günstige Wanderzeit Frühjahr, im Hochgebirge Sommer, und Herbst

Steigungen Häufig, oft erheblich, da meist Mittel- und Hochgebirge

Mögliche Ausgangs- bzw. Zielorte (Bahnanschluß) Rohrbach, Mattighofen, Salzburg, Badgastein, Spittal

Im oberösterreichischen Mühlviertel treffen wir zunächst im Moor- und Kneipp-Kurort **Bad Leonfelden** ein, um dann nordwestwärts (wie der E6) über **Aigen** (600 m) das barocke Prämonstratenserstift von **Schlägl** aufzusuchen (Trennung vom E6). **Peilstein** (584 m) und der aussichtsreiche Ameisberg (941 m) bringen uns zum Grenzort **Oberkappel** (511 m), wo der E8 kreuzt. Bei **Niederranna** wird die Donau überquert, und nächstes Ziel ist **Haag am Hausruck** (505 m). Der Kobernaußer Wald, der bis an **Mattighofen** (454 m) heranreicht, Wiesen und Auwald begleiten uns nach **Ostermiething** und **Wildshut**. Im Salzburger

Flachgau genießen wir nach **Oberndorf** (»Stille-Nacht-Kapelle«) vom bewaldeten Haunsberg (835 m) und vom Wallfahrtsort **Maria Plain** (530 m, etwa 350 km ab Tschechiens Grenze) einen weiten Rundblick. In der Mozart- und Festspielstadt **Salzburg** (420 m) kreuzt der E4 den E10. Südlich von ihr erhebt sich der höhlen- und dolinenreiche Untersberg (1972 m), über den wir zum deutschen Kur- und Wintersportort **Berchtesgaden** (572 m) wandern. Am fjordähnlichen Königssee nehmen wir das Schiff zum Wallfahrtsort St. Bartholomä (618 m), um zum Steinernen Meer aufzusteigen. Auf dessen Karstplateau folgen wir dem Pilgerweg (Berührung mit dem E4 alpin) zum österreichischen Wallfahrtsort **Maria Alm** (802 m). Bei **Taxenbach** (802 m) begehen wir die romantische

Kitzlochklamm nach **Rauris** (948 m), dem Goldabbau im Mittelalter zu Wohlstand verhalf. Über die Seebach-scharte (1995 m) führt der E10 zum Kurort **Bad Hofgastein** (858 m), über den Unteren Bockhartsee (1849 m) zum Wintersportzentrum **Sportgastein** (1573 m) und über den Mallnitzer oder Niederen Tauern (2446 m, von Maria Plain etwa 250 km) zum Kärntner Höhenluftkurort **Mallnitz** (1190 m). Der anschließende Reißeck-Höhenweg ist nur bei beständigem Wetter ratsam, um nach **Spittal an der Drau** (554 m), mit historischer Bausubstanz, zu kom-men. Vom stillen Weißensee aus legen wir die Almwanderung nach **Herma-gor** (590 m) und den Weiterweg zum Wolayersee (1959 m) zurück. Im Hochweißsteingebiet wechseln wir von Kärnten nach Osttirol, und am Ostansersee (2304 m) genießen wir noch eine Rast, ehe wir in den Pustertaler Grenzort **Sillian** (1090 m, etwa 300 km vom Mallnitzer Tauern) absteigen.

Im Mühlviertel

INFO

Ergänzende Verkehrsmittel Bus, Schiff (vor Ort erkunden)

Übernachtungshinweise Unterkünfte jeder Preiskategorie in allen größeren Orten, auch sonst kaum Schwierigkeiten; im Gebirge Schutzhütten

Informationsstellen Oesterreichischer Alpenverein, Sektion Weitwanderer, Thaliastraße 159/3/16, A-1160 Wien, Tel. 0043/1/4938408, Mobiltel. 0043/664/2737242, E-Mail weitwanderer@sektion.alpenverein.at; Österreichischer Fachverband für Sport-wandern (ÖFS), Pamessergasse 13, A-2103 Langenzersdorf, Tel. 0043/2244/3536, Fax 0043/2244/35364

Wichtigste Karten Topographische Karten 1:50 000, teilweise auch 1:25 000, des Österreichischen Bundes-amts für Eich- und Vermessungswesen; topographische Karte 1:50 000, »Berchtesgadener Alpen« des Bayeri-schen Landesvermessungsamts

Sehenswürdigkeiten am Weg Schlägl, Haag am Hausruck, Mattighofen, Obern-dorf, Maria Plain, Salzburg, Königssee, Kitzlochklamm

Besonders zu beachten Teilweise Hoch-gebirgsroute, bis fast 2800 m, die Erfah-rung, Ausdauer, manchmal Schwindel-freiheit, Trittsicherheit und gute alpine Ausrüstung verlangt

Praktische Tips Unterkünfte für Ferien-zeiten im voraus buchen (Schutzhütten im Sommer vor allem an Wochenenden oft überfüllt). Rechtzeitig Kondition auf-bauen

E 10

E 10 Italien, Frankreich und Spanien

Tourenlänge In Südtirol bis Bozen etwa 240 km

Durchschnittlicher Zeitbedarf Zwei Wochen (bis Bozen)

Wegmarkierungen Querbalken rot-weiß, rot-weiß-rot, manchmal Hinweis »E10«

Landschaftscharakter Mittel- bis Hochgebirge, mit Flußläufen, Almen, Wäldern, Wiesen, Weinkulturen an Hängen und in der Ebene

Günstige Wanderzeit Frühjahr/Frühsommer, im Hochgebirge Sommer, und Herbst

Steigungen Vor allem in den Sarntaler Alpen, sonst eher mäßig

Mögliche Ausgangs- bzw. Zielorte (Bahnanschluß) Toblach, Bruneck, Brixen, Bozen

In *Italien* ist der E10 erst in Südtirol und hier nur bis Bozen (Bolzano) zusammenhängend fertiggestellt und markiert. Er bedient sich vor allem der bestehenden Alpenvereinswege. (Die Angaben in den Infokästen beziehen sich überwiegend auf die vorhandene Südtiroler Strecke.)

Nach der Grenze zu Österreich setzt der E10 sich im Pustertal (Val Pusteria) über **Toblach** (Dobbiaco, 1210 m), dem Wintersportort und beliebten Ausgangspunkt für Unternehmungen in den Sextener Dolomiten, fort. Hauptort dieses waldreichen Durchgangstals, in dem Drau und Rienz fließen, ist **Bruneck** (Brunico, 835 m). Seinen mittelalterlichen Stadtkern konnte Bruneck bis heute bewahren. Von hier zieht der Weg weiter in die Bischofsstadt **Brixen** (Bressanone, 560 m), wo die Rienz in den Eisack mündet und die Laubengassen zum Bummeln einladen. Über die Sarntaler Alpen mit dem Rittner Horn (2261 m), vorbei an den Erdpyramiden auf der Porphyrhochfläche des Ritten, erreicht der E10 **Bozen** (Bolzano, 265 m). In Südtirols Zentrum mit altem Stadtkern trifft der E10 auf den E5 und endet derzeit hier. Der weitere Verlauf des E10 in Italien ist ungewiß, verschiedene Routen (etwa eine Anbindung an die Grande Traversata delle Alpi, die den gesamten italienischen Westalpenbogen nachzeichnet) wurden erwogen. In absehbarer Zeit ist jedoch keine Weiterentwicklung der bisherigen Vorstellungen zu erwarten.

Ähnliches gilt für *Frankreich*, wo man eine Verbindung von der Côte d'Azur zu den Pyrenäen überlegte, die sich in *Spanien* auf dem bestehenden Katalanischen Küstenweg (GR 92; GR = Sendero de Gran Recorrido) bis Ulldecona und schließlich bis zur Costa del Sol und Gibraltar fortführen ließe. Aber auch in diesen beiden Ländern ist, jüngsten Informationen zufolge, selbst mittelfristig nicht an eine Festlegung einer endgültigen Strecke und an eine Verwirklichung dieser Projekte zu denken.

Vor der Kathedrale im spanischen Valencia

E 10

Europäischer Fernwanderweg 11

Von der Nordsee nach Masuren

Gesamtlänge Etwa 2400 km
Durchwanderte Regionen
Niederländisches Polderland und Geest,
Weserbergland, Wiehengebirge, Harz,
Fläming, Oderbruch, Pommersche und
Masurische Seenplatte
Besonderheiten In den Niederlanden
wird noch an den Wanderführern für den
veränderten Streckenverlauf gearbeitet
(s. Teilstrecke). In Sachsen-Anhalt und
Brandenburg weist die Markierung noch
Lücken auf. Gutes Kartenmaterial und
entsprechende Vorbereitung sind für den
Weg erforderlich
Wichtige Städte am Weg Amsterdam,
Amersfoort, Deventer, Osnabrück,
Hameln, Goslar, Bad Harzburg, Halle,
Dessau, Berlin, Frankfurt/Oder, Poznań,
Olsztyn, Ełk

Zur Einführung

Meeresluft und flaches Land, reizvolle
Auf- und Abstiege durch norddeutsche
Mittelgebirge, geschichtsträchtige Stätten und lebendige Städte: Der Europäische Fernwanderweg E11 verläuft
in östlicher Richtung durch Mittel-
holland von der Nordsee über Amsterdam, durch das niedersächsische
Weserbergland und den Harz. Durch
Brandenburg über Berlin zieht er sich
weiter nach Nordpolen mit Warthe-
land, Weichselregion und Masuren bis
zur Litauischen Grenze. Damit
beschreibt er einen langen, flachen
Bogen auf gleichmäßiger geographi-
scher Breite, der erst im letzten
Abschnitt ein wenig nach Norden
abknickt.
Stammvater dieses Fernwanderweges
ist der »Wanderweg Niederlande –

Harz«, der am 7. Juni 1980 in Bad
Harzburg eingeweiht wurde. Inzwischen ist viel geschehen: Der Verlauf
wurde an einigen Stellen korrigiert, die
Länge ist von 700 km auf über das
Dreifache gewachsen, der Weg hat
einen neuen Namen bekommen und ist
als letzter in die Reihe der Europäischen Fernwanderwege aufgenommen
worden. Noch sind nicht alle Arbeiten,
die solchen Veränderungen folgen,
abgeschlossen, so daß in allen Ländern
weitergewirkt werden muß, bis die
Lücken bei Wegverlauf und Markierung beseitigt sind. Mit guten Karten
und Informationen der betreuenden

Im Osnabrücker Land: Weitblick ohne Ende

Wandervereine ist er jedoch schon jetzt begehbar. Da er, bis auf kurze Strecken, vornehmlich durch Gebiete der Europäischen Tiefebene verläuft und eine vergleichsweise mäßige Länge aufweist, ist er gut geeignet für Anfänger, die gern einen ganzen Fernwanderweg bewältigen möchten.

Fietspad oder Wandelpad? In den Niederlanden stellt sich gleich die Gewissensfrage: Nimmt man besser das Fahrrad oder geht man zu Fuß? Wer sich für die Fahrradvariante entscheidet, kann dies ohne Schwierigkeit bis Osnabrück durchhalten. Aber auch auf Schusters Rappen ist die Strecke überaus reizvoll. Durch die Provinzen Noord-Holland, Utrecht, Overijssel und Gelderland zeigt der E11 den Wanderern schönste Landschaften, geschäftige Städte – erwähnenswert besonders Amsterdam –, kleine Orte und immer wieder die Kunst der niederländischen Deichbauer. Auf alten

Handelsstraßen folgen wir den Spuren der Kaufleute durch eine Bilderbuchlandschaft mit Windmühlen, reetgedeckten Bauernhäusern, schönen Gärten und Viehweiden. Über die Grenze nach Deutschland geht es bei Springbiel/De Poppe. Der Wanderweg führt weiterhin durch flache, vielgestaltige Landschaft, die jedoch herber wird. Bis Osnabrück nehmen wir auf dem Töddenweg die Spuren der ehemaligen Leinenverkäufer des Osnabrücker und Tecklenburger Landes wahr. Stattliche Häuser, ganze Töddendörfer zeugen von ihrem Wirken. Durch stille Heide- und Moorlandschaft geht es über den Mittellandkanal, eine der bedeutendsten deutschen Schiffahrtsstraßen, die Ems und Elbe miteinander verbindet. Das Weserbergland mit seinen langgestreckten Höhenzügen, weiten Wäldern und lieblichen Tälern bereitet den langen Wanderschritt allmählich auf stärkere Steigungen vor. In steilen Auf-

Blick zum Schloß über Wernigerode

und Abstiegen geht es zur Porta Westfalica mit herrlichen Ausblicken auf
das Wesertal. Wiehengebirge und Ith
zeigen dem Wanderer, daß auch schon
die norddeutschen Mittelgebirge Kraft
kosten und Schweißtropfen fordern.
Wohlverdiente Rast unter den bunten
Giebeln der Weserrenaissance bietet
die Rattenfängerstadt Hameln, wo wir
bei einem Puppenspiel die List des Rat-
tenfängers verfolgen können, bevor es
weiter bergauf über den Harz geht.
Grenzenloses Wandern ist nun möglich, die folgenden Kilometer erinnern
an gewonnene Freiheit. Hier ist der
Wanderweg weitergewachsen, er endet
nicht mehr in Bad Harzburg, sondern
läßt das ehemalige Sperrgebiet der
deutschen Teilung hinter sich und
strebt weiter durch Sachsen-Anhalt.
Seit der Wiedervereinigung ist der Harz
als Einheit erlebbar; wir durchschreiten

den romantischen Unterharz mit der
bunten Stadt Wernigerode und kommen nach Thale, wo sich das bezau-
bernde Tal der Bode öffnet. Weiter über
Eisleben, Halle und Dessau windet sich
der Weg immer zwischen dem 51. und
53. Breitengrad auf Feld- und Waldwegen, mal als schmaler Pfad, mal auf
asphaltierten Straßen über den Fläming
nach Brandenburg. In der hügeligen
Landschaft mit idyllischen kleinen
Waldseen und großen Mischwäldern
muß die Strecke von Zeit zu Zeit mit
Karte und Kompaß kontrolliert werden, noch ist die Markierung lückenhaft. Wir gelangen durchs Havelland
nach Potsdam, können das Schloß
Sanssouci mit den herrlichen Parkanlagen besuchen, berühren den großen
Findling mitten in Potsdam, der als
Internationales Wanderkreuz seit 1993
die Fernwanderwege E10 und E11
repräsentiert. Seit Haarlem liegen etwa
1100 km hinter uns, vor uns haben wir
noch etwa 1300. Nächstes Ziel ist die
Hauptstadt, die es zu durchqueren gilt,
was gar nicht so einfach ist, denn derzeit scheinen dort mehr Kräne als Bäume zu stehen. Kurfürstendamm, Kreuzberg, Alexanderplatz: Wir verweilen
nicht allzulange in Berlin, sondern
wandern weiter auf unserer Marschrou-
te nach Osten durch schmale Gassen,
auf breiten Wegen, Trampelpfaden und
durch feuchte Wiesen, bis wir nach
150 km über Strausberg und die Seelower Höhen an die behäbige, breit und
braun dahinfließende Oder bei Frankfurt gelangen. Von nun an grüßen wir
polnisch mit »Dzien dobry!«, wenn uns

auf einsamen Wegen jemand begegnet.
Ein Gebiet mit niedriger Bevölkerungs-
dichte, großen Waldflächen, zahlreichen Seen und Flüssen liegt vor uns.
Durch Städte, die viel von der Vergan-
genheit erzählen können, wie Poznań
(Posen), Gniezno, Toruń, und durch
winzige, verschlafene Orte, durch den
wilden Urwald der Puszca Bydgoska
und an Kreuzritterschlössern vorbei,
wandern wir weiter und weiter nach
Osten bis nach Masuren. Geburtsort

INFO

Weglänge pro Land (ca.)

Niederlande	350 km
Deutschland	900 km
Polen	1050 km

Ausrüstung Feste Schuhe bzw. Wander-
stiefel, Sonnen-, Kälte-, Regenschutz, aus-
reichend Proviant, Erste-Hilfe-Ausstat-
tung, in Polen evtl. Schlafsack und Zelt
Vorbereitung Rechtzeitig Übersichts- und
Detailkarten besorgen sowie Unterkunfts-
verzeichnis und genaue Streckenbeschrei-
bungen, Mindestwortschatz Polnisch
lernen, Wörterbuch mitnehmen
Wichtige übergreifende Adressen
Europäische Wandervereinigung (EWV),
Wilhelmshöher Allee 157–159,
D-34121 Kassel, Tel. 0049/561/938730,
Fax 0049/561/9387310,
E-Mail dt.wanderverband@t-online.de
Karten, Literatur Homepage »Walking in
Europe"«http://www.gorp.com/gorp/
activity/europe/Epaths.htm; Gorges,
Hans-Jürgen, »Auf Tour in Europa«
(1999), Dt. Wanderverlag; weiteres Mate-
rial: siehe Teilstrecken

Im Stadtzentrum von Toruń

und Wirkungsstätten von Kopernikus
lernen wir kennen und können vielleicht in klaren Sommernächten auf
einer Wiese liegend den Blick zum
Himmel schweifen lassen und selbst
die Sterne betrachten – hier wo kein
diffuses Großstadtlicht den Blick auf
die Milchstraße trübt. Biwakplätze
am Seeufer oder auf romantisch gelegenen Wiesen, *polanki* genannt, sind
genügend vorhanden.
Über Augustów und Sejny geht es
nordöstlich nach Ogrodnika, wo der
E11 vorläufig endet. Weiter besteht er
bisher nur auf der großen Übersichtskarte aller Fernwanderwege, und auch
dort nur als Zukunftsprojekt durch
Litauen nach Riga.

E11 Niederlande: Haarlem – Amsterdam – Oldenzaal

Tourenlänge Etwa 350 km

Durchschnittlicher Zeitbedarf
Zwei Wochen

Wegmarkierungen Querbalken,
weiß-rot

Landschaftscharakter Eingedeichtes
Marschland, Heide, Wald, leicht hügeliges
Flachland, viele hübsche kleine Ortschaften, Städte

Günstige Wanderzeit Frühjahr bis Herbst

Steigungen Unerheblich

Mögliche Ausgangs- bzw. Zielorte (Bahnanschluß) Haarlem, Amsterdam, Amersfoort, Deventer, Hengelo

Wasser, Wind und ein weiter, flacher Horizont – in **Haarlem**, nahe der Nordsee, geht es los: auf dem Marskramerpad am Standbild von Hans Brinker vorbei, der einer Legende zufolge dieses Gebiet vor Überflutung gerettet hat, indem er einen Spalt im Deich mit seinen Händen abdichtete. Das kleine Fischerdorf **Spaarndam** lassen wir hinter uns, die quirlige Stadt **Amsterdam** zieht uns in ihren Bann. Schon blicken wir auf gemütliche Hausboote, ziehen an Grachten entlang und besichtigen ausgiebig die Hauptstadt. Beim donnernden Lärm der Flugzeuge wandern wir direkt unter einer der Einflugschneisen von Schiphol durch und erreichen bald über hügelige Wiesen und durch einen Fichtenwald **Uithoorn**. Weiter geht es zum Amsterdam-Rijnkanal, dem meistgenutzten Kanal Westeuropas, am Ufer der Vecht entlang durch die Polder und schließlich durch die weite Seenlandschaft der Ankeveenschen Plassen. Im Gooiland – auch als Garten Amsterdams bezeichnet – können Fernwanderer ein schmuckes Stückchen Holland mit reichen Villen und Sommerresidenzen in wunderbaren Parkanlagen kennenlernen. Kilometerlang geht es anschließend durch weite Mischwälder bei Lage Vuursche, die man in solcher Ausdehnung nicht erwartet hätte. Nach gut 130 km ist **Amersfoort** erreicht: Ein doppelter Grachtengürtel umschließt den reizvollen Stadtkern mit den einzigartigen Muurhuizen, den Mauerhäusern aus dem späten Mittelalter. Heraus aus der Stadt, auf abwechslungsreichem Weg, mal geteert, mal sandig und oft aus dem typisch holländischen Muschelsplit, der so schön unter den Sohlen knirscht, gelangen wir in die Veluwe, das größte Naturschutzgebiet der Niederlande. Wir durchstreifen große Wälder, Heideflächen mit Wacholdern und ausgedehnte Sandsteppenareale. Weiter geht es nach **Deventer**, der ehemaligen Hansestadt am Ufer der Ijssel. Hier gönnen wir uns als Belohnung

Ergänzende Verkehrsmittel Bus- und Bahnverbindungen, vorher erkunden

Übernachtungshinweise Möglichkeiten jeder Preiskategorie in jedem größeren Ort, Campingplätze, Jugendherbergen, Naturfreundehäuser

Informationsstellen Stichting Wandelplatform – LAW, Postbus 846, NL-3800 AV Amersfoort, Tel. 0031/33/4653660, Fax 0031/33/4654377, E-Mail: slaw@wandelnet.nl

Wichtigste Karten und Führer Topographische Karten im Maßstab 1:50 000; Wanderführer LAW Marskramerpad 3-1 bis 3-3 von Stichting Wandelplatform, 3-1 Oldenzaal – Deventer bereits vorliegend, 3-2 Deventer – Amersfoort ab Herbst 1999 erhältlich, 3-3 Amersfoort – Nordmer voraussichtlich ab 2002! Bis dann könnte man sich mit dem Wanderführer »Fernwanderweg Harz – Niederlande« (Dt. Wanderverlag, 1981) behelfen

Sehenswürdigkeiten am Weg Haarlem mit hervorragenden Museen, für Amsterdam am besten zwei bis drei Extratage einplanen, Amersfoort mit mittelalterlichem Kern, ehemalige Hansestadt Deventer

Besonders zu beachten Die Wanderführer in holländischer Sprache enthalten gute topographische Karten und Erklärungen für Ausländer, die die Sprache nicht beherrschen. »Paddestoelen«, weiße Wegweiser-Pilze, geben Richtung und Entfernung zu den Orten an (soweit bereits errichtet)

Praktische Tips Das flache Land mit den vielen Fahrradwegen und guten Campingplätzen bietet sich geradezu an, diese Etappe des Fernwanderweges per Fahrrad mit Zelt im Gepäck zu durchqueren

oder auch Ansporn für weitere 100 Kilometer die örtliche Gebäckspezialität »Deventerkoek«, die schon in der Zeit der Hanse berühmt war.

Der letzte Abschnitt auf niederländischem Gebiet führt durch Wald- und Weideland an reetgedeckten Bauernhäusern vorbei. Kühe nähern sich neugierig dem Zaun, um uns zu begrüßen. Über **Bathmen** und **Holten** gelangen wir nach **Rijssen**, wo ein prächtiges Herrenhaus in üppigem Garten zum Museumsbesuch lockt. Durch stille Feld- und Weidelandschaft führen die letzten Kilometer nach **Oldenzaal** und zur Grenzstation **Springbiel/De Poppe**.

Idyllische Gracht in Amsterdam

E11 Deutschland: Bad Bentheim – Bad Harzburg

Tourenlänge Etwa 400 km
Durchschnittlicher Zeitbedarf
Drei Wochen
Wegmarkierungen Unterschiedlich, je
nach betreuendem Wanderverein
Landschaftscharakter Äcker, Wiesen,
Wälder, Berg- und Hügelland, langge-
streckte Höhenzüge, Flußtäler, nord-
deutsche Mittelgebirge
Günstige Wanderzeit Frühjahr bis Herbst
Steigungen Bis Osnabrück flach, Wie-
hengebirge und Ith schon recht kräftige
Auf- und Abstiege, im Harz mittlere
Steigungen
**Mögliche Ausgangs- bzw. Zielorte (Bahn-
anschluß)** Enschede, Osnabrück,
Hameln, Goslar

Von **Oldenzaal** über die Grenze bis
nach Osnabrück folgt der E11 einem
alten Handelsweg, dem Töddenweg.
Auf ihm waren früher die Leinenverkäufer des Tecklenburger Landes, die
Tödden, unterwegs und schleppten ihre
Last auf dem Rücken genau wie heute
die Fernwanderer ihren Rucksack. An
der alten Gildehauser Windmühle vorbei, erreichen wir auf einsamen Feld-
wegen **Bad Bentheim** mit seiner mächtigen Burg und haben anschließend
zwei reizvolle Möglichkeiten, nach
Rheine zu gelangen. Entweder durch
den prachtvollen Mischwald des Bent-
heimer Berges oder durch den Benthei-
mer Forst über die Vechte in Richtung
Schüttorf. Bei **Rheine** überqueren wir
die Ems und gelangen über Landwirt-
schaftswege bald in das alte Tödden-

dorf **Hopsten** mit seinen stattlichen
Häusern. Es schließt sich die Heide-
und Moorlandschaft des Naturschutz-
gebietes Heiliges Meer an, viele Tümpel
und drei größere Seen werden passiert,
bevor wir den Mittellandkanal überschreiten. Der Blick schweift über das
weite Osnabrücker und Tecklenburger
Land mit seinen schönen Fachwerkhäusern und Äckern, Wiesen und
Wäldern. Nach guten 100 km ist **Osnabrück** erreicht, durchs liebliche
Nettetal über bewaldete Hügel geht es
allmählich aufwärts. Gute Kondition
wird uns abverlangt, wenn wir in starken Auf- und Abstiegen auf dem Witte-
kindsweg über das Wiehengebirge nach
Porta Westfalica wandern. Und weiter
geht's bergauf und bergab – der herrliche Blick vom Luhdener Klippenturm
oberhalb von Rinteln bietet sich zum
Verschnaufen an. Dann geht es auf
schmalem Pfad weiter über den Süntel
hinauf zum Süntelturm (440 m). Über
den Schweineberg (250 m) treffen wir
auf den E1 (Nordsee – Bodensee –
Genua), bevor wir die Rattenfänger-
stadt **Hameln** erreichen. In der Altstadt
bewundern wir die Prachtbauten der

Ergänzende Verkehrsmittel Bus und
Bahn, vorher erkunden
Übernachtungshinweise Möglichkeiten
jeder Preiskategorie in allen größeren
Orten (Verkehrsvereine versenden Nach-
weise), Jugendherbergen, Naturfreunde-
häuser
Informationsstellen Verband Deutscher
Gebirgs- und Wandervereine e.V.,
Wilhelmshöher Allee 157-159,
D-34121 Kassel, Tel. 0049/561/93873-0,
Fax 0049/561/93873-10;
Wiehengebirgsverband Weser-Ems e.V.,
Bierstr. 33-36, D-49074 Osnabrück,
Tel. 0049/541/29771,
Fax 0049/541/201618;
Harzclub e.V., Bahnhofstr. 5a,
D-38678 Clausthal-Zellerfeld,
Tel: 0049/5323/81758,
Fax: 0049/5323/81221
Wichtigste Karten Topographische
Karten 1:50 000, evtl. Kompaß-Wander-
führer »Harz – Niederlande« (1981)
Sehenswürdigkeiten am Weg
Bad Bentheim (Burg), Töddendörfer
mit stattlichen Häusern, z.B. Hopsten,
Osnabrück, Hameln, Goslar, Bad
Harzburg
Besonders zu beachten Im Bereich des
Ith ist gute Etappenplanung nötig,
da die Auf- und Abstiege anstrengend
sind und mit geringen Übernachtungs-
möglichkeiten und mangelnder Verkehrs-
verbindung zu rechnen ist
Praktische Tips Bei sehr langen Tages-
etappen Ruhetage der Einkehrlokale
erkunden bzw. genügend Proviant und
Getränk mitführen

Weserrenaissance, um schon bald
darauf wieder auf schmalen, unwegsa-
men Pfaden ganz allein durch schöne
Buchenwälder zu wandern. Steil bergab und bergauf in vielen Serpentinen,
fordert die Wanderung über den Ith
Kraft, spendet dafür aber auch um so
schönere Eindrücke. Der markante
Wackelstein, das Klippenfeld von Teu-
felsküche, die Felstürme Adam und
Eva: Über **Coppenbrügge**, **Holzen**
und **Alfeld** gelangen wir nach **Bad
Gandersheim** und erreichen in langen
Auf- und Abstiegen **Seesen** bei herrlichen Ausblicken auf die bewaldeten
Harzer Berge. Der Weg beschreibt
einen Bogen südlich an Goslar vorbei,
direkt in die Innenstadt von **Bad Harzburg**, wo ein Granitfindling mit den
Stadtwappen von Amersfoort und Bad
Harzburg an die Einweihung des Weges
1980 erinnert.

Windmühlen zuhauf – im Osnabrücker Land

E11 Deutschland: Harz – Fläming – Frankfurt/Oder

Tourenlänge Etwa 500 km

Durchschnittlicher Zeitbedarf
Vier Wochen

Wegmarkierungen Teilweise lückenhaft
und unterschiedlich, je nach betreuendem
Wanderverein und schon vorher bestan-
denem Hauptwanderweg

Landschaftscharakter Unterharz, Harzvorland, Flußtäler, Höhenrücken des Fläming mit Trockentälern, Mischwälder

Günstige Wanderzeit Frühjahr bis Herbst

Steigungen Im Harz noch mittlere
Steigungen, sonst meist flach oder un-
beträchtlich

**Mögliche Ausgangs- bzw. Zielorte (Bahn-
anschluß)** Goslar, Thale, Halle, Dessau,
Potsdam, Berlin, Frankfurt/Oder

Aus **Bad Harzburg** hinaus führt der
Weg über die Landesgrenze zwischen
Niedersachsen und Sachsen-Anhalt.
Wo jahrzehntelang das Sperrgebiet der
innerdeutschen Grenze dem Wanderer
Einhalt gebot, ist seit der Wende wieder
grenzenloses Voranschreiten möglich.
Wir lassen den Brocken, mit seinen
1142 m höchster Berg im Harz und als
Blocksberg Schauplatz der Walpurgis-
nacht, im Süden liegen und halten uns
mehr in Richtung Osten. So lernen wir
über **Ilsenburg** und **Wernigerode** den
romantischen, malerischen Unterharz
kennen. Farbenfroh verzierte Fachwerkhäuser und ein bildhübsches Rathaus ziehen viele Schaulustige nach
Wernigerode, so daß der an einsame
Waldwege gewöhnte Fernwanderer den
Trubel dort gern gegen das ruhigere

Blankenburg eintauscht. Weiter geht es
zu den sagenumwobenen Stätten bei
Thale: Mit Blick auf den Hexentanzplatz hoch über der Stadt, auf gewaltige
Felswände, steigen wir hinauf zur
Roßtrappe, wo sich ein herrlicher Weitblick über das Harzvorland und in die
Schlucht der wild schäumenden Bode
bietet. Der Wanderweg folgt ein
Stückchen dem Lauf der Bode, deren
Tal zu den schönsten Tälern Deutschlands gezählt wird. Seltene Fledermaus-
arten, Wanderfalke und Eisvogel sind
dort ebenso zu Hause wie der legendä-
re Brockenkater. Über **Annarode** und
Hergisdorf wandern wir in südöstlicher
Richtung nach **Eisleben** und weiter
über die Saale nach **Halle**. Dort ändert
der E11 seine Richtung und führt uns
nördlich durchs flache Land in die
Radfahrermetropole **Dessau** und weiter
östlich über Burg Rabenstein und den
zerfurchten Höhenrücken des Fläming.
Die für dieses Gebiet typischen eiszeit-
lich gebildeten Trockentäler heißen
Rummeln und wurden früher als Wei-
deplätze genutzt, bevor die Natur sie
wieder überwuchert hat. Unter Eichen,
Buchen, Linden, Birken und Robinien

zieht sich der Wanderweg an idyllisch gelegenen kleinen Waldseen vorbei durch **Belzig** und **Ragösen** nach **Golzow**, wo eine achteckige Kirche zu bewundern ist. Durchs Lehniner Seengebiet schreiten wir ab **Ferch** auf dem Hochuferweg am Templiner See entlang, kommen am Albert-Einstein-Haus in **Caputh** vorbei und erreichen über den Fontanewanderweg und das Schloß Sanssouci bald in **Potsdam** das internationale Wegekreuz: beispielsweise zieht hier auch der E10 – auf seinem Weg von Rügen in die Tschechische Republik und weiter nach Italien – vorbei. Der Findling zeigt in klaren Ziffern, daß wir noch 174 km bis Frankfurt/Oder zu tippeln haben. Doch bevor wir zur polnischen Grenze gelangen, geht es durchs Potsdamer Havelland mit Schilf, Sumpf und Wiesen nach **Berlin**. Charlottenburg, Kreuzberg, Köpenick, Friedrichshagen: Dies sei nur als Richtschnur durch die Hauptstadt genannt.

Über **Strausberg** und anschließend

Typische Landschaft im Harz

durch die märkische Schweiz erreichen wir über bewaldete Hänge an idyllischen Seen vorbei die Seelower Höhen und schließlich das südöstlich liegende **Frankfurt**. Wir reihen uns ein in die Flaneure auf der Oderpromenade und haben weitere 500 Kilometer geschafft.

INFO

Ergänzende Verkehrsmittel Bus und Bahn, vorher erkunden
Übernachtungshinweise Möglichkeiten unterschiedlicher Preiskategorie in allen größeren Orten (Nachweise bei den Verkehrsvereine), Jugendherbergen
Informationsstellen Verband Deutscher Gebirgs- und Wandervereine e.V., Wilhelmshöher Allee 157-159, D-34121 Kassel, Tel. 0049/561/93873-0, Fax 0049/561/93873-10; Brandenburgischer Wandersport-Verband e.V., Joh.-Becher-Str. 35, D-14478 Potsdam, Tel. 0331/878582
Wichtigste Karten Topographische Karten 1:25 000 und 1:50 000
Sehenswürdigkeiten am Weg
Wernigerode, Thale mit Hexentanzplatz und Roßtrappe, Lutherstadt Eisleben, Halle (Händelmuseum), Potsdam, Schloß Sanssouci, Berlin, Frankfurt/Oder
Besonders zu beachten Gute, aktuelle Karten sind wichtig, da die Markierung nicht durchgehend garantiert ist; außerdem sorgfältige Etappen- und Übernachtungsplanung
Praktische Tips Die größeren Städte als Anfangs- oder Endpunkt einzelner Wanderetappen einplanen, so ergibt sich mehr Muße für Besichtigungen

E11 Polen: Słubice – Poznań – Masuren

Tourenlänge Etwa 1150 km
Durchschnittlicher Zeitbedarf
Acht Wochen
Wegmarkierungen Farbmarkierungen
Landschaftscharakter Flaches und leicht
hügeliges Tiefland, Seenplatten, Urwälder
Puszcza Bydgoska und Puszcza Piska,
historische Städte
Günstige Wanderzeit Mai bis Oktober,
besonders schön im goldenen polnischen
Herbst
Steigungen Unerheblich
Mögliche Ausgangs- bzw. Zielorte (Bahn-
anschluß) Słubice, Poznań, Toruń, Olsz-
tyn, Augustów

Bei **Słubice** fließt die Oder breit und
behäbig; unser Weg führt über die
Grenzbrücke und weiter durch Wielko-
polska. Das Gebiet ist dünn besiedelt,
die Wege sind nicht immer durchgehend markiert. Über kleine Einzelhöfe,
durch verschlafene Orte und Wald,
vorbei an zahlreichen Seen und kleinen Flüssen erreichen wir **Lubniewice**,
Miedzyrzecz, **Obrzycko**. Der Weg in
die Stadt **Poznań** (Posen), Polens
wichtigste Handelsstadt, ist bislang
noch kaum markiert. Im Zweifelsfall
kommt man per Bus in die geschäftige
Stadt; die Dominsel dort gilt als eine
Oase der Ruhe. Auch nach **Gniezno**,
der alten Bischofsstadt auf sieben
Hügeln und Wiege des polnischen
Staates, kann bei mangelnder Wegführung der Bus weiterhelfen.
Weiter geht es in nordöstlicher Richtung auf ruhigen Wegen durch waldiges

Sumpfgebiet über **Biskupin** und **Brzo-**
za nach **Toruń**, der Geburtsstadt von
Kopernikus. Die historische Altstadt
weist viele sehenswerte Baudenkmäler
auf, teilweise aus dem 14. Jh.
Brodnica, **Iława**, **Grunwald** heißen die
nächsten Stationen des Fernwander-
weges, bis er durch lichte, hügelige
Landschaft **Olsztyn** erreicht, den Ver-
kehrsknotenpunkt in Masuren. In
Lidzbark Warmiński gibt es eine originelle Herberge der PTTK in den noch
erhaltenen gotischen Wehrmauern.
Weiter zieht sich der Weg durch wun-
derschöne, einsame Mischwälder und
viele Wiesen nach **Ketrzyn**.
Hier scheinen sich die Geister zu schei-
den: Der in der Übersichtskarte der
PTTK verzeichnete Wanderweg führt
über **Gizycko** und **Mikolajki** zwischen
den Masurischen Seen, Torfmooren
und Kiefernwäldern hindurch durch
die Puszca Piska weiter nach **Ełk**, dem
Geburtsort (früher Lyck) von Siegfried
Lenz. Wer in seinem Gepäck das kleine
Büchlein *So zärtlich war Suleyken*
hat, kann sich mit fröhlicher Lektüre
auf dieses Gebiet einstimmen. Von dort
aus kommen wir über **Augustów**,
einem Städtchen umgeben von sechs
Seen, und der Puszcza Augustowska
durch große Wälder weiter nach Osten,

und über **Sejny** und **Ogrodnika** erreichen wir unser Ziel, die Grenze zu Litauen.

Doch der Ortsnamenliste der PTTK zufolge geht es ab **Ketrzyn** nördlich über **Stynort**, **Ogonki**, **Czerwony Dwór** nach **Gołdap** und durch die Romintener Heide (Puscza Romincka) im südöstlichen Bogen ebenfalls über Sejny an das Ende unserer 1150 km langen Wanderung durch Polen.

Das Rathaus am Alten Markt in Poznań

INFO

Ergänzende Verkehrsmittel Selbst kleinste Ortschaften werden von Linienbussen angefahren

Übernachtungshinweise Unterkünfte verschiedener Kategorien in den größeren Orten, Jugendherbergen. In der Umgebung von Poznań gibt es zu Gasthäusern umgebaute Adelsschlösser

Informationsstelle Polskie Towarzystwo Turystycno-Krajoznawcze (PTTK), Zarząd Głowny, ul. Senatorska 11, PL-00-075 Warszawa, Tel. 0048/22/8262251, Fax 0048/22/8262505; Poznańskie Biuro Turystyki Zagranicznej PTTK, ul. Kramarska 32, PL-61-765 Poznań, Tel. 0048/61/526964, Fax 0048/61/527744

Wichtigste Karten und Führer Topographische Wanderkarten im Maßstab 1:50 000, Wander-Übersichtskarte (1993) und Informationsbroschüre über Europäische Fernwanderwege in Polen bei der PTTK Warschau

Sehenswürdigkeiten am Weg Poznań, Gniezno, Toruń, Lidzbark Warmiński, Augustów (Kanalschleusen aus dem 19. Jh.)

Besonders zu beachten Blauweiße Hinweisschilder mit schwarzem, schräggestelltem Baum weisen auf Biwakplätze hin, wo kostenlos gezeltet werden kann, jedoch ohne jegliche Sanitäreinrichtungen. Die polnische Tourismus-Organisation PTTK verweist wegen fehlender Wanderwege mehrfach auf Bus- und Bahnverbindungen. Mit weiten Strecken ohne Versorgungsmöglichkeit muß gerechnet werden

Praktische Tips Zur Verständigung ist bei jungen Leuten Englisch meist ausreichend, Begrüßung und wenigstens einige Brocken Polnisch sind aber empfehlenswert. Zimmer im voraus buchen, am besten mit Halbpension (Gasthäuser sind teilweise dünn gesät)

Ein paar Hinweise zum Schluß

Ganz Europa erwandern – eine schöne und reizvolle Vorstellung! Doch Vorsicht: Insgesamt über 50 000 Kilometer vom Polarkreis bis Kreta, von der irischen West-küste bis Südungarn sind, auch in Teilstrecken, kein Spaziergang. Und obwohl begeisterte, engagierte Leute mit Weitblick und großem persönlichem Einsatz seit Jahrzehnten an der Einrichtung dieser mittlerweile elf Europäischen Fernwander-wege arbeiten, sind die Routen trotzdem noch lange nicht in allen Abschnitten klar definiert, geschweige denn dokumentiert, angelegt, markiert.

◆ In unserem Buch kann jeder der elf Europäischen Fernwanderwege in seinem Gesamtverlauf nur **summarisch** vorgestellt und charakterisiert werden. Nach einer meist vier Buchseiten umfassenden allgemeinen Einführung folgen – jeweils auf einer Doppelseite des Buches – die einzelnen Teilstrecken dieses Weges: so genau wie möglich, so überschaubar wie nötig beschrieben, so durchgehend, wie die rea-len Gegebenheiten es gestatten – aber eben doch nur als erster Überblick.

◆ Grundsätzlich unterscheiden wir sowohl auf den Karten als auch in der Beschrei-bung der Wege gesicherte (auf den Karten durchgezogene) und nicht endgültig angelegte (auf den Karten gestrichelte) **Streckenführungen**. Da man in den selten-sten Fällen einen Fernwanderweg nur in einer Richtung und vom Anfang bis zum äußersten Ende gehen wird, ist der Hinweis auf **größere Städte** als Verkehrsanbin-dungspunkte von besonderem Nutzen, auch wenn sie nicht am Weg liegen.

◆ Das Buch bietet allen Interessierten einen möglichst vollständigen Überblick über den gegenwärtigen Stand (im Frühjahr 1999) an und verweist, soweit vorhanden, auf weiterführende **Informationsquellen**: Bücher, Broschüren, Karten, Auskunfts-adressen, Anlaufstellen. Davon sollte man bei den Vorbereitungen zu einer Wan-derung unbedingt Gebrauch machen! Natürlich ändern sich auch Adressen, vor allem Telefonnummern, Vorwahlen und Internetadressen. So wird in Italien seit einiger Zeit die Null der Ortsvorwahl nach der Ländervorwahl nicht mehr wegge-lassen. Im Zweifelsfall sollte man lieber gleich die einschlägigen Auskunftsstellen oder Suchdienste bemühen, als etliche vergebliche Anläufe zu unternehmen.

◆ Es liegt in der Natur des Mediums, daß eine Website im **Internet** sich am schnell-sten aktualisieren läßt – so auch diejenige über die Europäischen Fernwanderwege mit englischsprachigen Informationen (Homepage »Walking in Europe«: http://www.gorp.com/gorp/activity/europe/Epaths.htm). Wer die Möglichkeit da-zu hat, sollte sie nutzen: sowohl zum Abfragen der neuesten Informationen als auch für die Rückmeldung etwaiger aktueller Veränderungen.

◆ In manchen Bereichen sind – worauf in den Beschreibungen dieses Buches immer wieder hingewiesen wird – die Arbeiten erst schrittweise im Gange, woanders machen Naturereignisse und politische Veränderungen Korrekturen der Verläufe erforderlich. Kurzum: Wir finden hier **nichts Abgeschlossenes**, Fertiges vor. Im Gegensatz zu konventionellen Wanderführern über kleinere Gebiete und Strecken, die ihre Benützer mit lückenlosen und gesicherten Angaben von Etappe zu Etappe geleiten und zuverlässig über Orientierungspunkte und hilfreiche Einrichtungen informieren, kann das vorliegende Buch einem solchen Anspruch naturgemäß nicht gerecht werden. Die Hauptgründe hierfür sind, wie gesagt: Fußwanderstrecken von insgesamt mehreren Zehntausenden von Kilometern lassen sich weder auf den rund 200 Seiten dieses Buches noch etwa in Büchern doppelten oder dreifachen Umfangs hinreichend detailliert beschreiben.

◆ **Verläufe und Markierungen** sind insbesondere in den Extrem- und Endabschnitten vieler Wege, aber auch auf Zwischenstrecken oftmals noch nicht angelegt und demnach auch nicht genau bekannt. Davon ganz abgesehen spielen die Kräfte der Natur eine erhebliche Rolle: Beschilderungen verwittern, der sie tragende Baum wird umgerissen, der Fels rutscht ab – oder der Weg wird gar verschüttet und muß erst neu angelegt werden.

◆ Vor allem für die ost- und südosteuropäischen Länder sind die aktuellen **Einreisebestimmungen** und eventuell auch erforderliche **gesundheitliche Vorsorgemaßnahmen** zu erfagen: beispielsweise bei den für die einzelnen Ländern genannten Informationsstellen.

◆ Die Karten in diesem Buch können keine »Wanderkarten« sein, sondern nur in groben Zügen Orientierungshilfe anbieten. Detailliertes und jeweils aktuelles **Kartenmaterial** muß man sich in jedem Fall ergänzend hierzu beschaffen! Wer keine auf diesem Gebiet einschlägige Buchhandlung in der Nähe hat, kann bei der auf Radtouren und Wanderungen spezialisierten Versandbuchhandlung VENTIL (Luzernenweg 8, D-80689 München, Tel. 089/7003533, Fax 089/74029016) Reiseführer und Karten bestellen.

◆ Nicht oft und nachdrücklich genug kann deshalb unser Hinweis wiederholt werden: Wer sich auf den Weg macht, sollte mit einer gehörigen Portion Abenteuer- und Entdeckerlust, mit einer gewissen Wandererfahrung und Kondition und mit pragmatischer Eigeninitiative und Orientierungsfähigkeit ausgestattet und im übrigen **gut ausgerüstet** sein (auch mit einer individuell zusammengestellten »Reiseapotheke« zur medizinischen Soforthilfe). Ein paar **Grundkenntnisse der jeweiligen Landessprachen**, um nach Versorgungsquellen und topographischen

Gegebenheiten fragen zu können, sollte man sich aneignen. Denn es ist unausbleiblich, daß es unterwegs mehr als einmal anders kommt, als man gedacht, gehofft, geplant, gelesen hat. Improvisation gilt es als Erlebnis, nicht als Panne zu verstehen.

◆ Denken Sie daran: Nicht jedes Land ist auf Wanderer gleich gut vorbereitet und entsprechend durchstrukturiert; in manchen Ländern werden Sie auch auf echtes Erstaunen, vielleicht sogar Kopfschütteln stoßen. Eine ganz wichtige Rolle spielt dann das eigene der Situation angemessene Verhalten!

Genug der Hinweise: Lassen Sie sich von der Begeisterung für das große europäische Wandererlebnis anstecken! Mit der erforderlichen Kondition, einem ausreichenden Zeitpolster, der richtigen Ausrüstung und einer gründlichen Vorbereitung werden Sie das tief beeindruckende Erlebnis meistern.

F.A./E.K.

Bildnachweis

Karin Baseda-Maaß, Hamburg: S. 27
Andreas Beck, München: S. 45, 115, 163
Eero Hämäläinen, Helsinki: S. 103
Joss Lynam, Dublin: S. 134
Roswitha und Gunnar Mayer, Dorndiel:
S. 41, 43, 51, 53, 67, 73, 93, 117, 123
Irmgard Papke, Oldenburg: S. 31
Frank Schlinzig, Glinde: S. 7, 11, 13, 46, 57, 59, 83, 85, 87, 91, 97, 100, 109, 119, 129, 149, 150, 147, 151, 162, 165
Wilfried Schumacher: S. 139, 141, 143, 177

Belgisches Verkehrsamt, Düsseldorf: S. 33, 39, 55, 153, 155
British Tourist Authority, Frankfurt/Main: S. 35, 37, 131, 137 (Barry Hicks)
Dänisches Fremdenverkehrsamt, Hamburg: S. 15 (Henrik Stenberg), 21 (Ole Malling), 107 (Egeskov), 99 (Ole Akhøy)
E.N.I.T. Rom: S. 125
FVV Lüneburger Heide: S. 16, 23
FVV Osnabrücker Land: S. 173, 179
KČT, Prag: S. 61, 167
Tourismus-Marketing Baden-Württemberg, Stuttgart: S. 132

Österreich Werbung, Taufkirchen: S. 69 (Wiesenhofer), 78 (Wiesenhofer), 81 (Herzberger), 90 (Ascher), 95 (Marko witsch), 111 (Simoner), 169 (Ascher)
Polnisches Fremdenverkehrsamt, Berlin: S. 47 (Grychowski), 63 (Malinowski), 133, 145, 159, 175, 183
Schweden-Werbung, Hamburg S. 19 (Stephan Gabriel), 105
Schweiz Tourismus, Frankfurt/Main: S. 17 und 29 (Pfenniger), 68 und 89 (Giegel), 75 (Degonda)
Slowenisches Fremdenverkehrsamt, München: S. 101, 113 (Znidarsic), 118 (Znidarsic), 127 (Znidarsic)
Spanisches Fremdenverkehrsamt, München: S. 49 (F. Ontañón), 71 (M. Brossa), 121 (R. Massats), 171 (F. Ontañón)
Stralsund-Information: S. 157, 161 (Gunther Reymann)
Tourismusverband Hannover Region: S. 25
Tourismusverband Sachsen-Anhalt, Magdeburg: S. 174, 181
Tourist Info Kochel am See: S. 77

Ortsregister

A

Aachen *139*
Abisko *18*
Admont *81*
Adorf *59*
Agios Germanós *114*
Ahlbeck *156*
Aigen-Schlägl *168*
Airolo *29*
Albarracín *120*
Alcoy *70*
Alexandroupolis *115*
Alfeld *179*
Algeciras *70*
Altare *124*
Altenbeken *24*
Amersfoort *176*
Amindeo *86*
Ammarnäs *18*
Amsterdam *176*
Andelfingen *75*
Andermatt *28*
Andilla *21*
Andorra la Vella *122*
Annaberg-Buchholz *59*
Annarode *180*
Anogia *87*
Antequera *70*
Antwerpen *35, 37, 38*
Arbon *75*
Archangelos *114*
Arcos de Salinas *121*
Arcy *52*
Arquata Scrivia *30*
Ártánd *64, 83*
Astorga *48*
Augustenborg *107*
Augustów *182*
Aurich *156*
Auvillar *50*
Auxerre *52*
Avramovo *146*
Avranches *92, 152*

B

Bacharach *56*
Bad Bederkesa *156*
Bad Bentheim *178*
Bad Berleburg *24*
Bad Gandersheim *179*
Bad Godesberg *139*

Bad Goisern *80*
Bad Harzburg *179*
Bad Hofgastein *169*
Bad Laasphe *25*
Bad Leonfelden *110, 168*
Bad Marienberg *25*
Bad Muskau *165*
Bad Nenndorf *24*
Bad Reichenhall *77*
Bad Sülze *164*
Bad Wiessee *76*
Baden *74*
Bække *21*
Baja *129*
Bajansenye *128*
Balduinstein *26*
Balsthal *74*
Banská Bistrica *144*
Bardejov *144*
Barnsley *136*
Bathmen *177*
Bayerisch Gmain *7*
Beaucaire *122*
Beaufort *39*
Belley *73*
Bellinzona *29*
Belzig *181*
Berchtesgaden *1 68*
Bereguardo *30*
Berg *143, 144*
Bergambracht *138*
Bergen *164*
Bergen op Zoom *37*
Berlin *181*
Bettendorf *39*
Bezděz *166*
Biskupin *182*
Bispingen *23*
Bistrica ob Sotli *126*
Blankenburg *180*
Blankenstein *57*
Bóbbio *124*
Bocca Trabaria *31*
Böhmisch Budweis siehe
    České Budějovice
Bøjden *107*
Boltenhagen *157*
Borås *19*
Borovec *146*
Borris *135*
Boštetje *1 26*

Bouillon *54*
Bourbon-Lancy *52*
Bourg-Madame *72*
Bourton on the Water *34*
Bozen (Bolzano) *96, 170*
Braniewo *159*
Brannenburg *77*
Bratislava *144*
Braunschweig *108*
Bray-Dunes *153*
Bregenz *76, 80, 94*
Bremerhaven *156*
Breskens *154*
Bressanone siehe Brixen
Brinzio *30*
Brixen *170*
Brodnica *182*
Bruchsal *27*
Brugg *74*
Brugge *154*
Brüggen *139*
Bruneck *170*
Brzoza *182*
Budapest *82*
Bumbálka *62*
Buren *138*
Burg *165*
Burgos *84*
Bytča *62*

C

Cahors *50*
Calais *153*
Cambridge *37*
Cannock Chase *34*
Canterbury *35*
Caputh *181*
Carcassonne *72*
Careva Poljana *147*
Carrick-on-Suir *134*
Castagnola *30*
Castallane *123*
Castelluccio *31*
Castelnaudary *122*
Castelnuovo *30*
Celle *24*
Česká Lípa *166*
České Budějovice *167*
Česky Krumlov *167*
Chamonix *42*
Charleville-Mézières *53*